AF531848

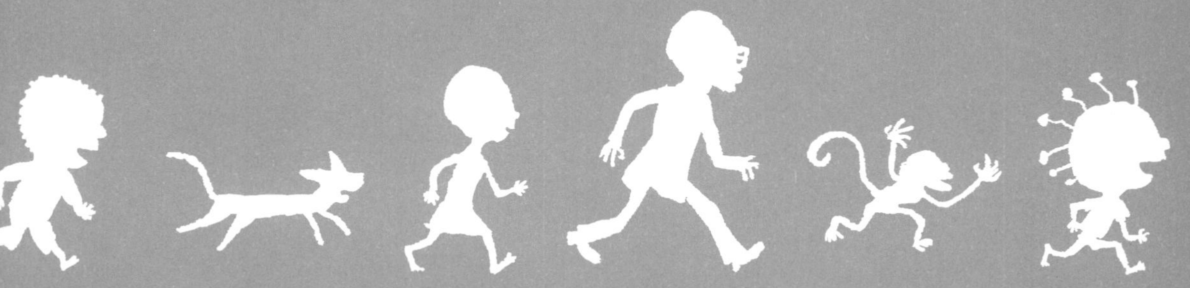

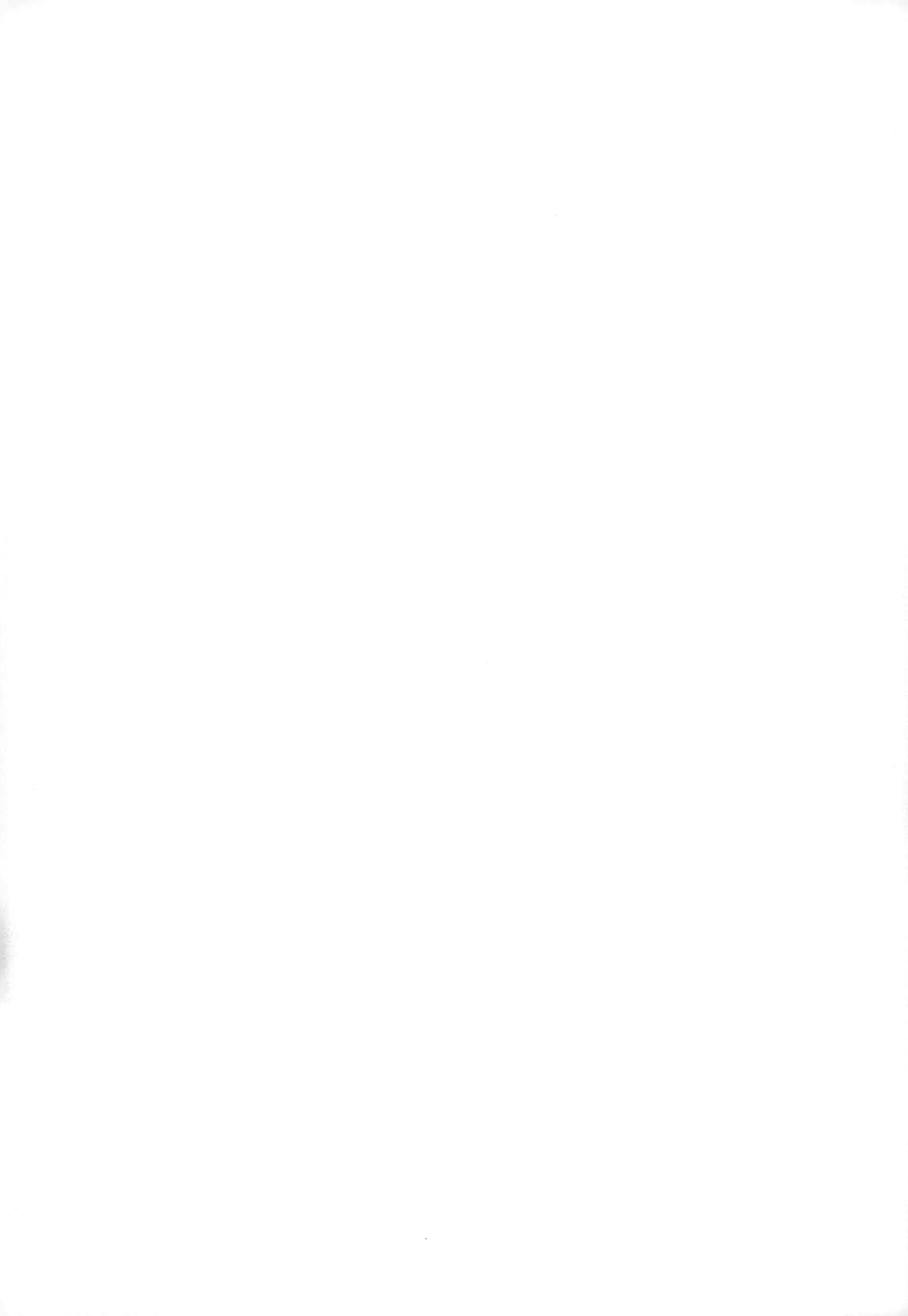

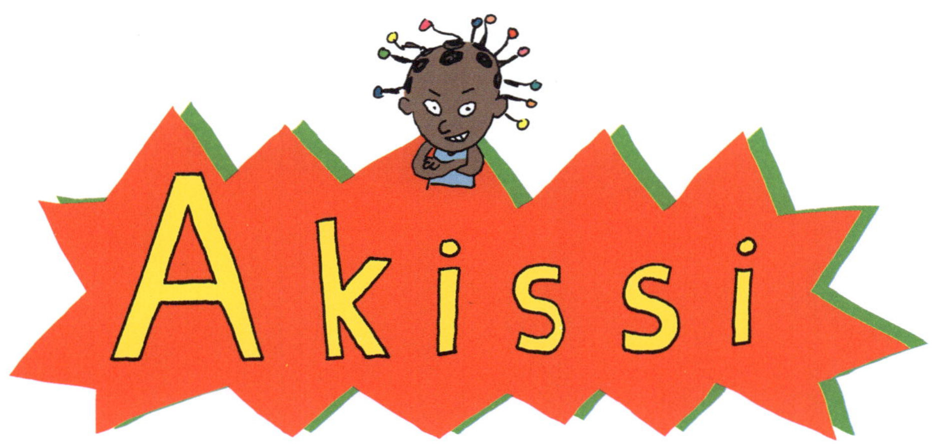

DIE KÖNIGIN DER NERVENSÄGEN

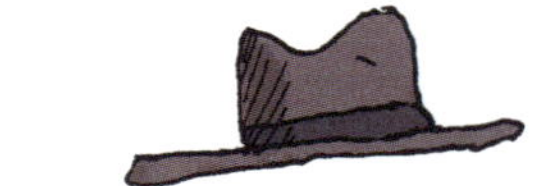

Angelehnt an die Bilderwelt
von Clément Oubrerie

Farben: Clémence

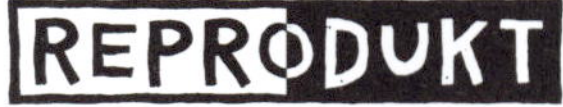

Willkommen, Iba (Der, der lächelt).

„Das Ohr ist der Weg des Herzens…“
Freundschaft beginnt immer mit Verständnis und Erkenntnis…
Dank an Sandrine, Muriel, Thierry, Nicolas, Olivier und Mathieu, die großen Kinder, die mir so wunderbar beim Erzählen glücklicher Erinnerungen geholfen haben.

M. A.

Für Célestin. Für Gaspard und Félice.

M. S.

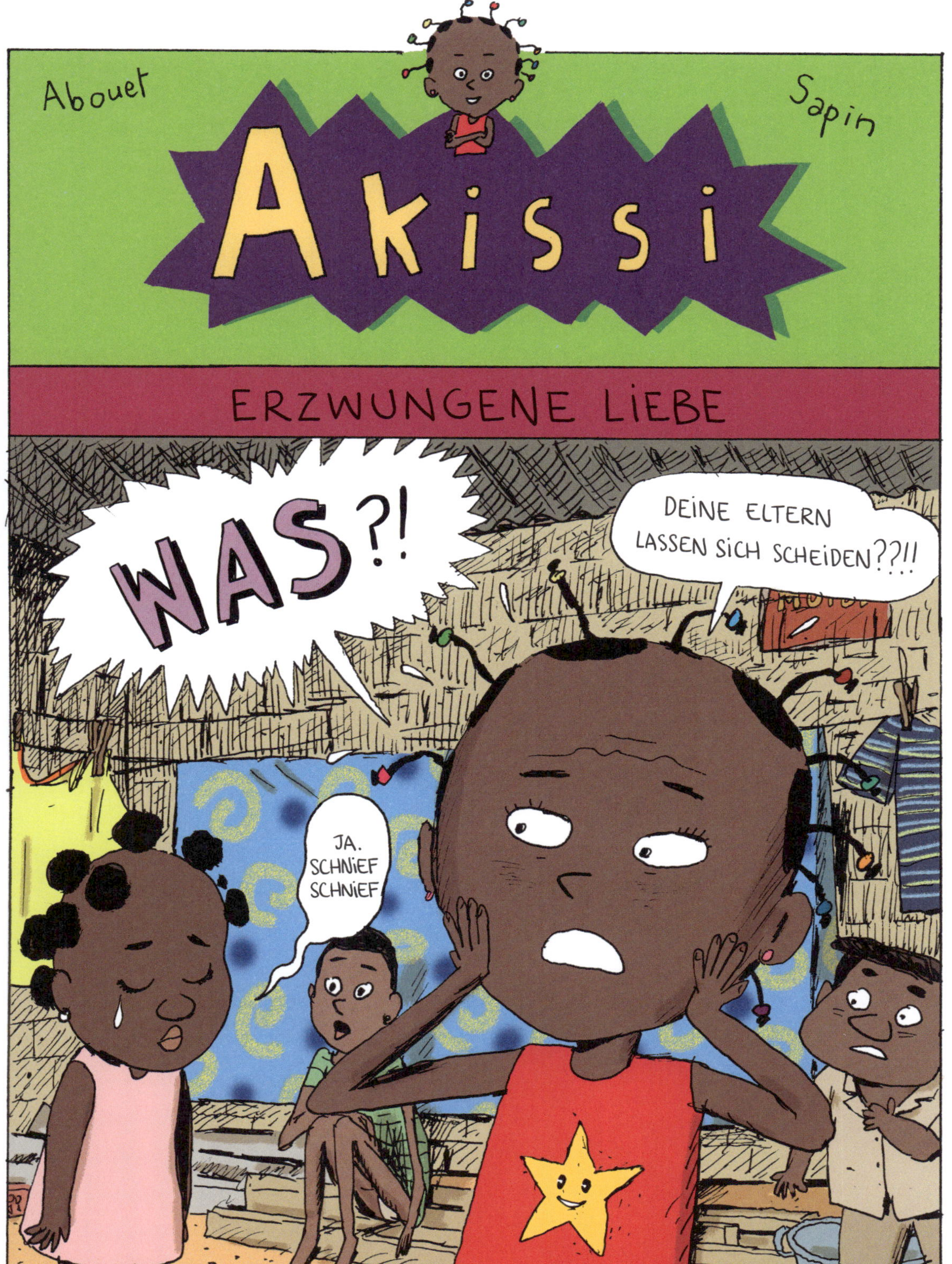
Abouet
Sapin
Akissi
ERZWUNGENE LIEBE
WAS?!
DEINE ELTERN LASSEN SICH SCHEIDEN??!!
JA. SCHNIEF SCHNIEF

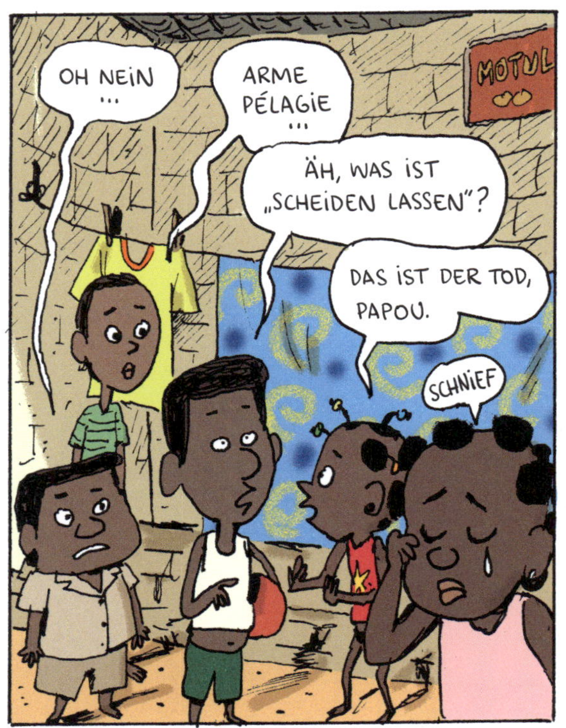
OH NEIN ...
ARME PÉLAGIE ...
ÄH, WAS IST „SCHEIDEN LASSEN"?
DAS IST DER TOD, PAPOU.
SCHNIEF

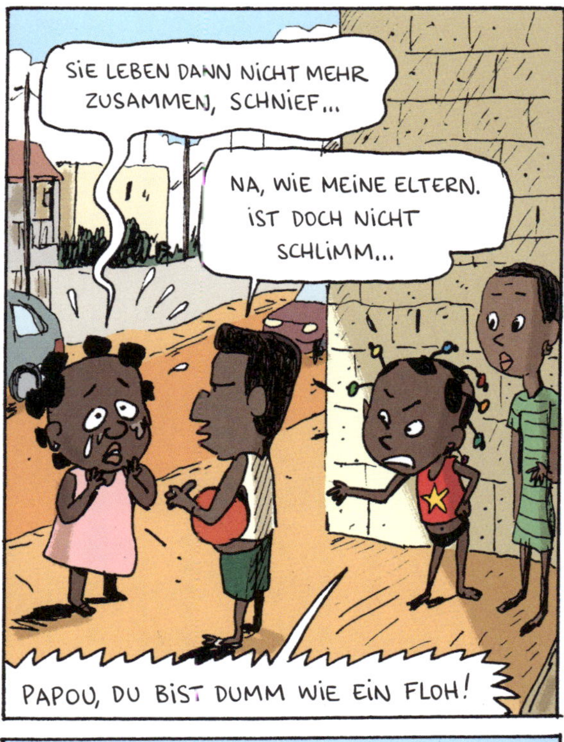
SIE LEBEN DANN NICHT MEHR ZUSAMMEN, SCHNIEF...
NA, WIE MEINE ELTERN. IST DOCH NICHT SCHLIMM...
PAPOU, DU BIST DUMM WIE EIN FLOH!

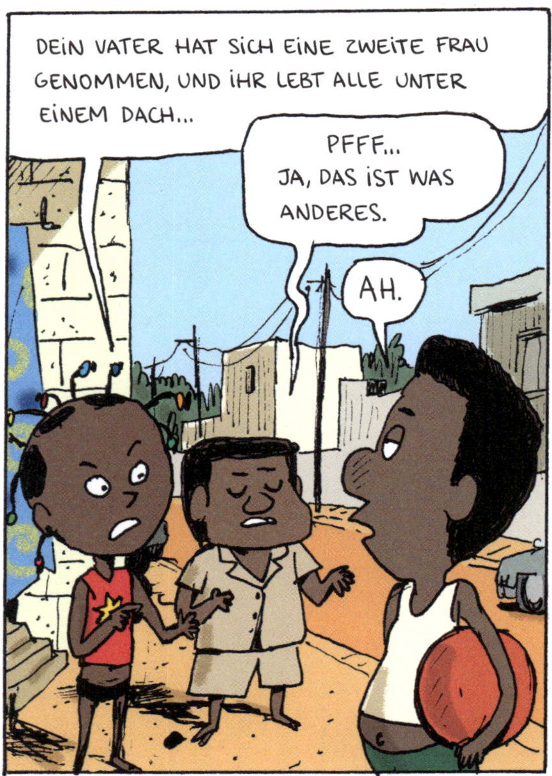
DEIN VATER HAT SICH EINE ZWEITE FRAU GENOMMEN, UND IHR LEBT ALLE UNTER EINEM DACH...
PFFF... JA, DAS IST WAS ANDERES.
AH.

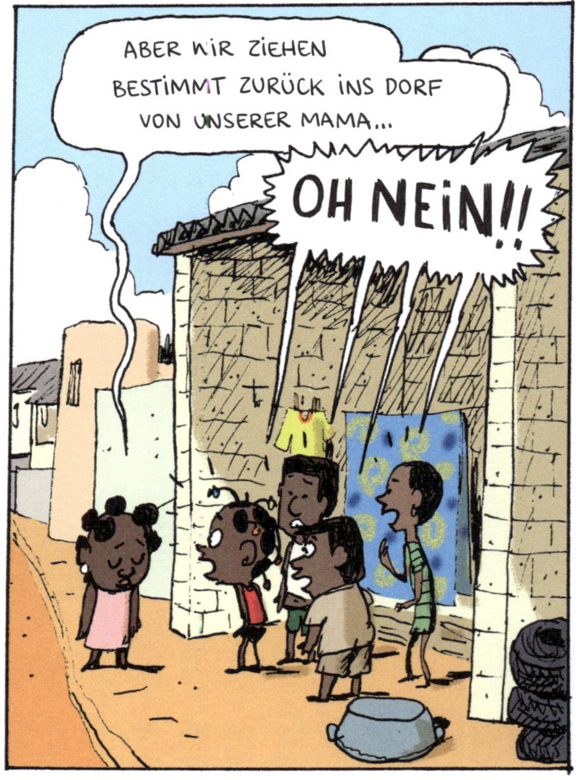
ABER WIR ZIEHEN BESTIMMT ZURÜCK INS DORF VON UNSERER MAMA...
OH NEIN!!

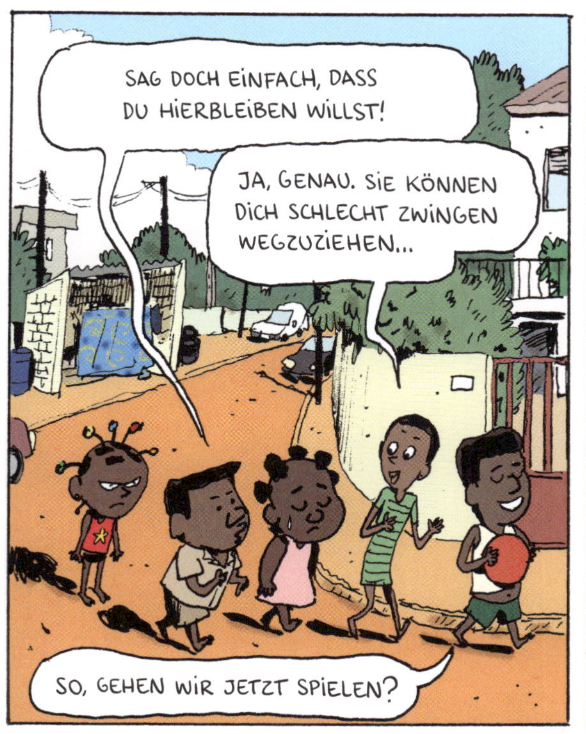
SAG DOCH EINFACH, DASS DU HIERBLEIBEN WILLST!
JA, GENAU. SIE KÖNNEN DICH SCHLECHT ZWINGEN WEGZUZIEHEN...
SO, GEHEN WIR JETZT SPIELEN?

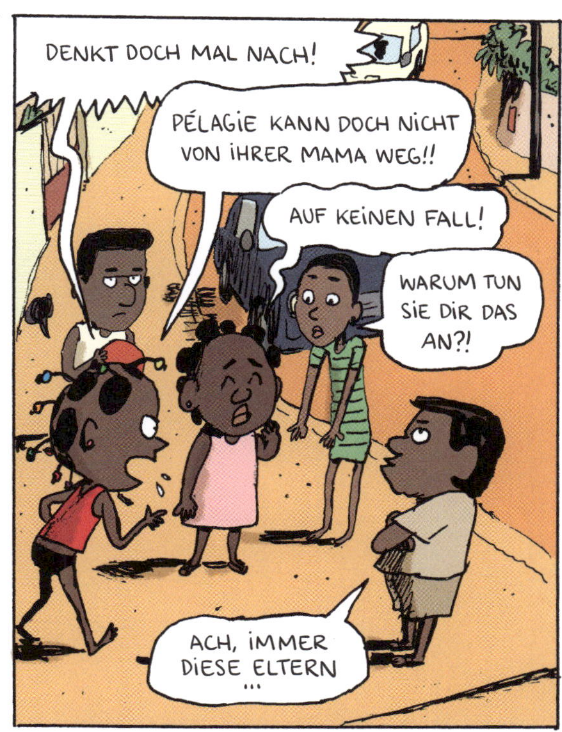
DENKT DOCH MAL NACH!
PÉLAGIE KANN DOCH NICHT VON IHRER MAMA WEG!!
AUF KEINEN FALL!
WARUM TUN SIE DIR DAS AN?!
ACH, IMMER DIESE ELTERN ...

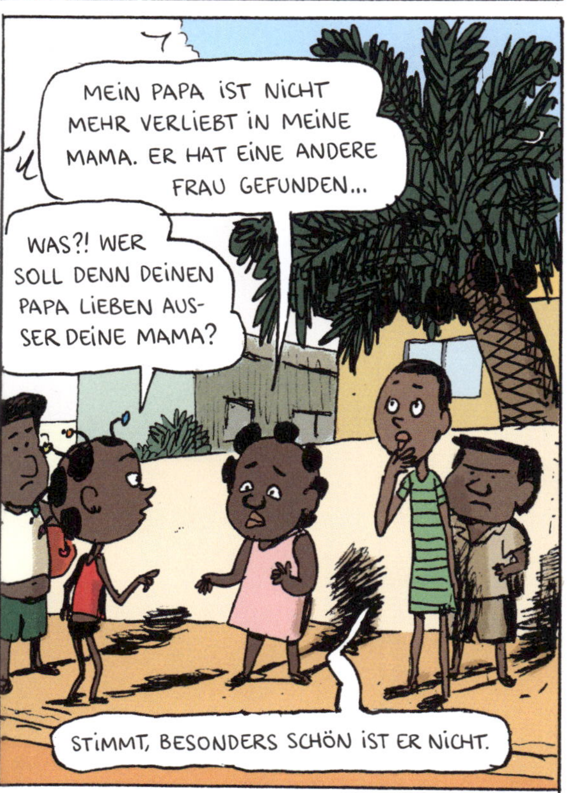
MEIN PAPA IST NICHT MEHR VERLIEBT IN MEINE MAMA. ER HAT EINE ANDERE FRAU GEFUNDEN...
WAS?! WER SOLL DENN DEINEN PAPA LIEBEN AUSSER DEINE MAMA?
STIMMT, BESONDERS SCHÖN IST ER NICHT.

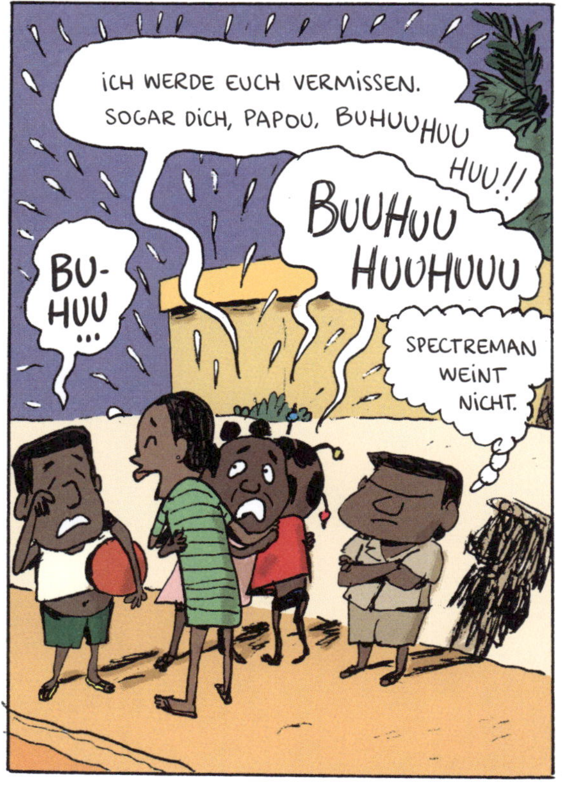
ICH WERDE EUCH VERMISSEN. SOGAR DICH, PAPOU, BUHUUHUU HUU!!
BU-HUU ...
BUUHUU HUUHUUU
SPECTREMAN WEINT NICHT.

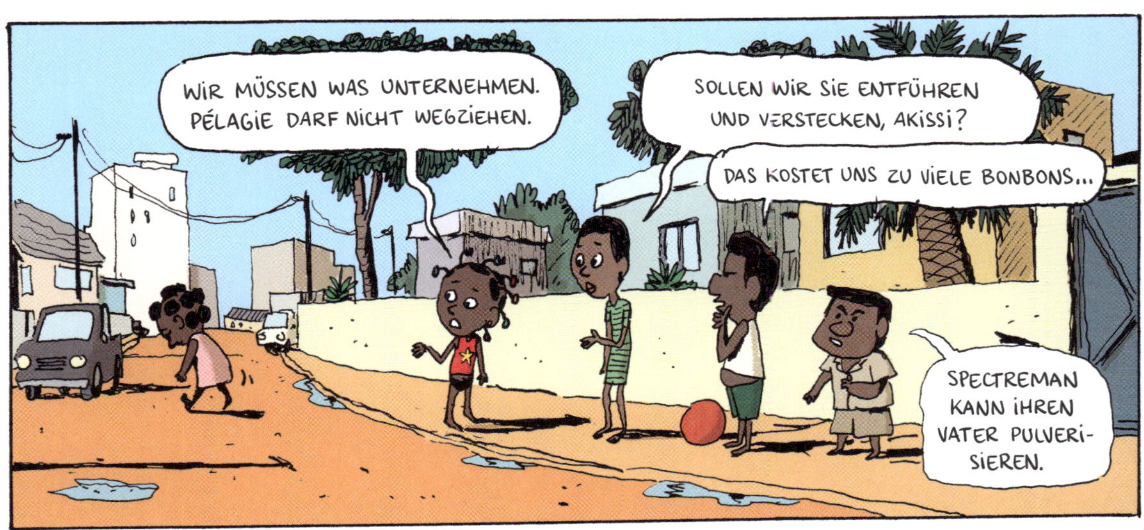
WIR MÜSSEN WAS UNTERNEHMEN. PÉLAGIE DARF NICHT WEGZIEHEN.
SOLLEN WIR SIE ENTFÜHREN UND VERSTECKEN, AKISSI?
DAS KOSTET UNS ZU VIELE BONBONS...
SPECTREMAN KANN IHREN VATER PULVERI-SIEREN.

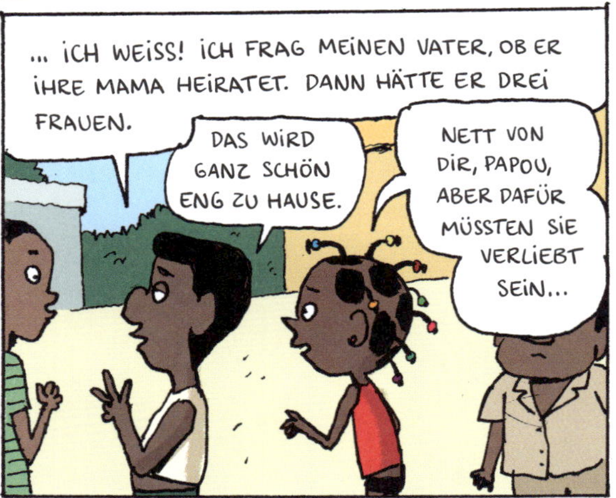
... ICH WEISS! ICH FRAG MEINEN VATER, OB ER IHRE MAMA HEIRATET. DANN HÄTTE ER DREI FRAUEN.
DAS WIRD GANZ SCHÖN ENG ZU HAUSE.
NETT VON DIR, PAPOU, ABER DAFÜR MÜSSTEN SIE VERLIEBT SEIN...

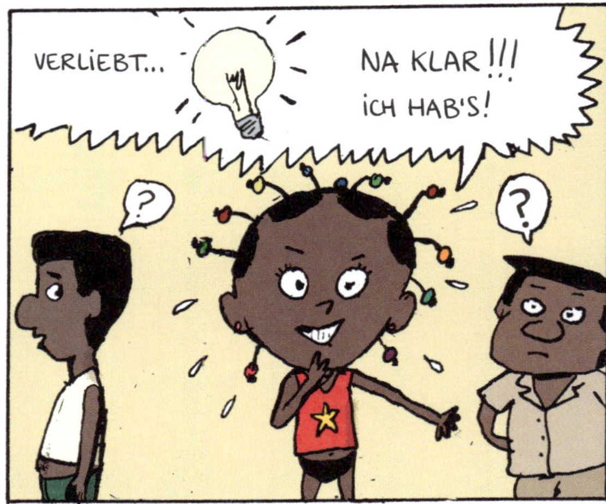
VERLIEBT... NA KLAR!!! ICH HAB'S!
?
?

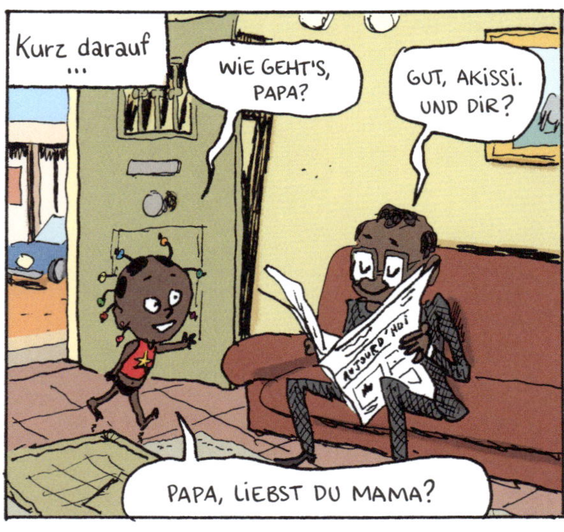
Kurz darauf ...
WIE GEHT'S, PAPA?
GUT, AKISSI. UND DIR?
PAPA, LIEBST DU MAMA?

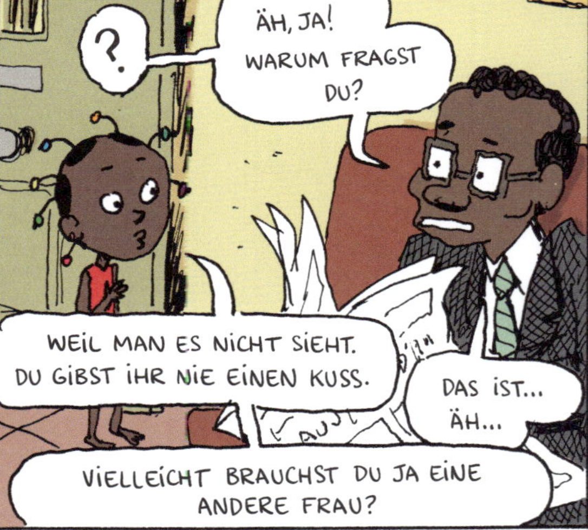
?
ÄH, JA! WARUM FRAGST DU?
WEIL MAN ES NICHT SIEHT. DU GIBST IHR NIE EINEN KUSS.
DAS IST... ÄH...
VIELLEICHT BRAUCHST DU JA EINE ANDERE FRAU?

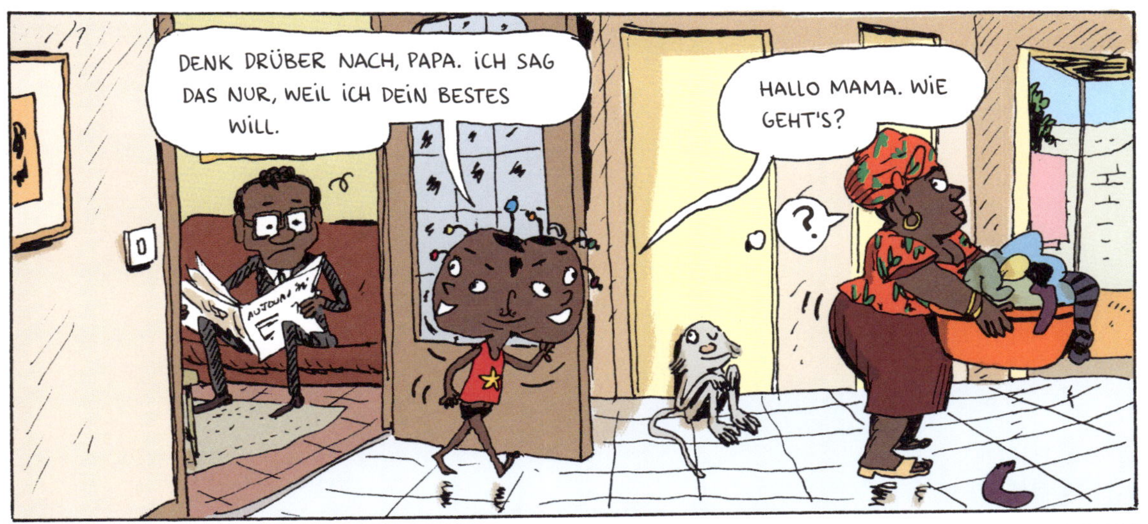
DENK DRÜBER NACH, PAPA. ICH SAG DAS NUR, WEIL ICH DEIN BESTES WILL.
HALLO MAMA. WIE GEHT'S?
?

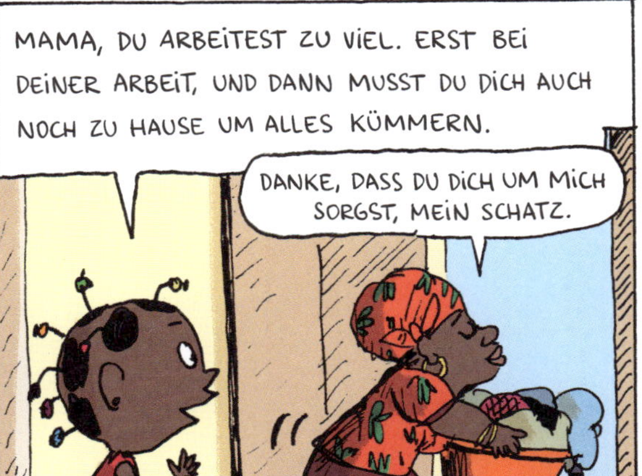
MAMA, DU ARBEITEST ZU VIEL. ERST BEI DEINER ARBEIT, UND DANN MUSST DU DICH AUCH NOCH ZU HAUSE UM ALLES KÜMMERN.
DANKE, DASS DU DICH UM MICH SORGST, MEIN SCHATZ.

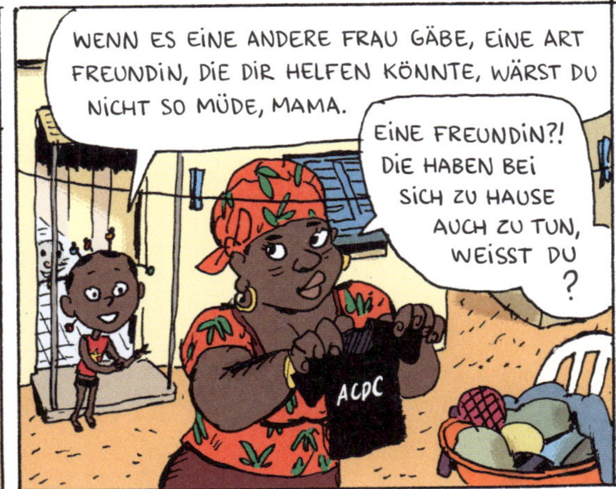
WENN ES EINE ANDERE FRAU GÄBE, EINE ART FREUNDIN, DIE DIR HELFEN KÖNNTE, WÄRST DU NICHT SO MÜDE, MAMA.
EINE FREUNDIN?! DIE HABEN BEI SICH ZU HAUSE AUCH ZU TUN, WEISST DU?
ACDC

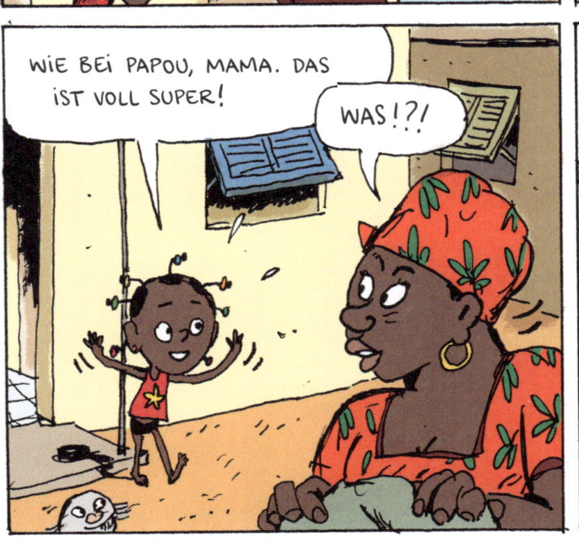
WIE BEI PAPOU, MAMA. DAS IST VOLL SUPER!
WAS!?!

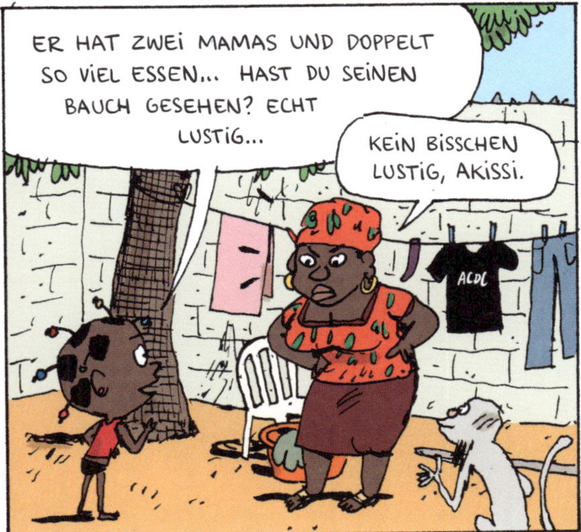
ER HAT ZWEI MAMAS UND DOPPELT SO VIEL ESSEN... HAST DU SEINEN BAUCH GESEHEN? ECHT LUSTIG...
KEIN BISSCHEN LUSTIG, AKISSI.
ACDC

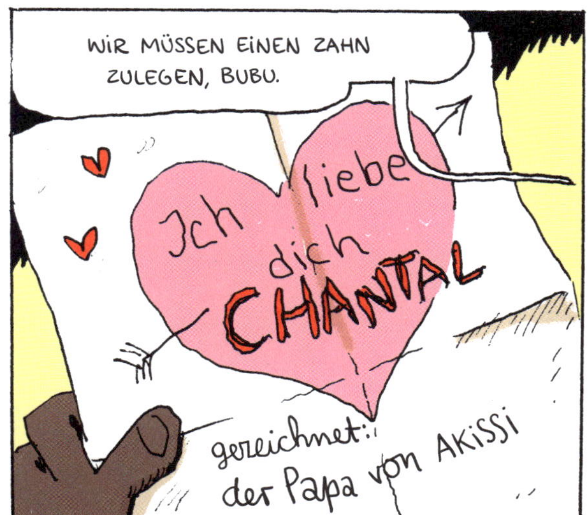
WIR MÜSSEN EINEN ZAHN ZULEGEN, BUBU.
Ich liebe dich CHANTAL
gezeichnet:
der Papa von AKISSI

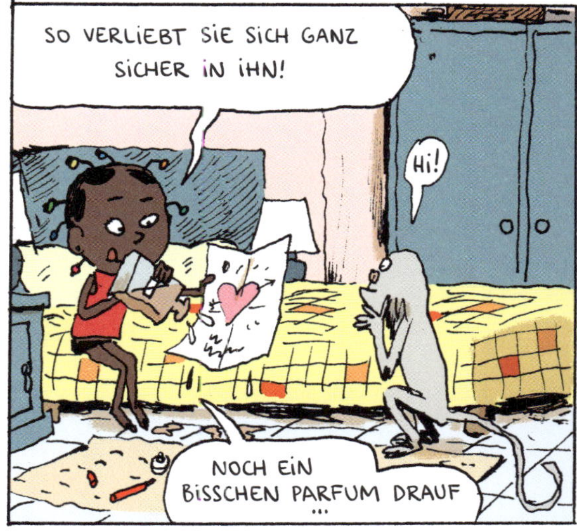
SO VERLIEBT SIE SICH GANZ SICHER IN IHN!
Hi!
NOCH EIN BISSCHEN PARFUM DRAUF ...

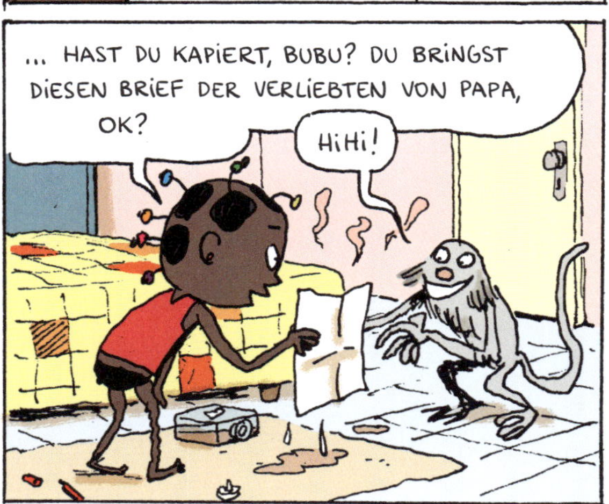
... HAST DU KAPIERT, BUBU? DU BRINGST DIESEN BRIEF DER VERLIEBTEN VON PAPA, OK?
HiHi!

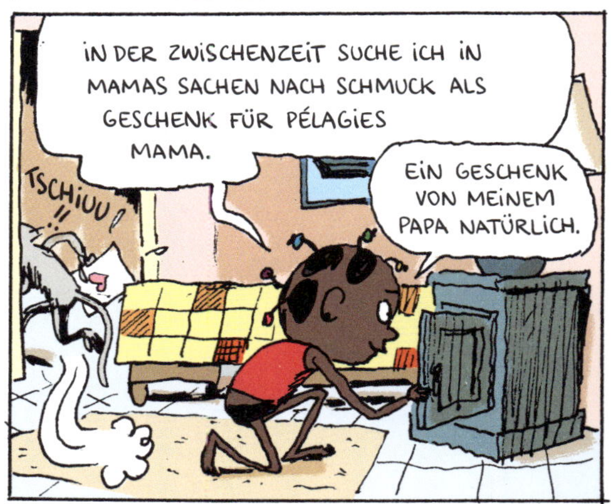
IN DER ZWISCHENZEIT SUCHE ICH IN MAMAS SACHEN NACH SCHMUCK ALS GESCHENK FÜR PÉLAGIES MAMA.
TSCHIUU !!
EIN GESCHENK VON MEINEM PAPA NATÜRLICH.

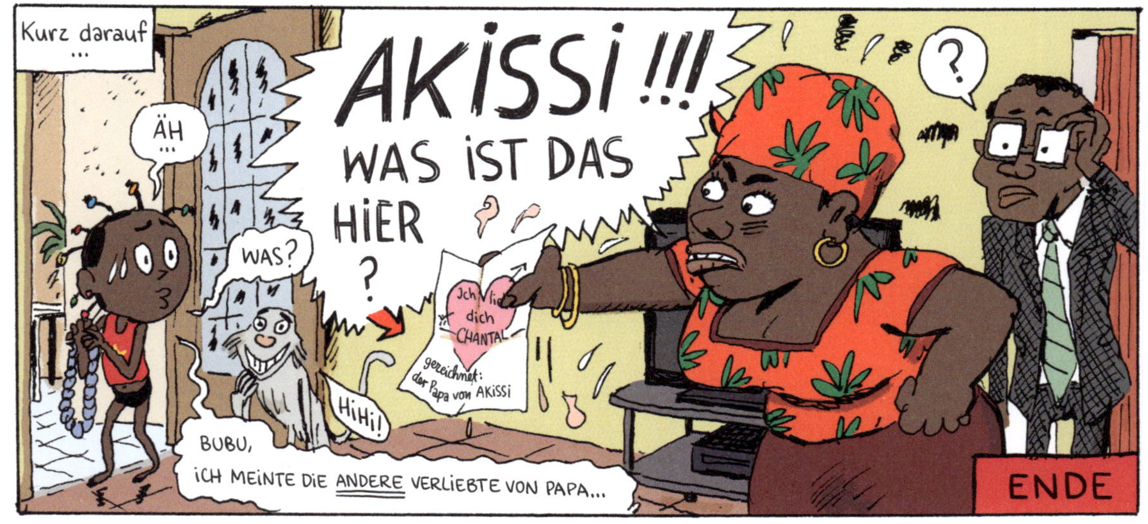
Kurz darauf ...
AKISSI !!!
WAS IST DAS HIER ?
?
ÄH ...
WAS?
Ich liebe dich CHANTAL
gezeichnet:
der Papa von AKISSI
HiHi!
BUBU,
ICH MEINTE DIE ANDERE VERLIEBTE VON PAPA...
ENDE

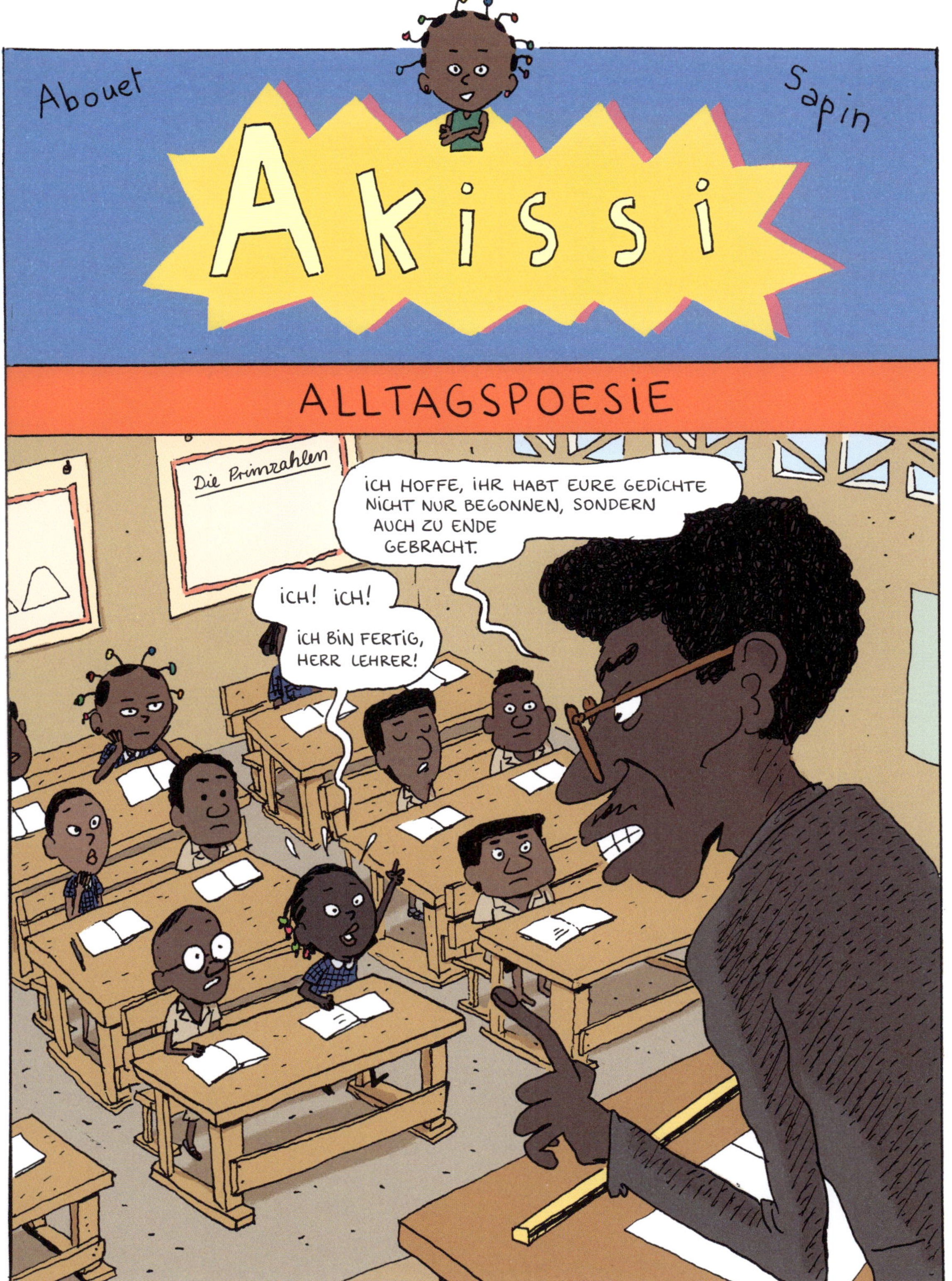
Abouet
Sapin
Akissi
ALLTAGSPOESIE
Die Primzahlen
ICH HOFFE, IHR HABT EURE GEDICHTE NICHT NUR BEGONNEN, SONDERN AUCH ZU ENDE GEBRACHT.
ICH! ICH!
ICH BIN FERTIG, HERR LEHRER!

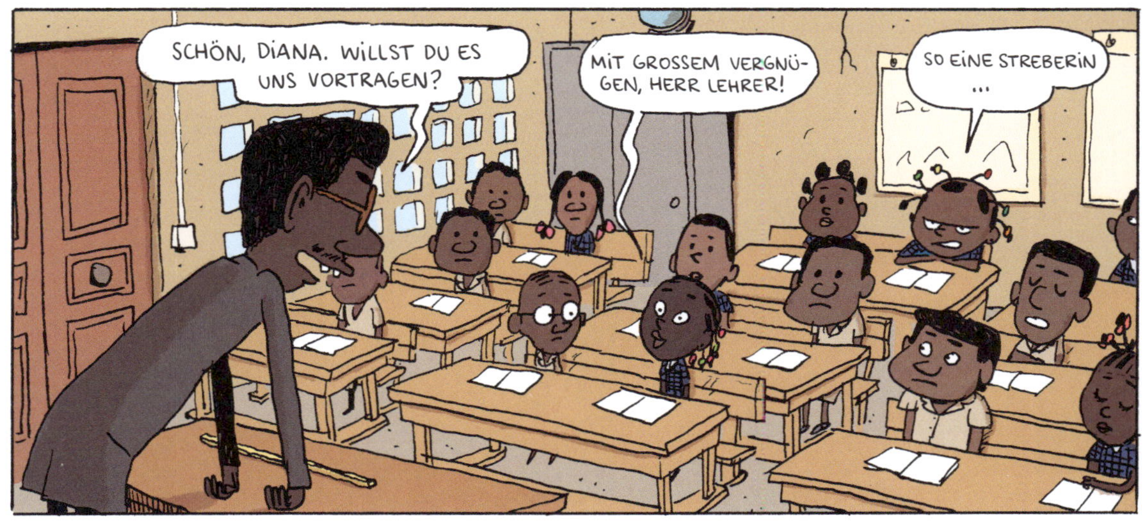
SCHÖN, DIANA. WILLST DU ES UNS VORTRAGEN?
MIT GROSSEM VERGNÜGEN, HERR LEHRER!
SO EINE STREBERIN ...

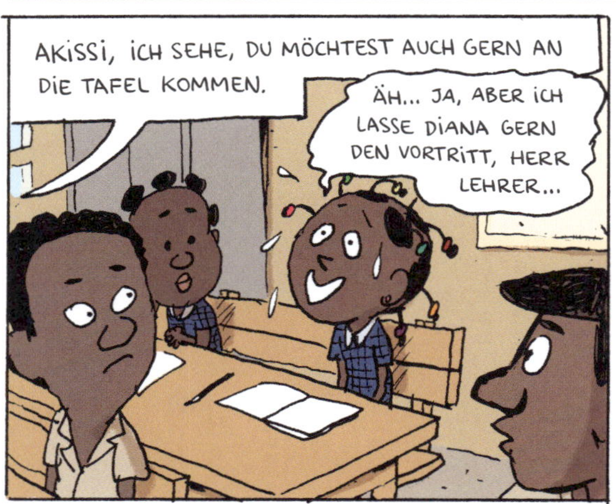
AKISSI, ICH SEHE, DU MÖCHTEST AUCH GERN AN DIE TAFEL KOMMEN.
ÄH... JA, ABER ICH LASSE DIANA GERN DEN VORTRITT, HERR LEHRER...

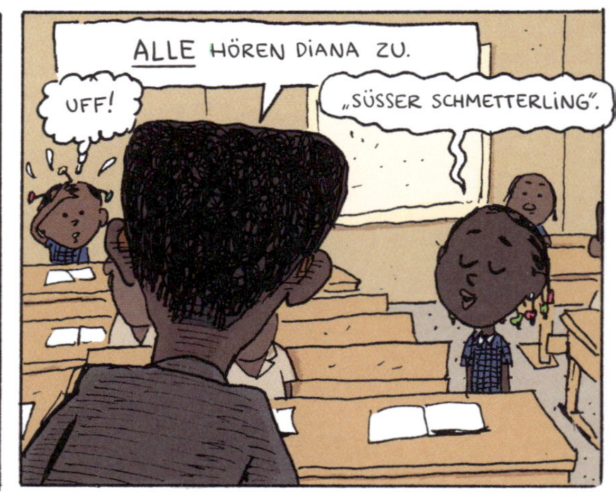
ALLE HÖREN DIANA ZU.
UFF!
„SÜSSER SCHMETTERLING".

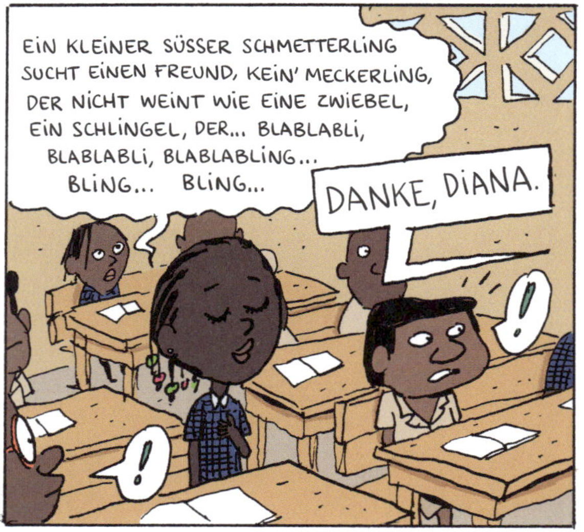
EIN KLEINER SÜSSER SCHMETTERLING SUCHT EINEN FREUND, KEIN' MECKERLING, DER NICHT WEINT WIE EINE ZWIEBEL, EIN SCHLINGEL, DER... BLABLABLI, BLABLABLI, BLABLABLING... BLING... BLING...
DANKE, DIANA.
!
!

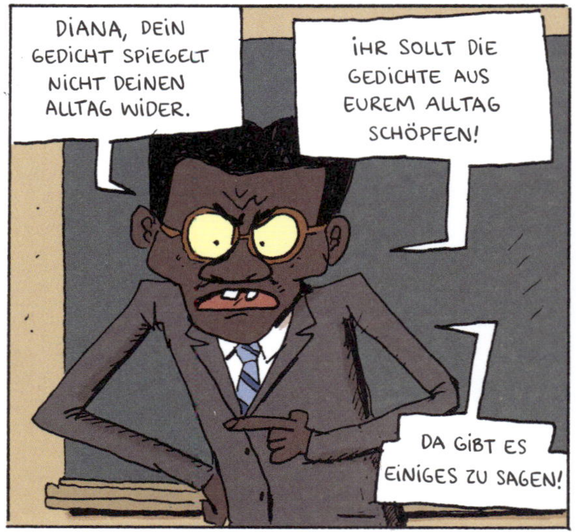
DIANA, DEIN GEDICHT SPIEGELT NICHT DEINEN ALLTAG WIDER.
IHR SOLLT DIE GEDICHTE AUS EUREM ALLTAG SCHÖPFEN!
DA GIBT ES EINIGES ZU SAGEN!

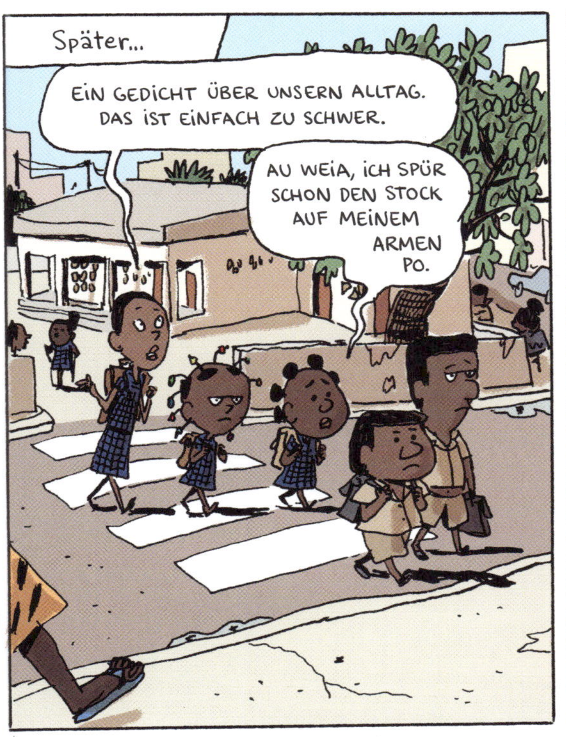
Später...
EIN GEDICHT ÜBER UNSERN ALLTAG. DAS IST EINFACH ZU SCHWER.
AU WEIA, ICH SPÜR SCHON DEN STOCK AUF MEINEM ARMEN PO.

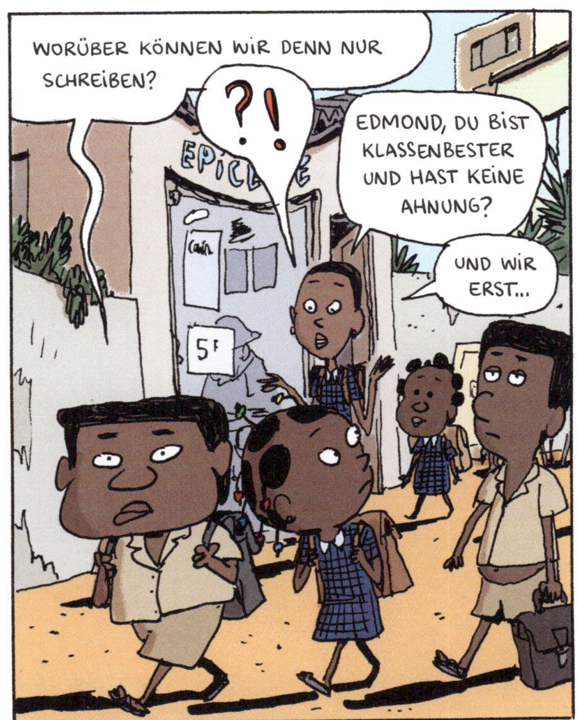
WORÜBER KÖNNEN WIR DENN NUR SCHREIBEN?
?!
EPICERIE
5F
EDMOND, DU BIST KLASSENBESTER UND HAST KEINE AHNUNG?
UND WIR ERST...

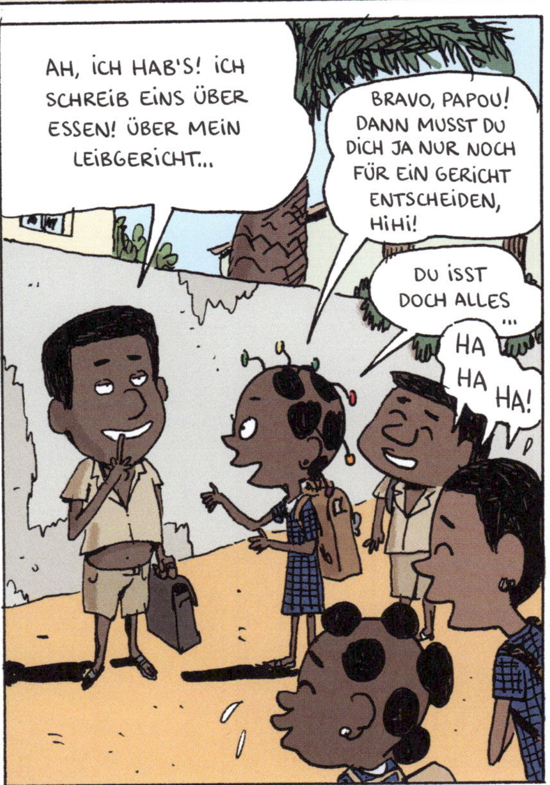
AH, ICH HAB'S! ICH SCHREIB EINS ÜBER ESSEN! ÜBER MEIN LEIBGERICHT...
BRAVO, PAPOU! DANN MUSST DU DICH JA NUR NOCH FÜR EIN GERICHT ENTSCHEIDEN, HIHI!
DU ISST DOCH ALLES ...
HA HA HA!

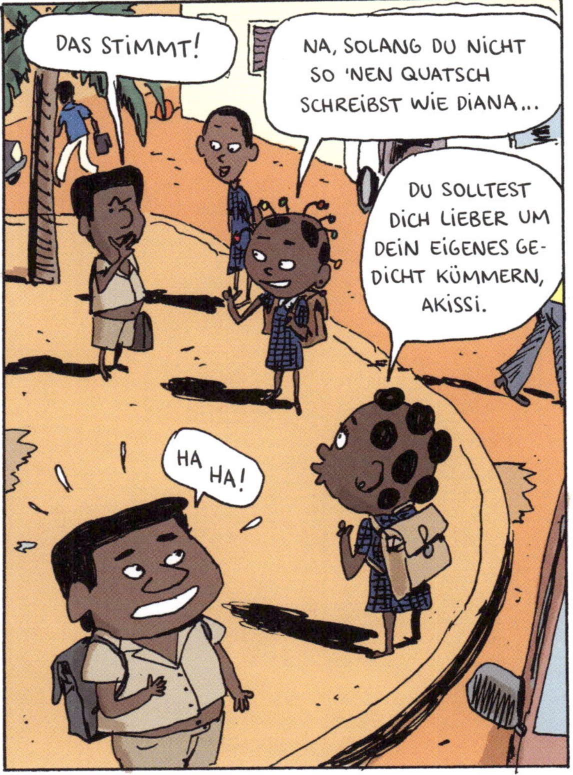
DAS STIMMT!
NA, SOLANG DU NICHT SO 'NEN QUATSCH SCHREIBST WIE DIANA...
DU SOLLTEST DICH LIEBER UM DEIN EIGENES GEDICHT KÜMMERN, AKISSI.
HA HA!

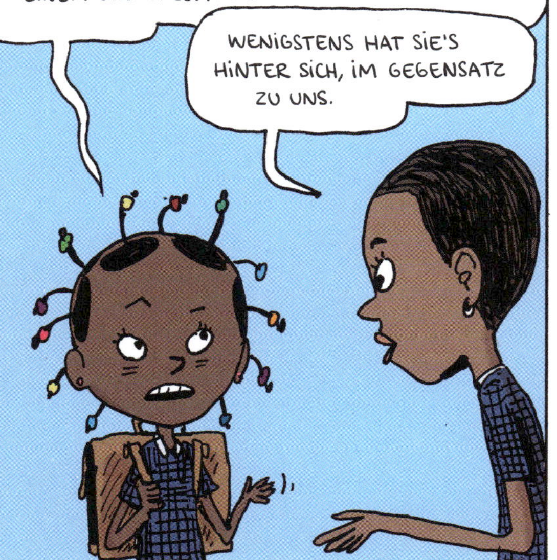
ALSO EHRLICH, EINEN SCHMETTERLING AUF DEN RÜCKEN EINES VOGELS ZU SETZEN, IST BESCHEUERT! ALS OB ICH BUBU AUF DEN RÜCKEN EINES LÖWEN SETZEN WÜRDE! DER WÜRDE IHN MIT EINEM BISS ERLEDIGEN.
WENIGSTENS HAT SIE'S HINTER SICH, IM GEGENSATZ ZU UNS.

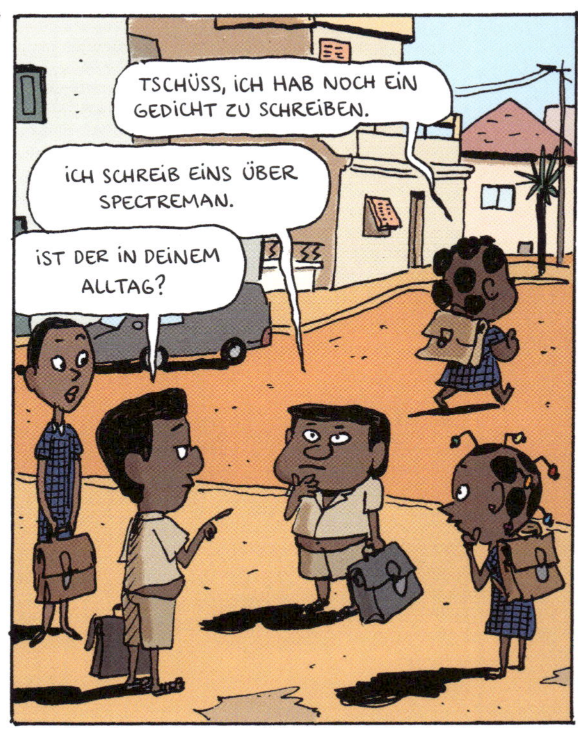
TSCHÜSS, ICH HAB NOCH EIN GEDICHT ZU SCHREIBEN.
ICH SCHREIB EINS ÜBER SPECTREMAN.
IST DER IN DEINEM ALLTAG?

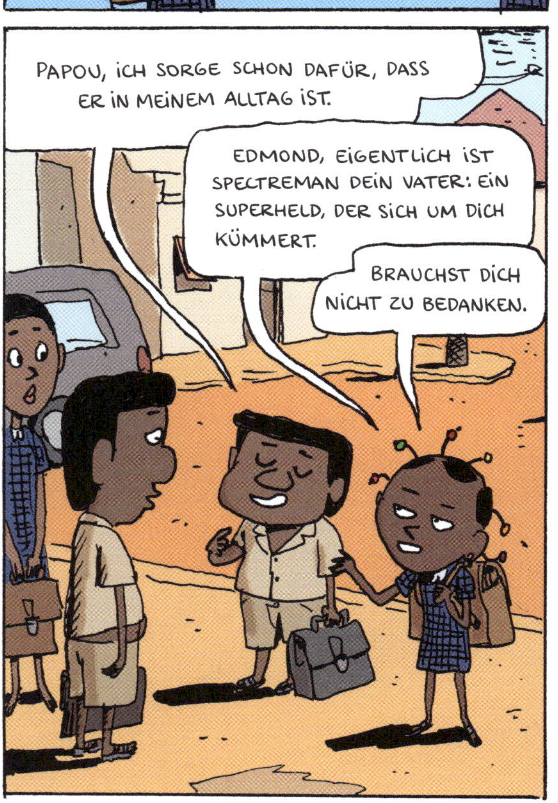
PAPOU, ICH SORGE SCHON DAFÜR, DASS ER IN MEINEM ALLTAG IST.
EDMOND, EIGENTLICH IST SPECTREMAN DEIN VATER: EIN SUPERHELD, DER SICH UM DICH KÜMMERT.
BRAUCHST DICH NICHT ZU BEDANKEN.

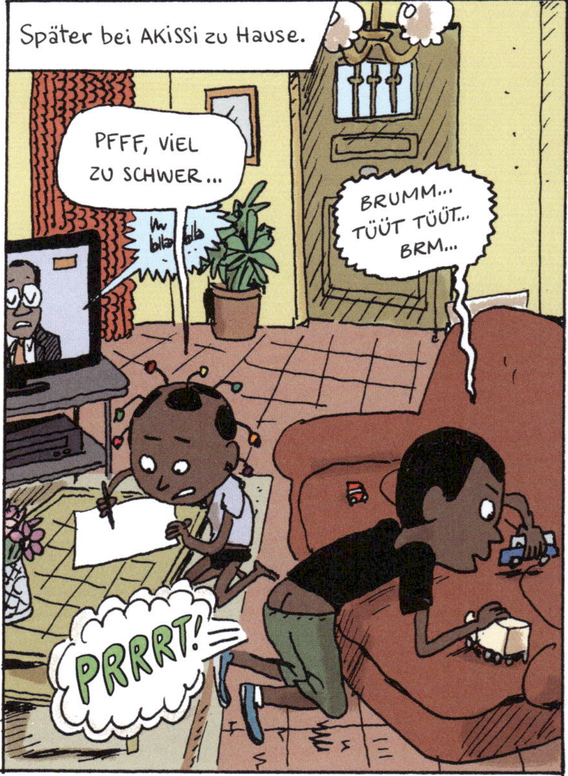
Später bei AKISSI zu Hause.
PFFF, VIEL ZU SCHWER...
BRUMM... TÜÜT TÜÜT... BRM...
PRRRT!

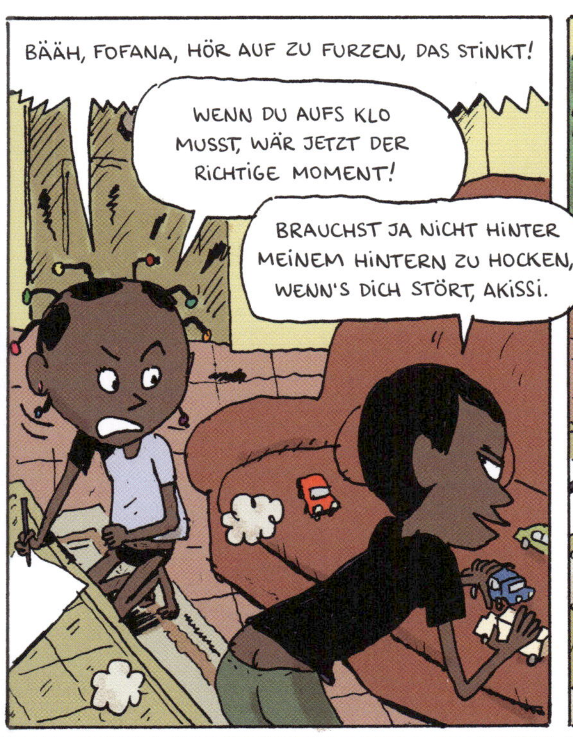
BÄÄH, FOFANA, HÖR AUF ZU FURZEN, DAS STINKT!
WENN DU AUFS KLO MUSST, WÄR JETZT DER RICHTIGE MOMENT!
BRAUCHST JA NICHT HINTER MEINEM HINTERN ZU HOCKEN, WENN'S DICH STÖRT, AKISSI.

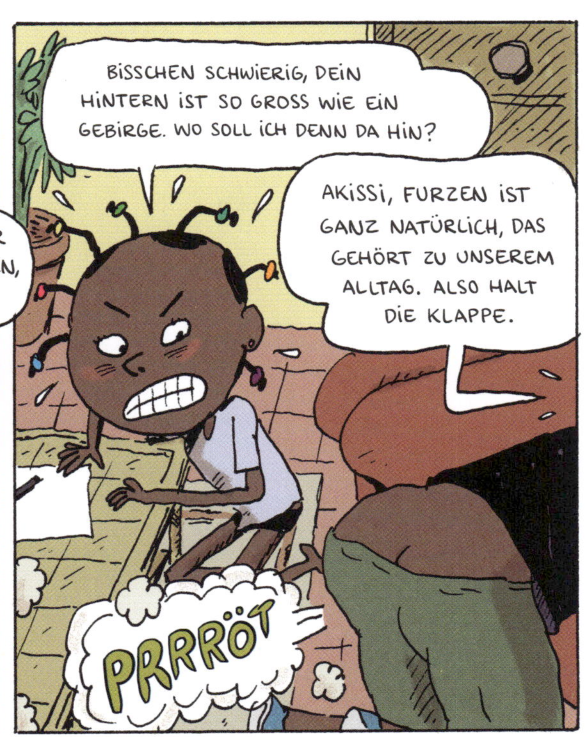
BISSCHEN SCHWIERIG, DEIN HINTERN IST SO GROSS WIE EIN GEBIRGE. WO SOLL ICH DENN DA HIN?
AKISSI, FURZEN IST GANZ NATÜRLICH, DAS GEHÖRT ZU UNSEREM ALLTAG. ALSO HALT DIE KLAPPE.
PRRRÖT

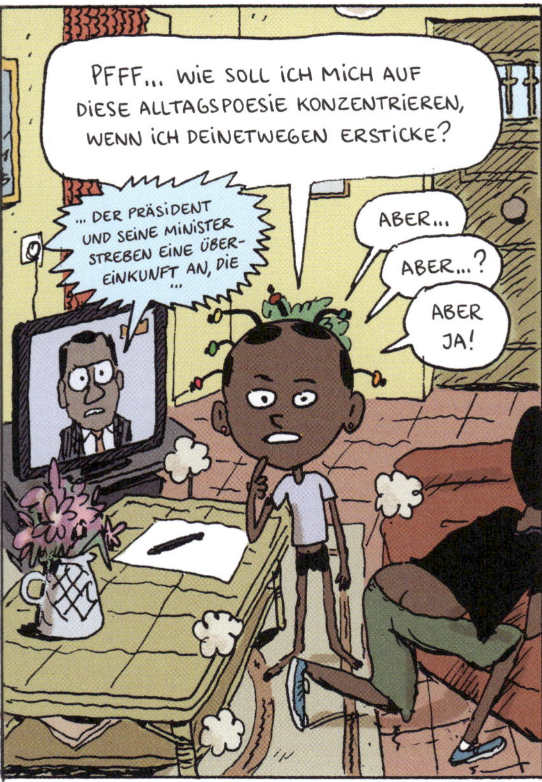
PFFF... WIE SOLL ICH MICH AUF DIESE ALLTAGSPOESIE KONZENTRIEREN, WENN ICH DEINETWEGEN ERSTICKE?
... DER PRÄSIDENT UND SEINE MINISTER STREBEN EINE ÜBEREINKUNFT AN, DIE ...
ABER...
ABER...?
ABER JA!

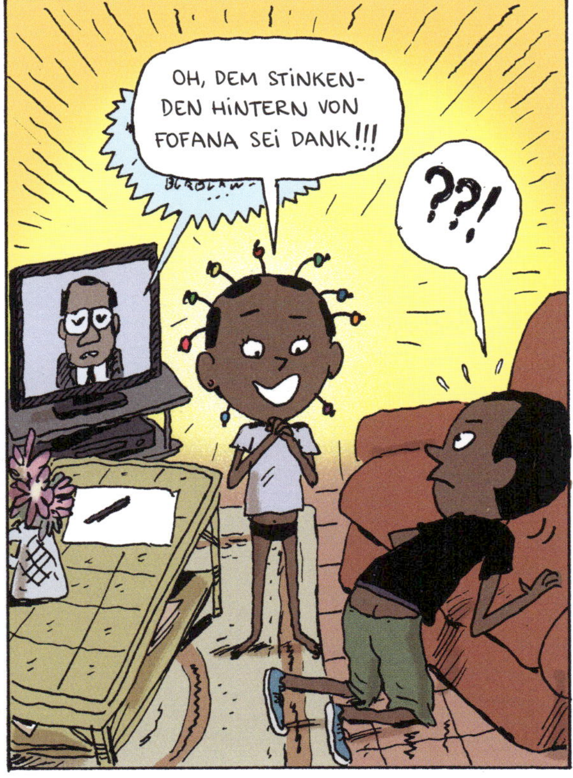
OH, DEM STINKENDEN HINTERN VON FOFANA SEI DANK!!!
??!

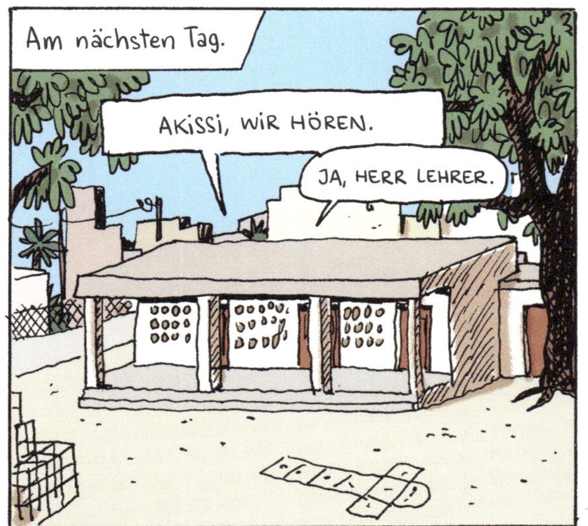
Am nächsten Tag.
AKISSI, WIR HÖREN.
JA, HERR LEHRER.

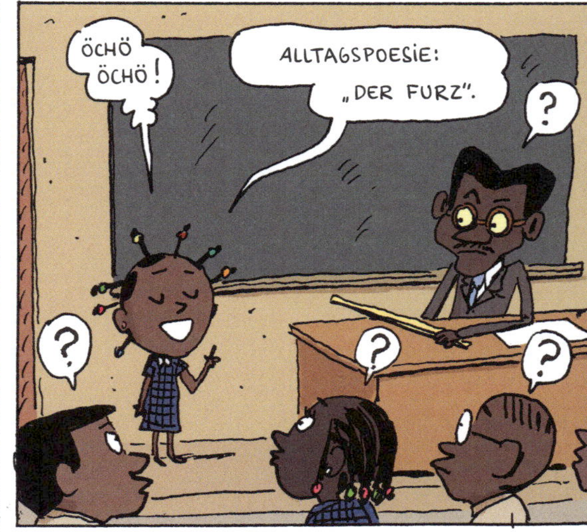
ÖCHÖ ÖCHÖ!
ALLTAGSPOESIE: „DER FURZ".
?
?
?
?

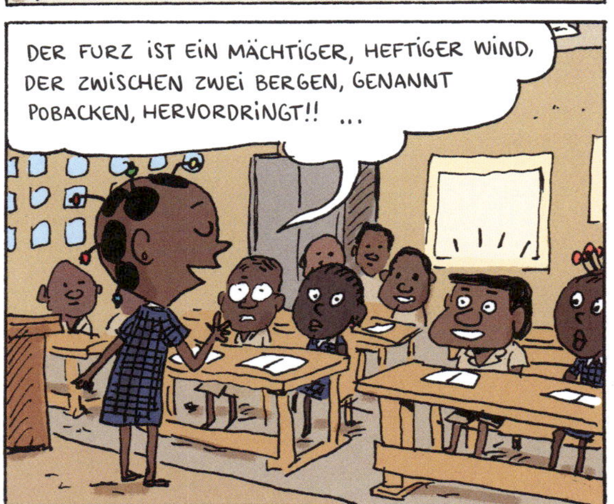
DER FURZ IST EIN MÄCHTIGER, HEFTIGER WIND, DER ZWISCHEN ZWEI BERGEN, GENANNT POBACKEN, HERVORDRINGT!! ...

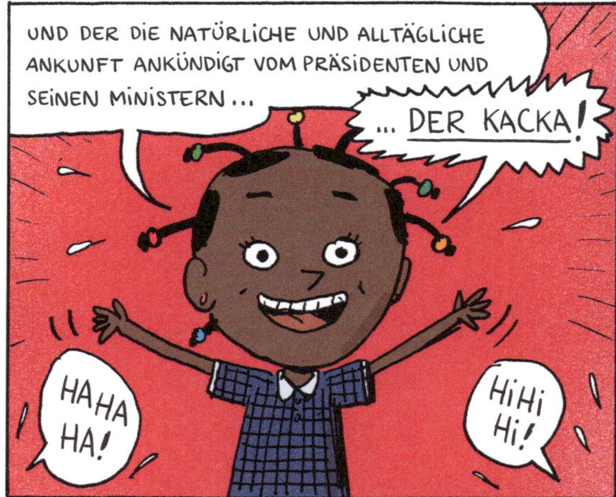
UND DER DIE NATÜRLICHE UND ALLTÄGLICHE ANKUNFT ANKÜNDIGT VOM PRÄSIDENTEN UND SEINEN MINISTERN ...
... DER KACKA!
HAHA HA!
HiHi Hi!

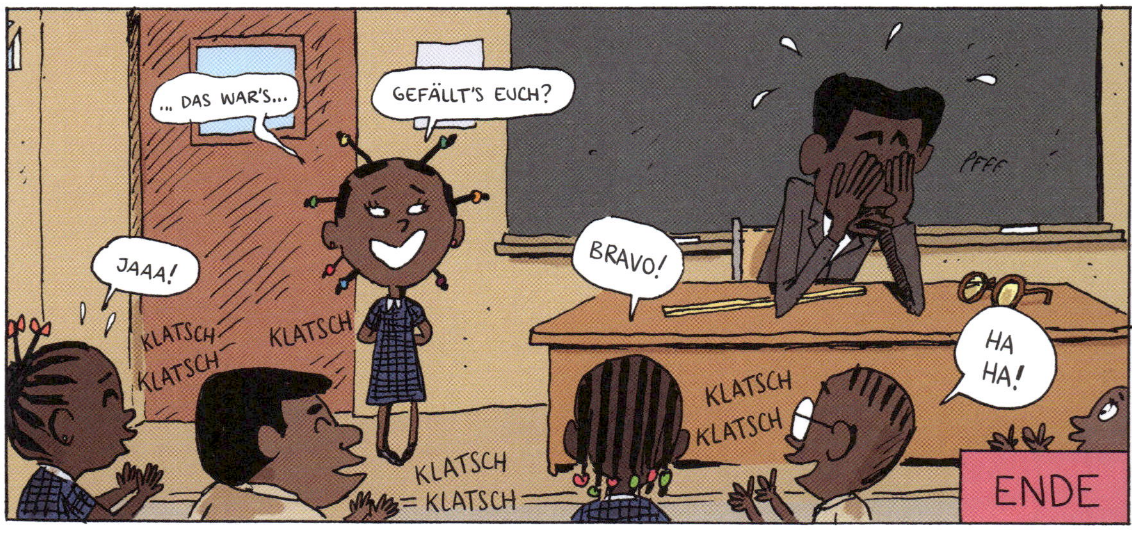
... DAS WAR'S...
GEFÄLLT'S EUCH?
PFFF
JAAA!
BRAVO!
HA HA!
KLATSCH KLATSCH
KLATSCH
KLATSCH KLATSCH
KLATSCH KLATSCH
ENDE

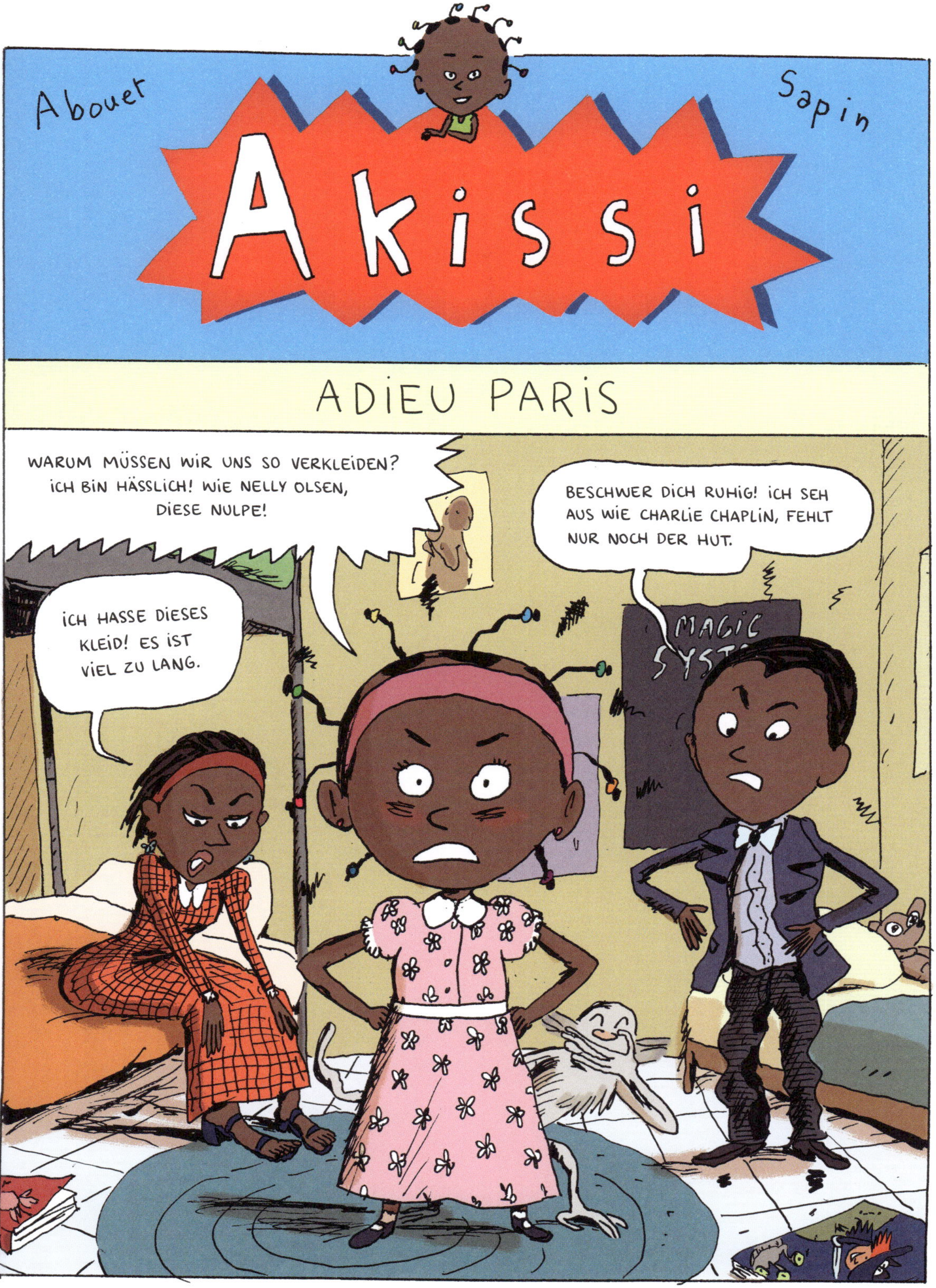

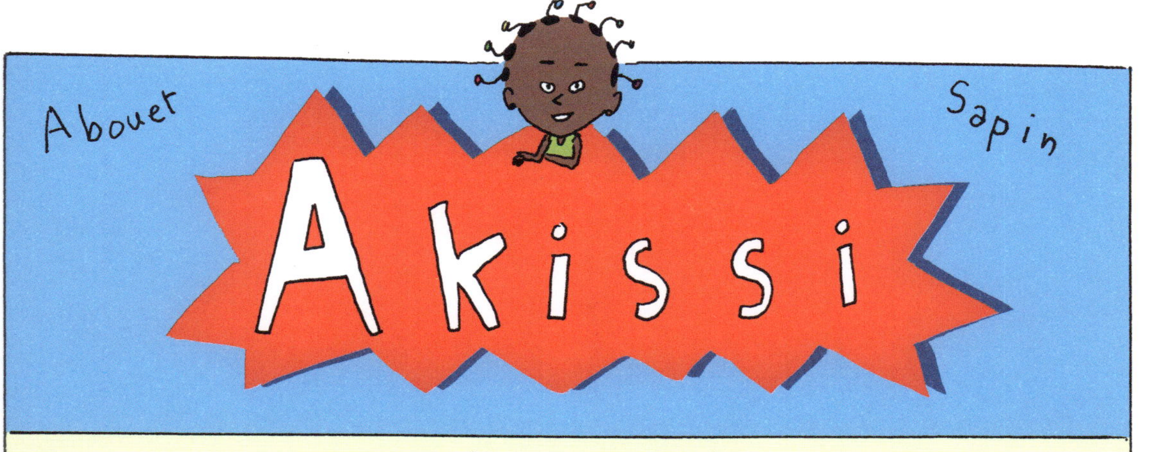

ADIEU PARIS

WARUM MÜSSEN WIR UNS SO VERKLEIDEN? ICH BIN HÄSSLICH! WIE NELLY OLSEN, DIESE NULPE!

BESCHWER DICH RUHIG! ICH SEH AUS WIE CHARLIE CHAPLIN, FEHLT NUR NOCH DER HUT.

ICH HASSE DIESES KLEID! ES IST VIEL ZU LANG.

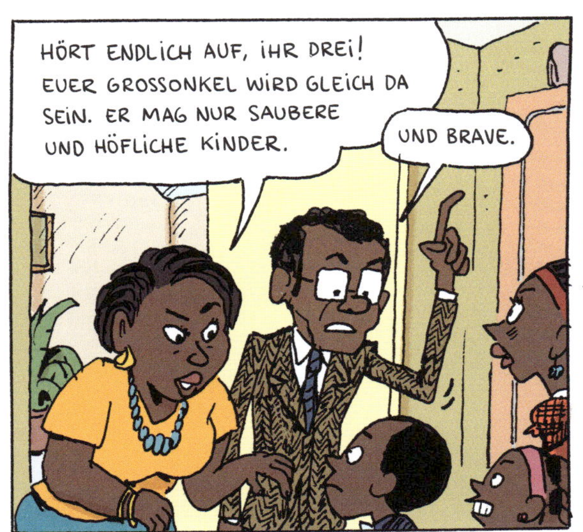
HÖRT ENDLICH AUF, IHR DREI! EUER GROSSONKEL WIRD GLEICH DA SEIN. ER MAG NUR SAUBERE UND HÖFLICHE KINDER.
UND BRAVE.

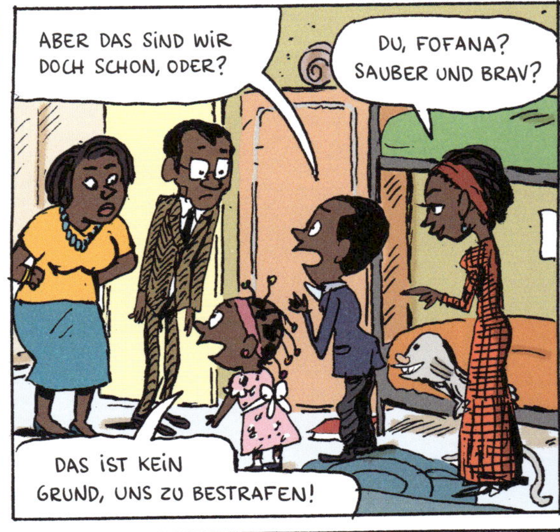
ABER DAS SIND WIR DOCH SCHON, ODER?
DU, FOFANA? SAUBER UND BRAV?
DAS IST KEIN GRUND, UNS ZU BESTRAFEN!

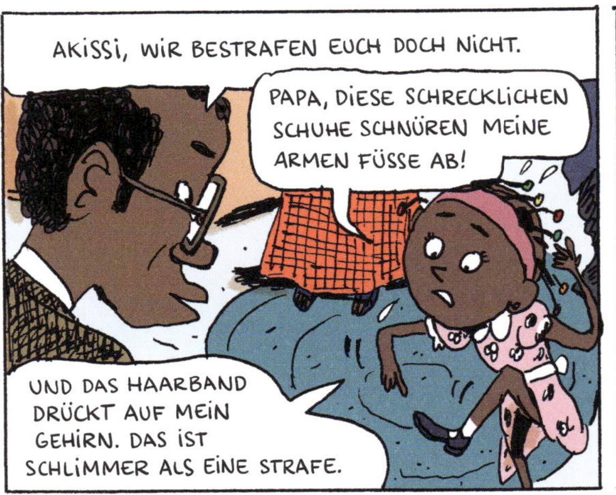
AKISSI, WIR BESTRAFEN EUCH DOCH NICHT.
PAPA, DIESE SCHRECKLICHEN SCHUHE SCHNÜREN MEINE ARMEN FÜSSE AB!
UND DAS HAARBAND DRÜCKT AUF MEIN GEHIRN. DAS IST SCHLIMMER ALS EINE STRAFE.

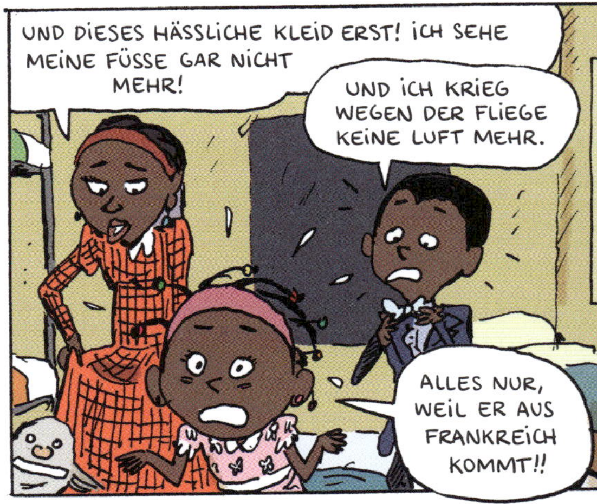
UND DIESES HÄSSLICHE KLEID ERST! ICH SEHE MEINE FÜSSE GAR NICHT MEHR!
UND ICH KRIEG WEGEN DER FLIEGE KEINE LUFT MEHR.
ALLES NUR, WEIL ER AUS FRANKREICH KOMMT!!

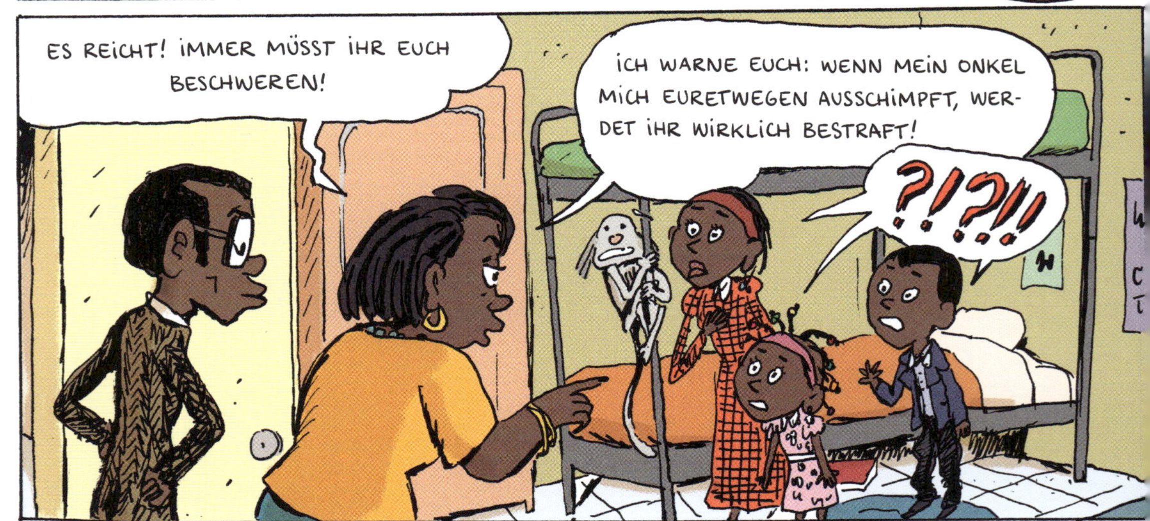
ES REICHT! IMMER MÜSST IHR EUCH BESCHWEREN!
ICH WARNE EUCH: WENN MEIN ONKEL MICH EURETWEGEN AUSSCHIMPFT, WERDET IHR WIRKLICH BESTRAFT!
?!?!!

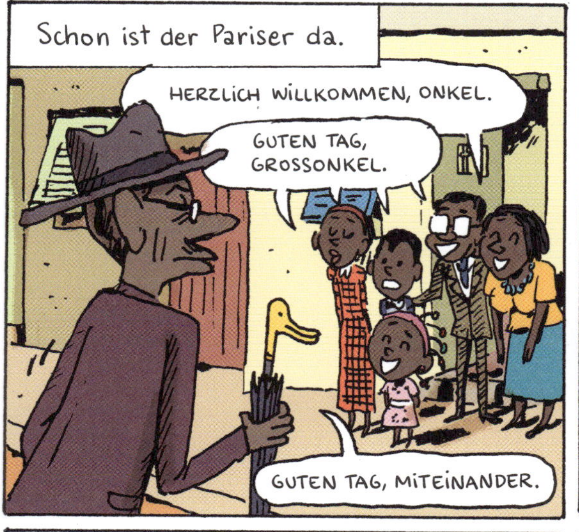
Schon ist der Pariser da.
HERZLICH WILLKOMMEN, ONKEL.
GUTEN TAG, GROSSONKEL.
GUTEN TAG, MITEINANDER.

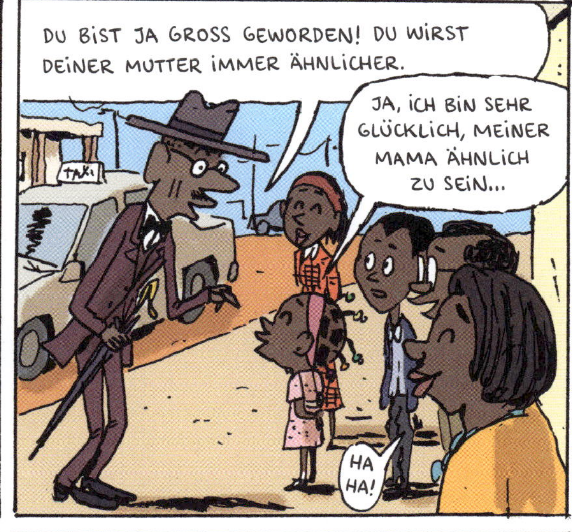
DU BIST JA GROSS GEWORDEN! DU WIRST DEINER MUTTER IMMER ÄHNLICHER.
JA, ICH BIN SEHR GLÜCKLICH, MEINER MAMA ÄHNLICH ZU SEIN...
HA HA!

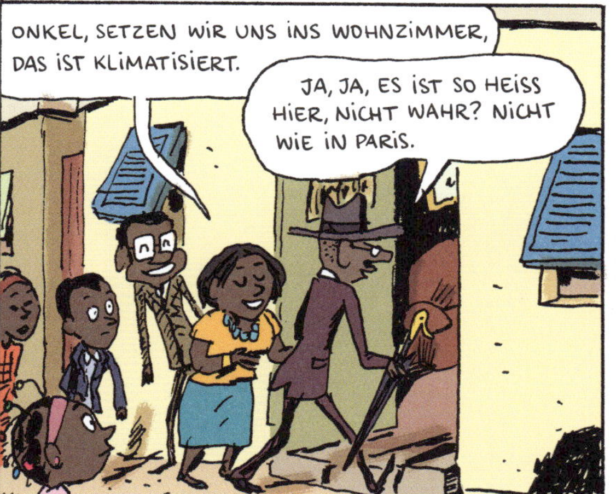
ONKEL, SETZEN WIR UNS INS WOHNZIMMER, DAS IST KLIMATISIERT.
JA, JA, ES IST SO HEISS HIER, NICHT WAHR? NICHT WIE IN PARIS.

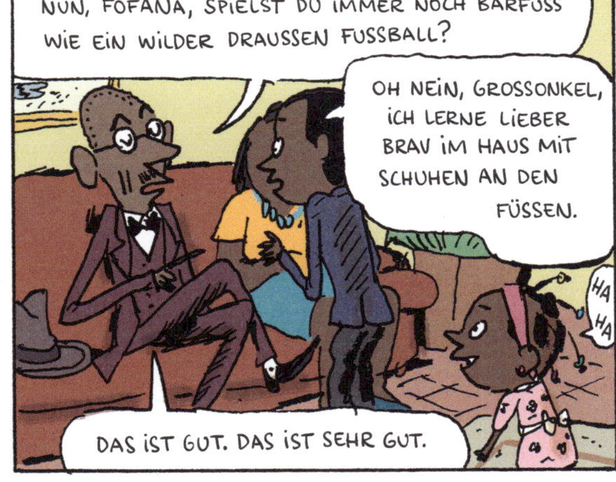
NUN, FOFANA, SPIELST DU IMMER NOCH BARFUSS WIE EIN WILDER DRAUSSEN FUSSBALL?
OH NEIN, GROSSONKEL, ICH LERNE LIEBER BRAV IM HAUS MIT SCHUHEN AN DEN FÜSSEN.
HA HA
DAS IST GUT. DAS IST SEHR GUT.

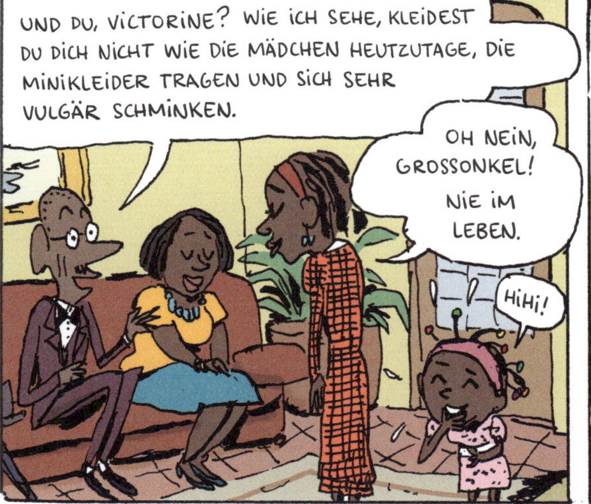
UND DU, VICTORINE? WIE ICH SEHE, KLEIDEST DU DICH NICHT WIE DIE MÄDCHEN HEUTZUTAGE, DIE MINIKLEIDER TRAGEN UND SICH SEHR VULGÄR SCHMINKEN.
OH NEIN, GROSSONKEL! NIE IM LEBEN.
HIHI!

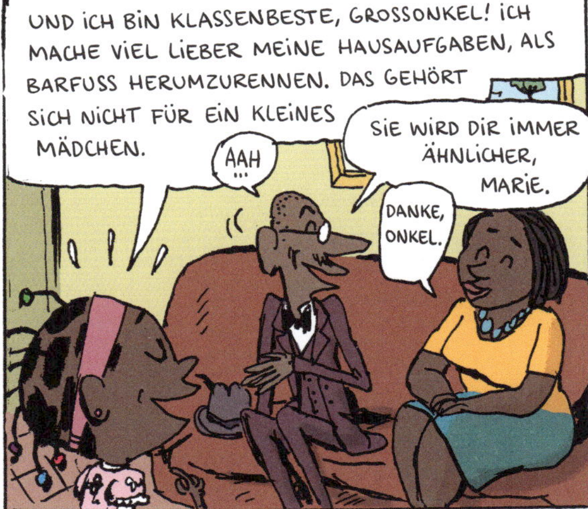
UND ICH BIN KLASSENBESTE, GROSSONKEL! ICH MACHE VIEL LIEBER MEINE HAUSAUFGABEN, ALS BARFUSS HERUMZURENNEN. DAS GEHÖRT SICH NICHT FÜR EIN KLEINES MÄDCHEN.
AAH ...
SIE WIRD DIR IMMER ÄHNLICHER, MARIE.
DANKE, ONKEL.

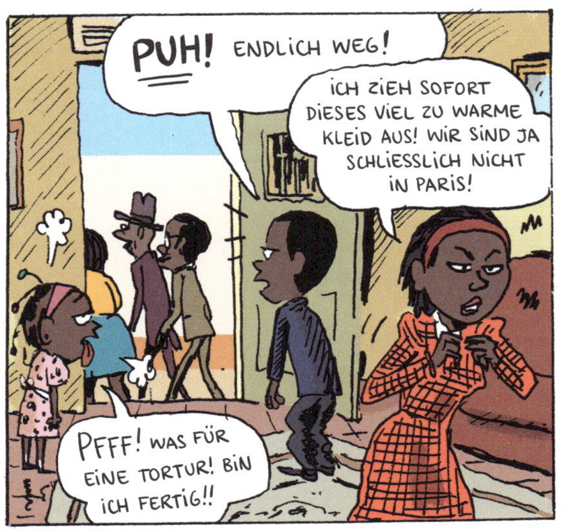
PUH! ENDLICH WEG!
ICH ZIEH SOFORT DIESES VIEL ZU WARME KLEID AUS! WIR SIND JA SCHLIESSLICH NICHT IN PARIS!
PFFF! WAS FÜR EINE TORTUR! BIN ICH FERTIG!!

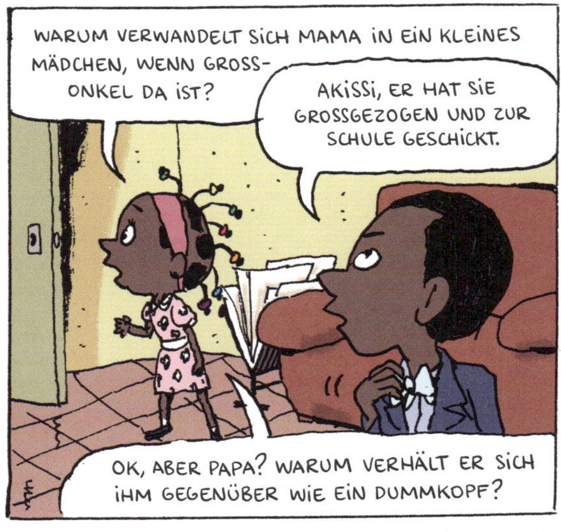
WARUM VERWANDELT SICH MAMA IN EIN KLEINES MÄDCHEN, WENN GROSSONKEL DA IST?
AKISSI, ER HAT SIE GROSSGEZOGEN UND ZUR SCHULE GESCHICKT.
OK, ABER PAPA? WARUM VERHÄLT ER SICH IHM GEGENÜBER WIE EIN DUMMKOPF?

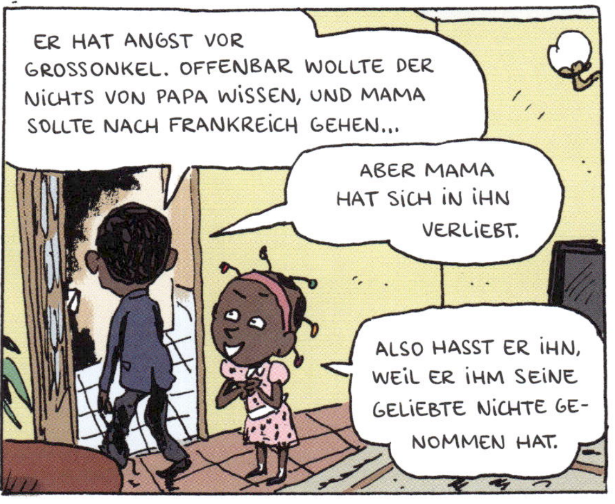
ER HAT ANGST VOR GROSSONKEL. OFFENBAR WOLLTE DER NICHTS VON PAPA WISSEN, UND MAMA SOLLTE NACH FRANKREICH GEHEN...
ABER MAMA HAT SICH IN IHN VERLIEBT.
ALSO HASST ER IHN, WEIL ER IHM SEINE GELIEBTE NICHTE GENOMMEN HAT.

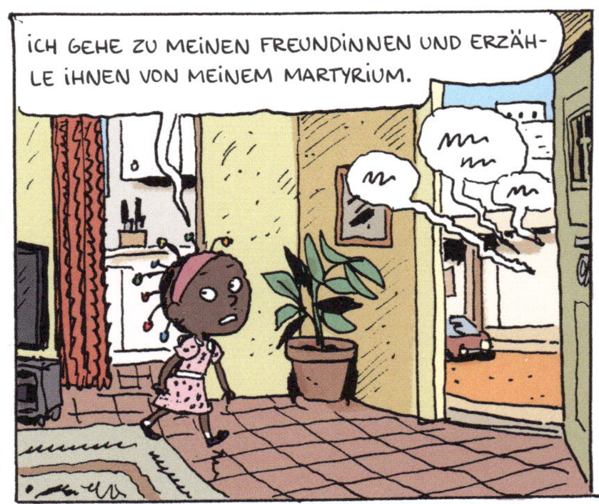
ICH GEHE ZU MEINEN FREUNDINNEN UND ERZÄHLE IHNEN VON MEINEM MARTYRIUM.

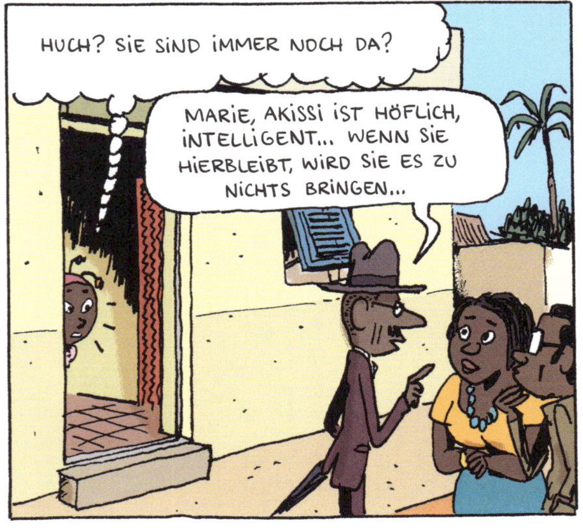
HUCH? SIE SIND IMMER NOCH DA?
MARIE, AKISSI IST HÖFLICH, INTELLIGENT... WENN SIE HIERBLEIBT, WIRD SIE ES ZU NICHTS BRINGEN...

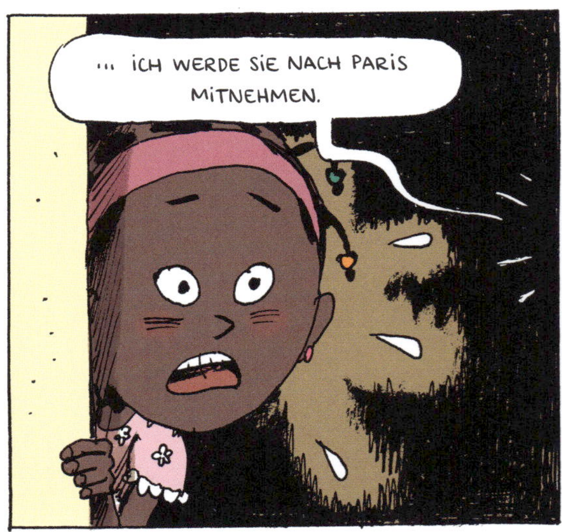
... ICH WERDE SIE NACH PARIS MITNEHMEN.

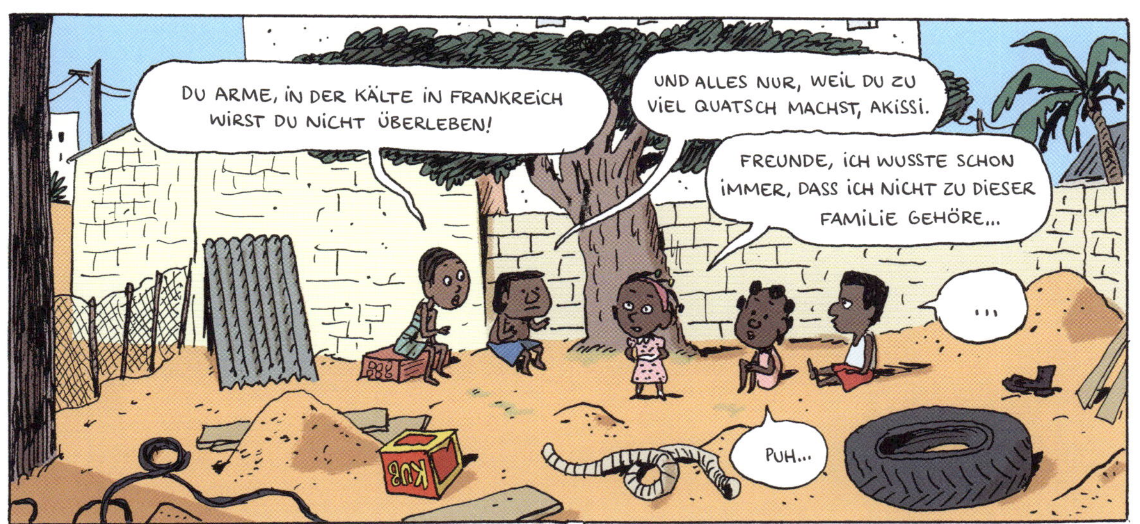
DU ARME, IN DER KÄLTE IN FRANKREICH WIRST DU NICHT ÜBERLEBEN!
UND ALLES NUR, WEIL DU ZU VIEL QUATSCH MACHST, AKISSI.
FREUNDE, ICH WUSSTE SCHON IMMER, DASS ICH NICHT ZU DIESER FAMILIE GEHÖRE...
...
PUH...

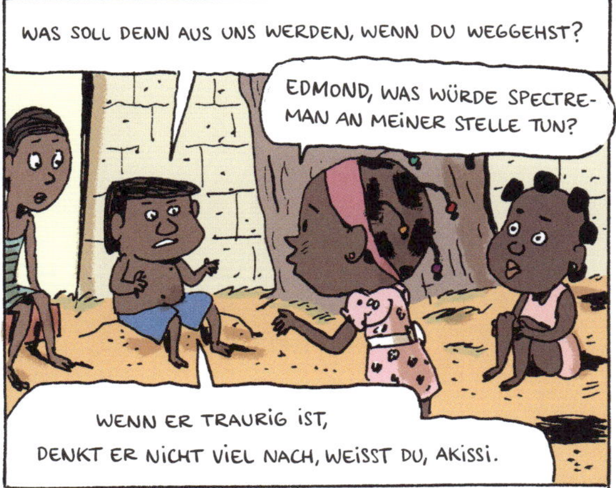
WAS SOLL DENN AUS UNS WERDEN, WENN DU WEGGEHST?
EDMOND, WAS WÜRDE SPECTRE-MAN AN MEINER STELLE TUN?
WENN ER TRAURIG IST, DENKT ER NICHT VIEL NACH, WEISST DU, AKISSI.

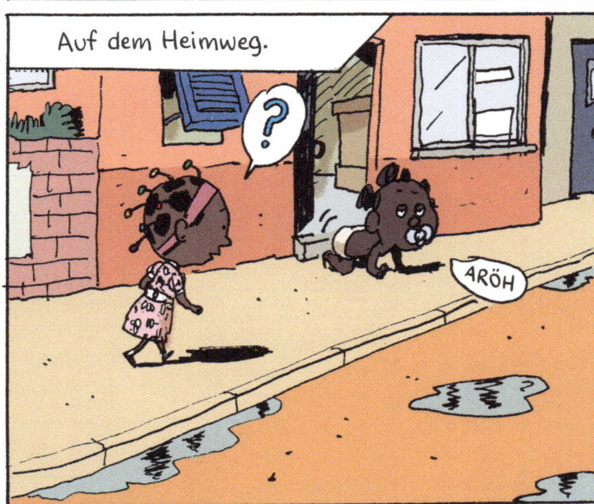
Auf dem Heimweg.
?
ARÖH

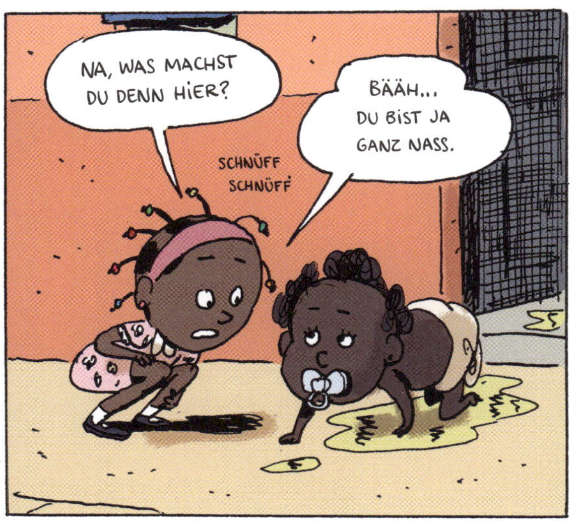
NA, WAS MACHST DU DENN HIER?
BÄÄH... DU BIST JA GANZ NASS.
SCHNÜFF SCHNÜFF

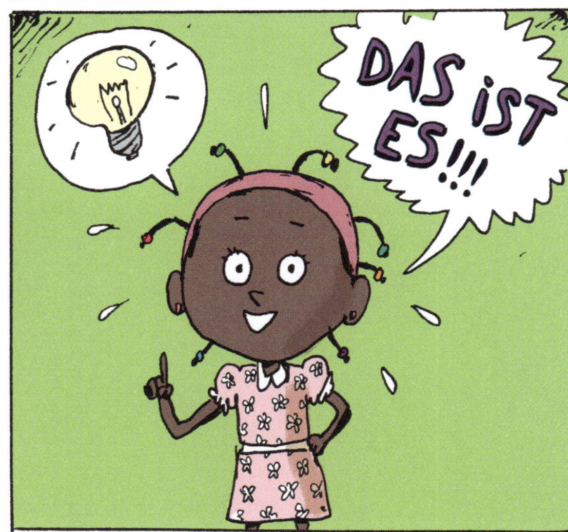
!
DAS IST ES!!!

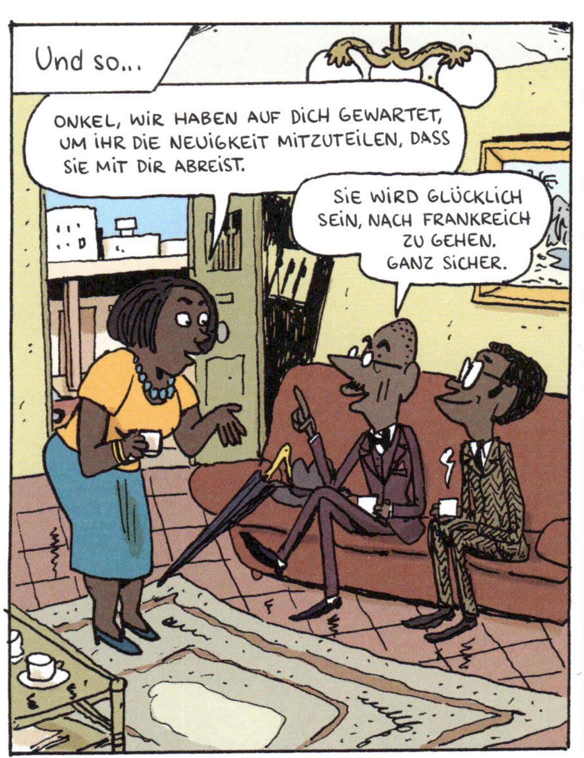
Und so...
ONKEL, WIR HABEN AUF DICH GEWARTET, UM IHR DIE NEUIGKEIT MITZUTEILEN, DASS SIE MIT DIR ABREIST.
SIE WIRD GLÜCKLICH SEIN, NACH FRANKREICH ZU GEHEN. GANZ SICHER.

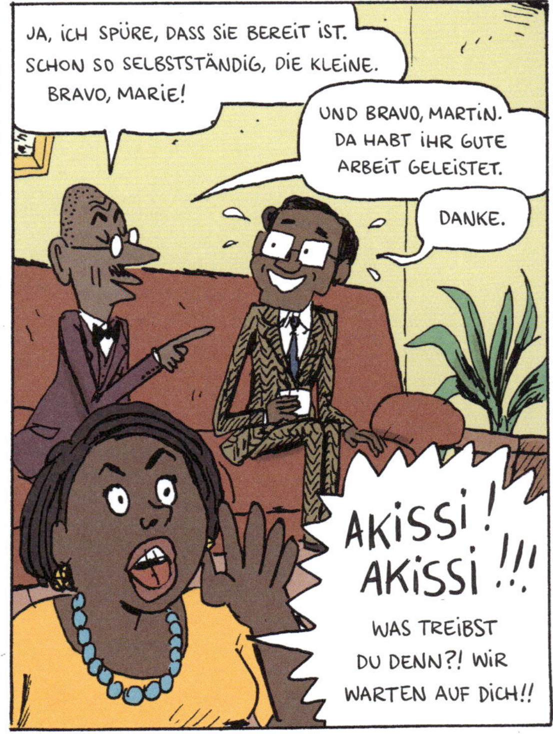
JA, ICH SPÜRE, DASS SIE BEREIT IST. SCHON SO SELBSTSTÄNDIG, DIE KLEINE. BRAVO, MARIE!
UND BRAVO, MARTIN. DA HABT IHR GUTE ARBEIT GELEISTET.
DANKE.
AKISSI! AKISSI!!! WAS TREIBST DU DENN?! WIR WARTEN AUF DICH!!

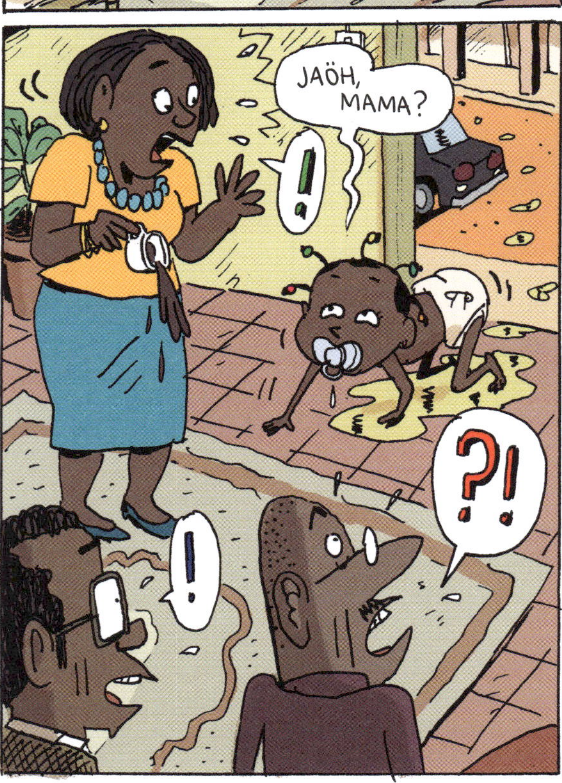
JAÖH, MAMA?
!
?!
!

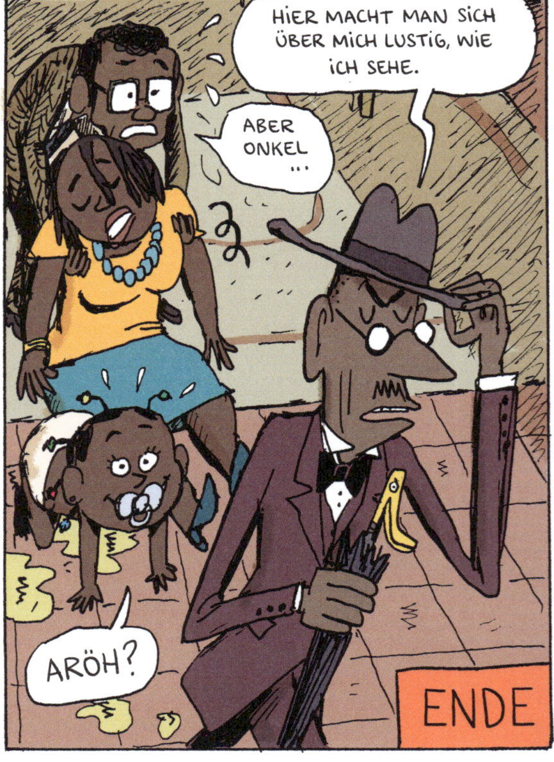
HIER MACHT MAN SICH ÜBER MICH LUSTIG, WIE ICH SEHE.
ABER ONKEL ...
ARÖH?
ENDE

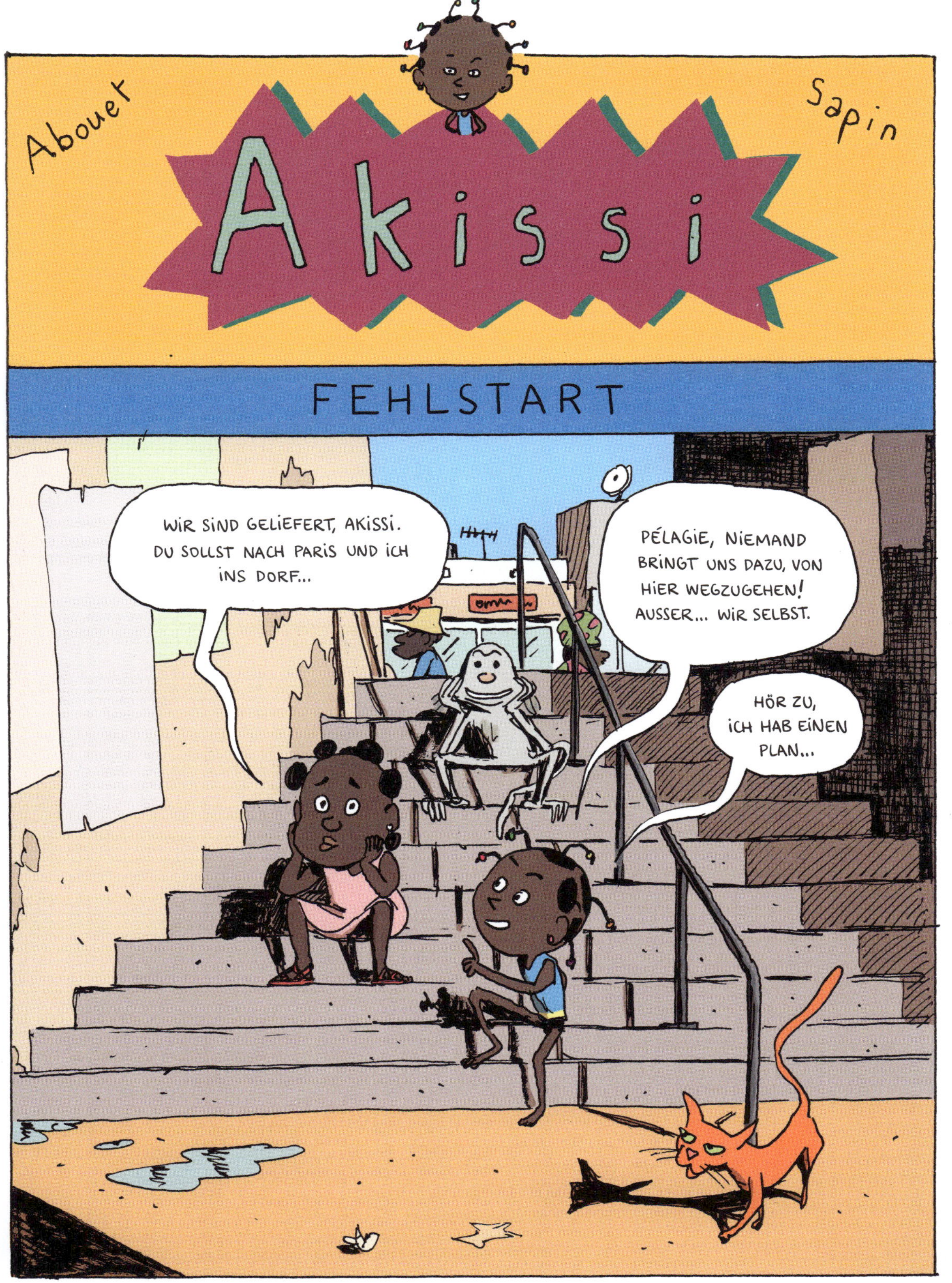
Abouet
Akissi
Sapin
FEHLSTART
WIR SIND GELIEFERT, AKISSI. DU SOLLST NACH PARIS UND ICH INS DORF...
PÉLAGIE, NIEMAND BRINGT UNS DAZU, VON HIER WEGZUGEHEN! AUSSER... WIR SELBST.
HÖR ZU, ICH HAB EINEN PLAN...

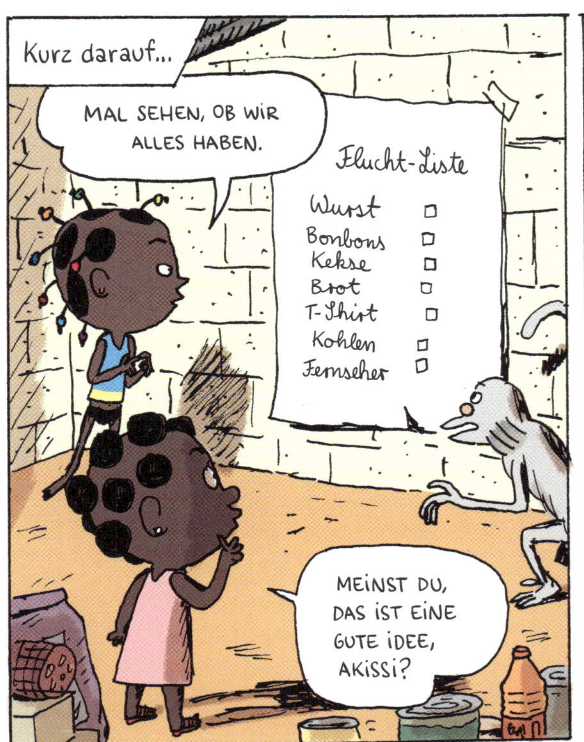
Kurz darauf...
MAL SEHEN, OB WIR ALLES HABEN.
Flucht-Liste
Wurst
Bonbons
Kekse
Brot
T-Shirt
Kohlen
Fernseher
MEINST DU, DAS IST EINE GUTE IDEE, AKISSI?

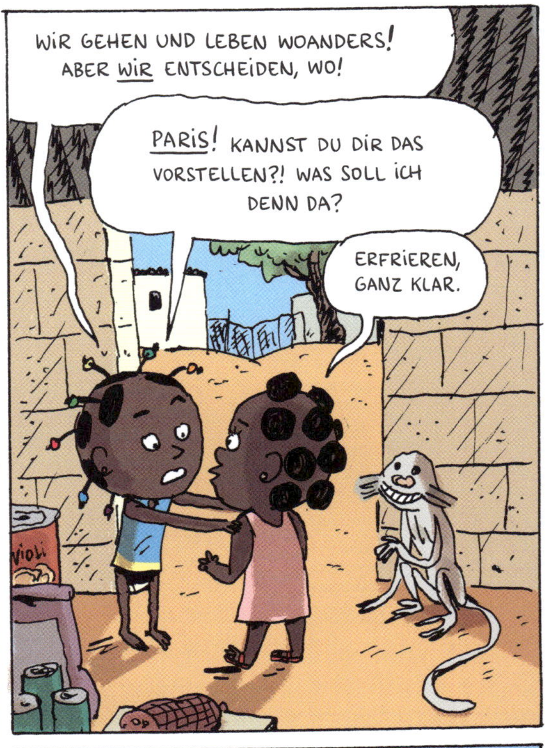
WIR GEHEN UND LEBEN WOANDERS! ABER WIR ENTSCHEIDEN, WO!
PARIS! KANNST DU DIR DAS VORSTELLEN?! WAS SOLL ICH DENN DA?
ERFRIEREN, GANZ KLAR.

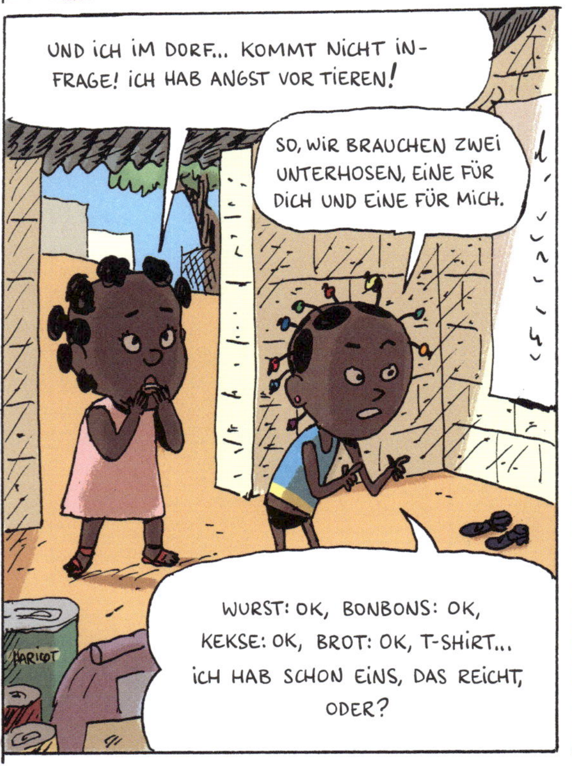
UND ICH IM DORF... KOMMT NICHT IN-FRAGE! ICH HAB ANGST VOR TIEREN!
SO, WIR BRAUCHEN ZWEI UNTERHOSEN, EINE FÜR DICH UND EINE FÜR MICH.
WURST: OK, BONBONS: OK, KEKSE: OK, BROT: OK, T-SHIRT... ICH HAB SCHON EINS, DAS REICHT, ODER?

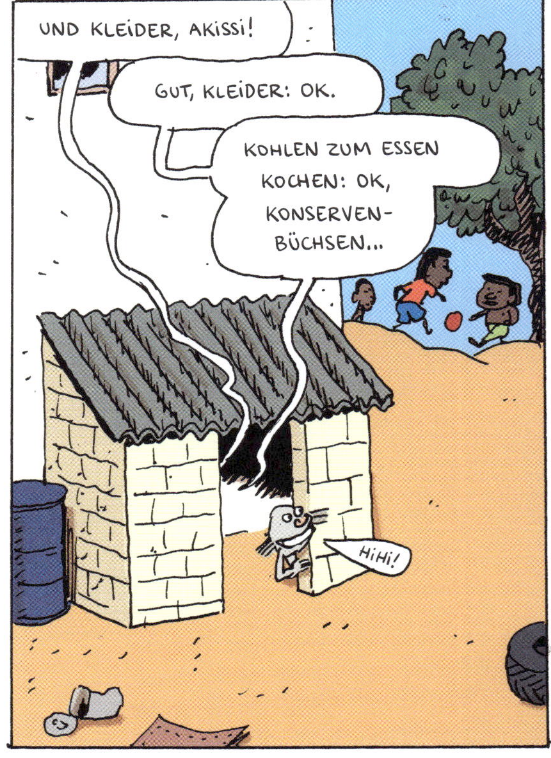
UND KLEIDER, AKISSI!
GUT, KLEIDER: OK.
KOHLEN ZUM ESSEN KOCHEN: OK, KONSERVEN-BÜCHSEN...
HIHI!

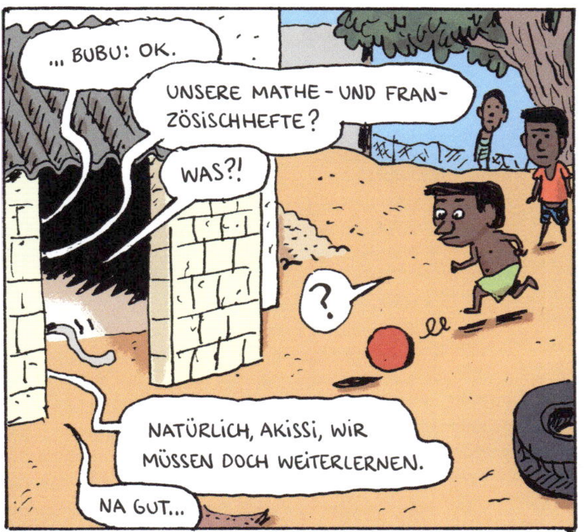

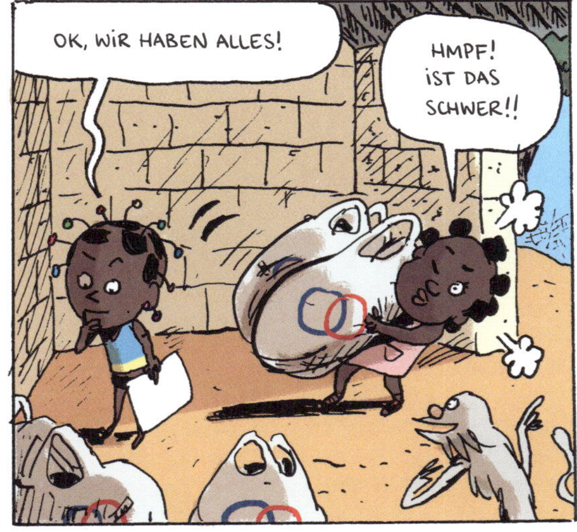

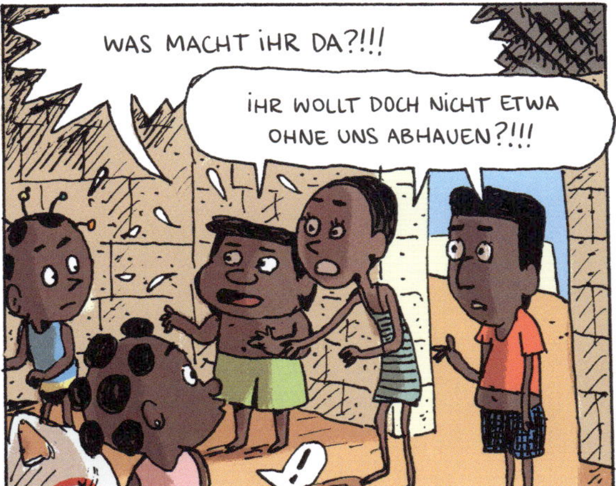

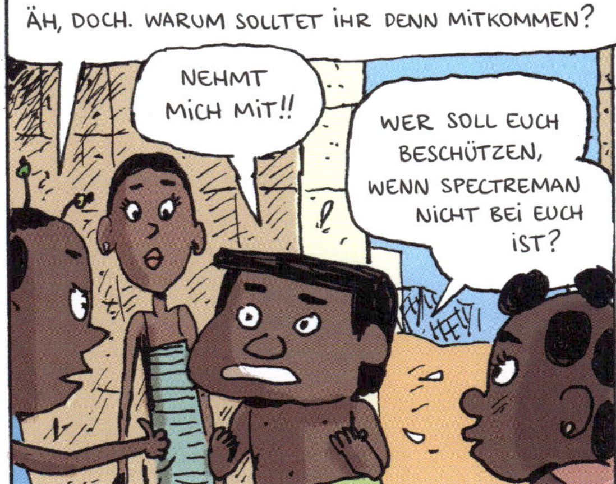

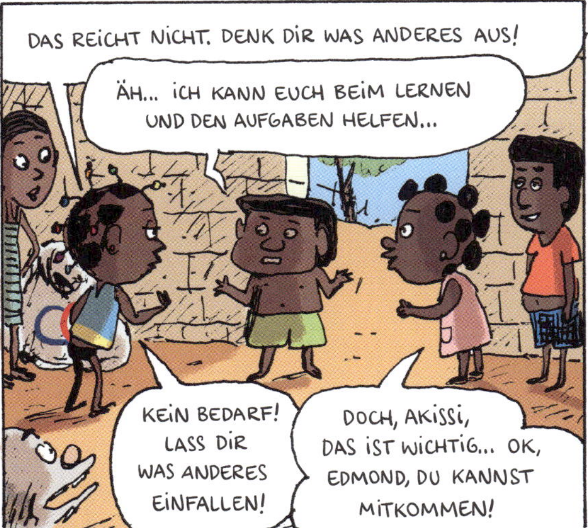

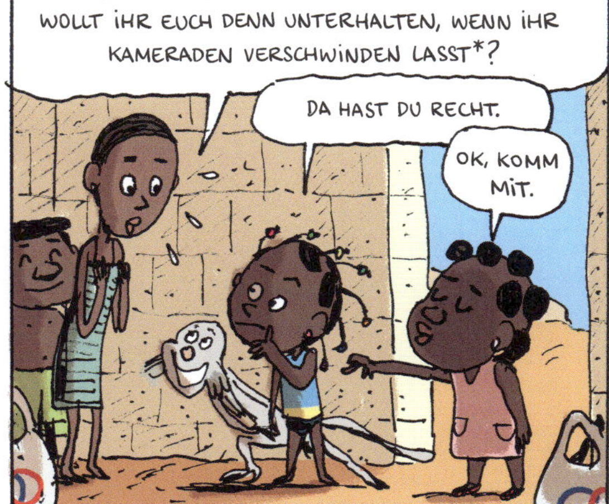

* KAMERADEN VERSCHWINDEN LASSEN: nicht mehr befreundet sein, nicht mehr miteinander sprechen

KAMERADEN HERVORHOLEN: sich wieder anfreunden, wieder miteinander sprechen

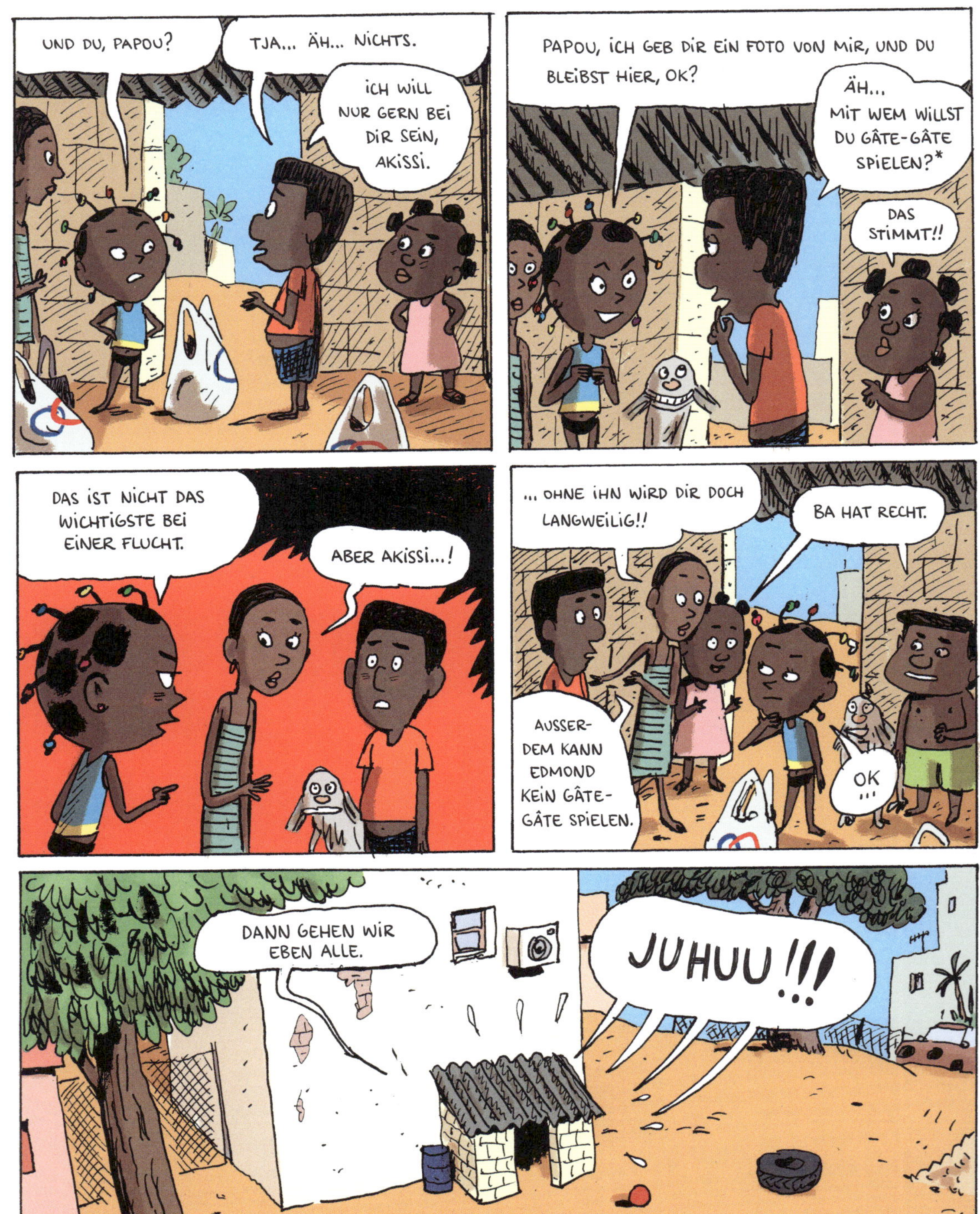

* GÂTE-GÂTE: ein Spiel, bei dem man sich gegenseitig darin überbietet, den anderen zu verspotten

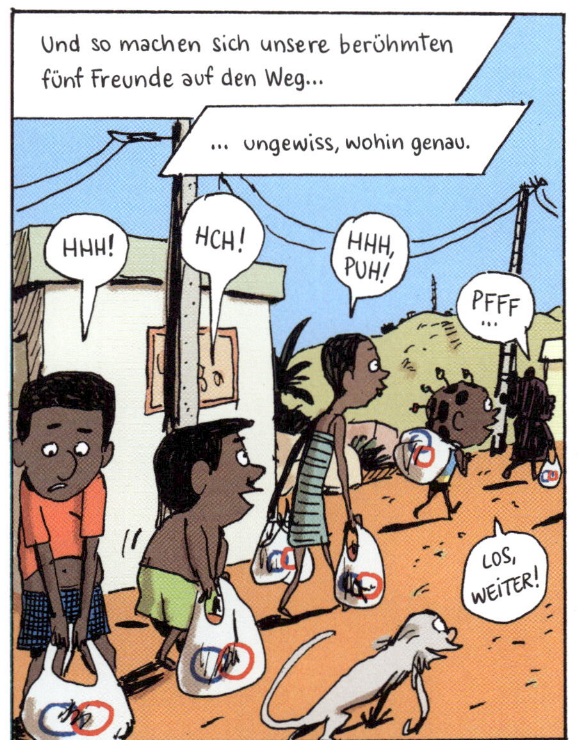
Und so machen sich unsere berühmten fünf Freunde auf den Weg...
... ungewiss, wohin genau.
HHH!
HCH!
HHH, PUH!
PFFF...
LOS, WEITER!

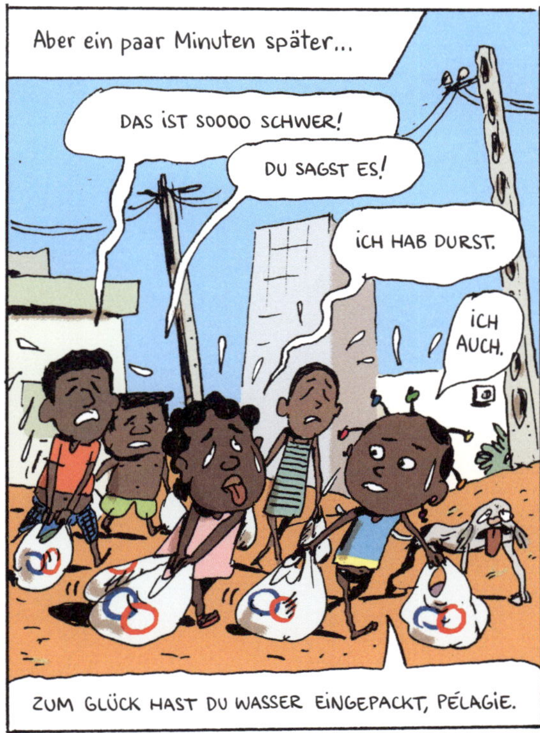
Aber ein paar Minuten später...
DAS IST SOOOO SCHWER!
DU SAGST ES!
ICH HAB DURST.
ICH AUCH.
ZUM GLÜCK HAST DU WASSER EINGEPACKT, PÉLAGIE.

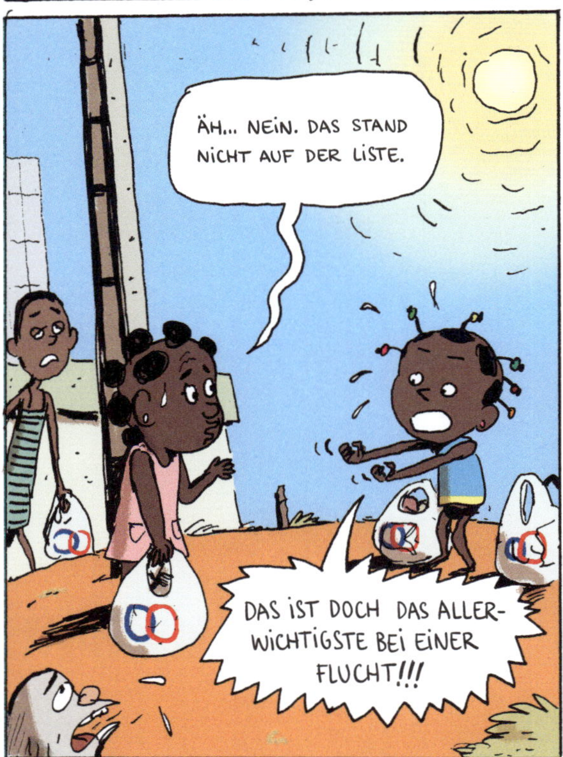
ÄH... NEIN. DAS STAND NICHT AUF DER LISTE.
DAS IST DOCH DAS ALLERWICHTIGSTE BEI EINER FLUCHT!!!

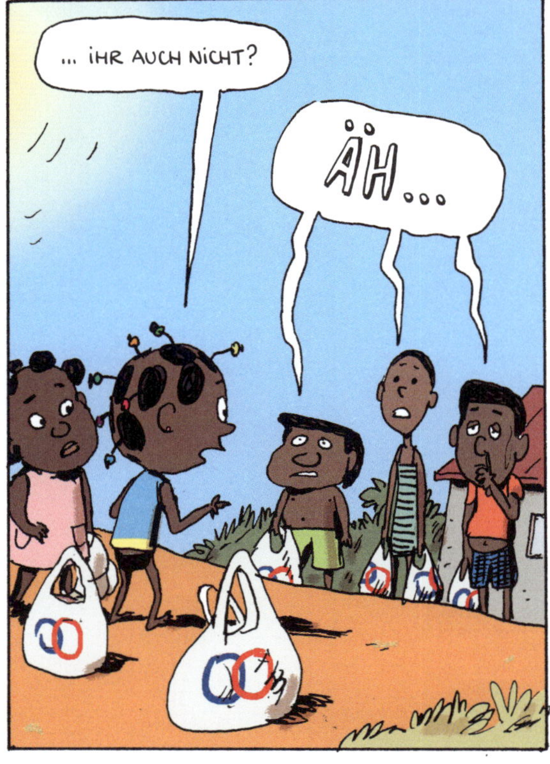
... IHR AUCH NICHT?
ÄH...

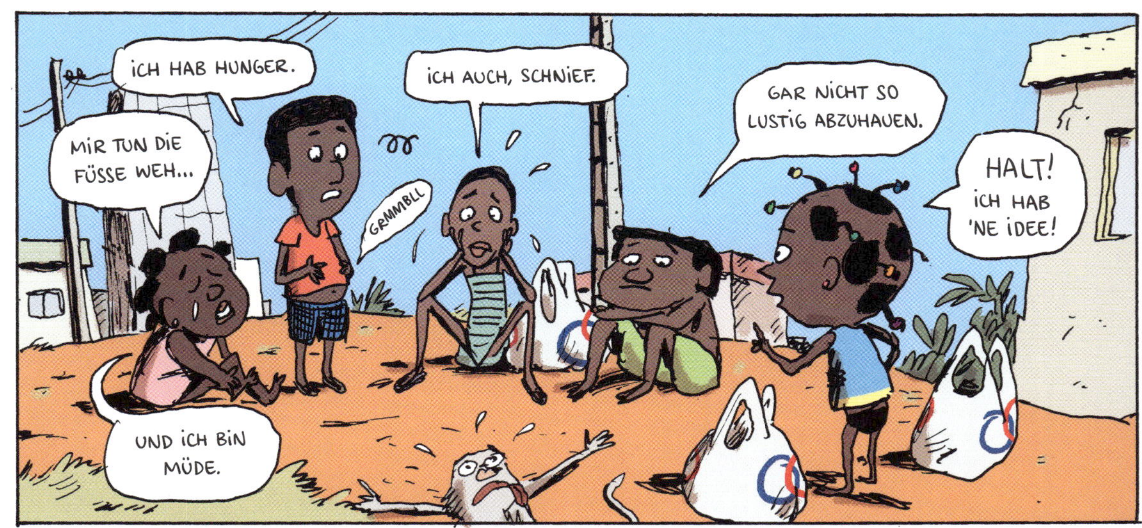
ICH HAB HUNGER.
MIR TUN DIE FÜSSE WEH...
GRMMBLL
ICH AUCH, SCHNIEF.
UND ICH BIN MÜDE.
GAR NICHT SO LUSTIG ABZUHAUEN.
HALT! ICH HAB 'NE IDEE!

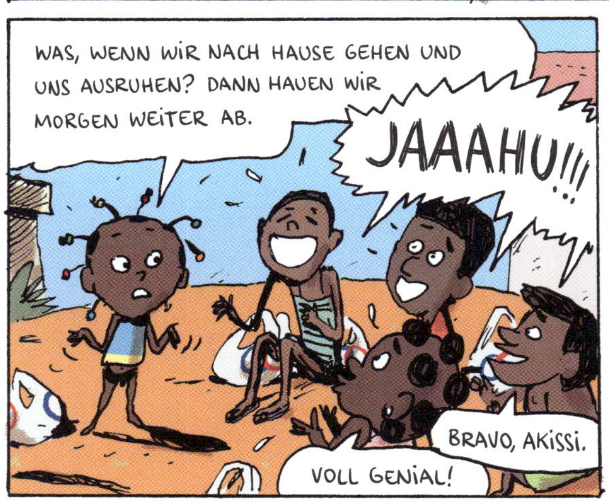
WAS, WENN WIR NACH HAUSE GEHEN UND UNS AUSRUHEN? DANN HAUEN WIR MORGEN WEITER AB.
JAAAHU!!!
BRAVO, AKISSI.
VOLL GENIAL!

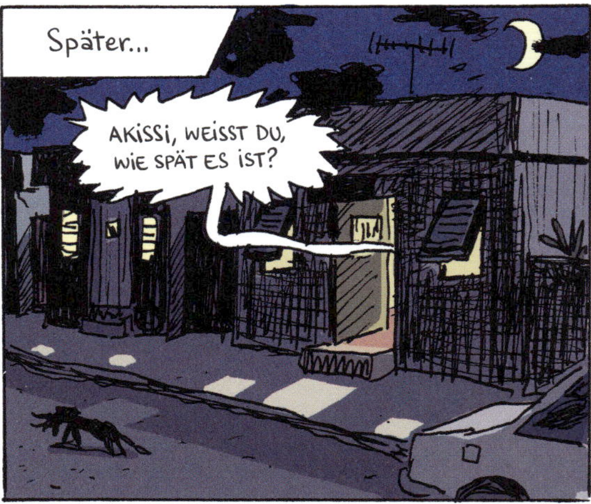
Später...
AKISSI, WEISST DU, WIE SPÄT ES IST?

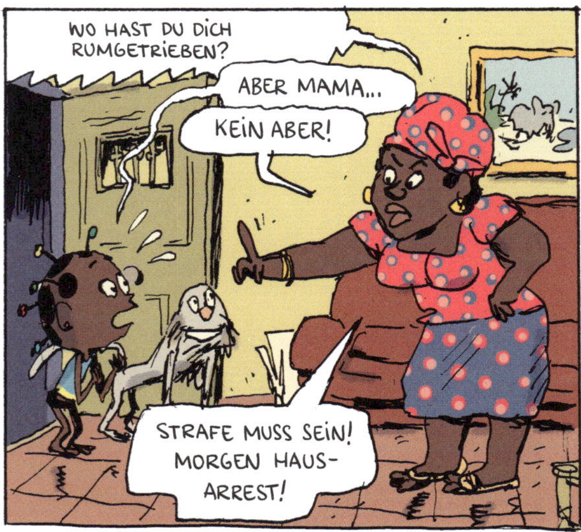
WO HAST DU DICH RUMGETRIEBEN?
ABER MAMA...
KEIN ABER!
STRAFE MUSS SEIN! MORGEN HAUS-ARREST!

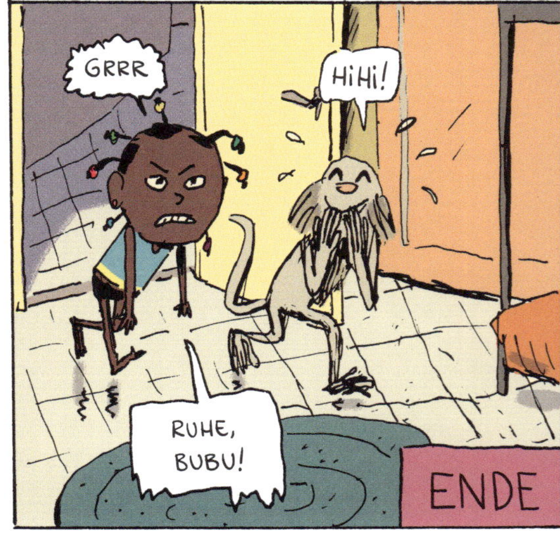
GRRR
HiHi!
RUHE, BUBU!
ENDE

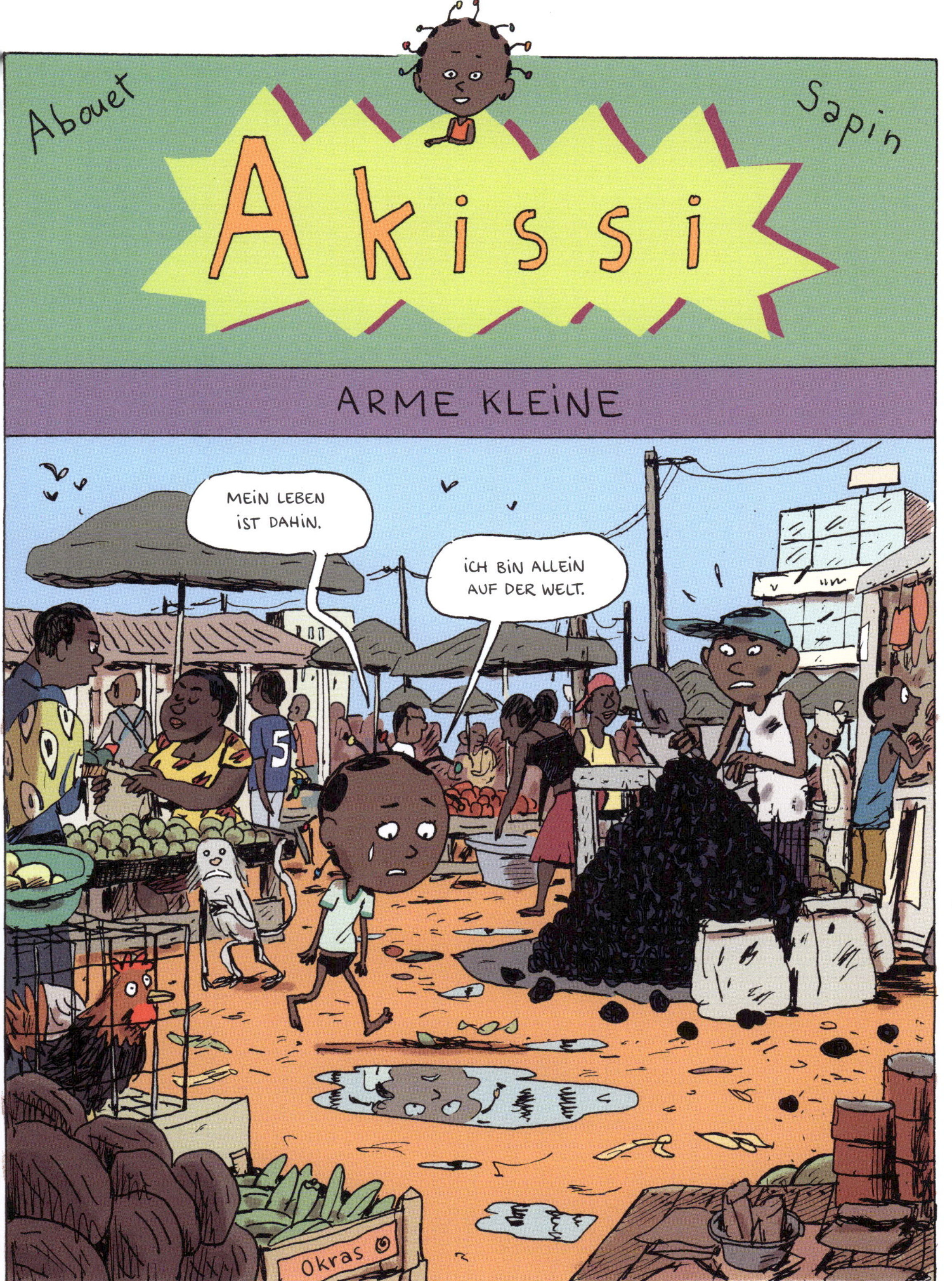
Abouet
Sapin
Akissi
ARME KLEINE
MEIN LEBEN IST DAHIN.
ICH BIN ALLEIN AUF DER WELT.
Okras

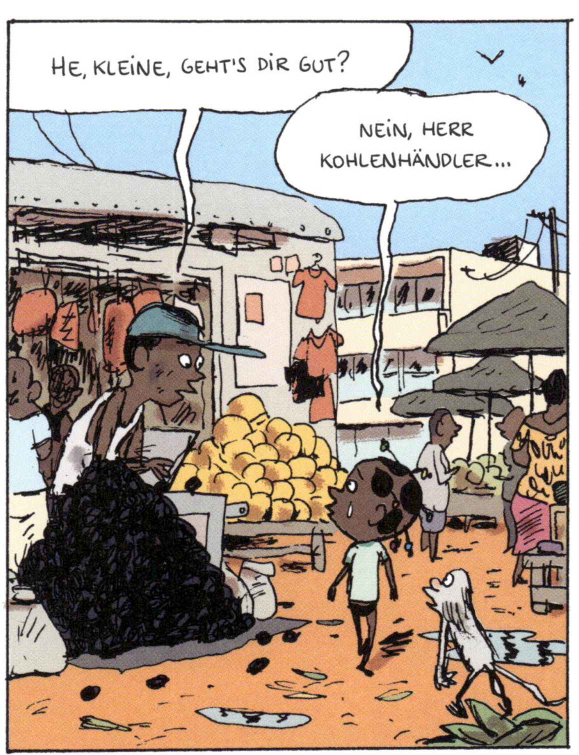
HE, KLEINE, GEHT'S DIR GUT?
NEIN, HERR KOHLENHÄNDLER...

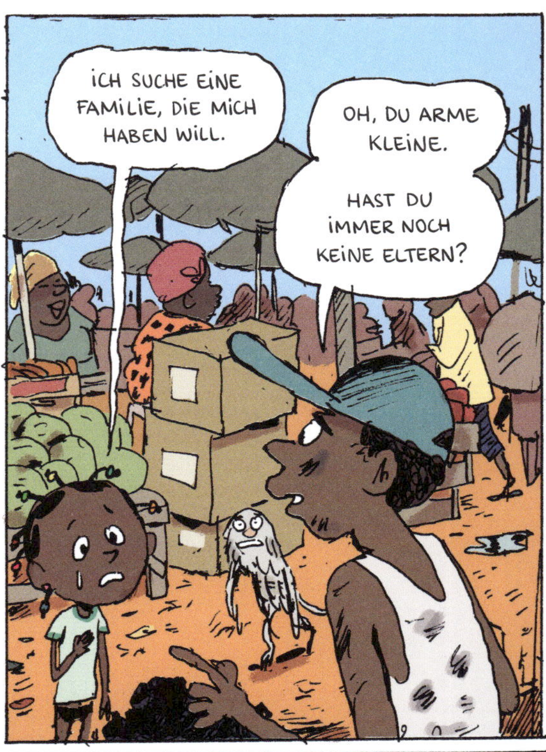
ICH SUCHE EINE FAMILIE, DIE MICH HABEN WILL.
OH, DU ARME KLEINE.
HAST DU IMMER NOCH KEINE ELTERN?

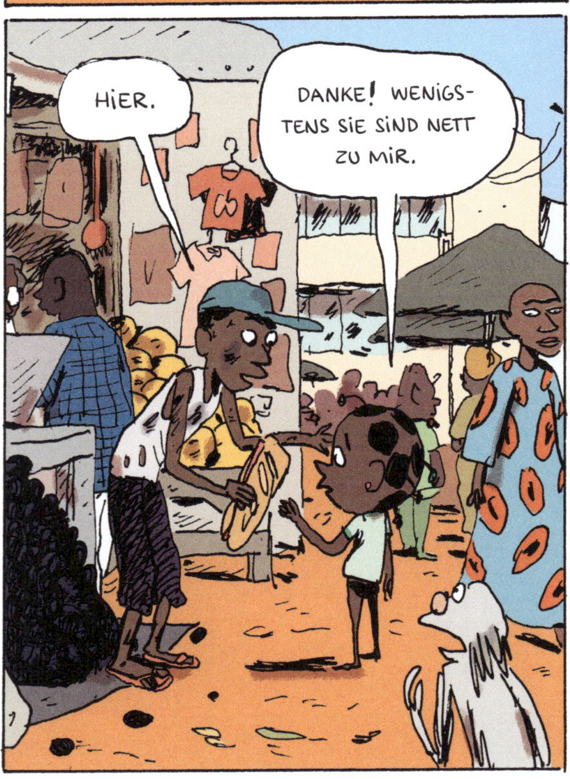
HIER.
DANKE! WENIGSTENS SIE SIND NETT ZU MIR.

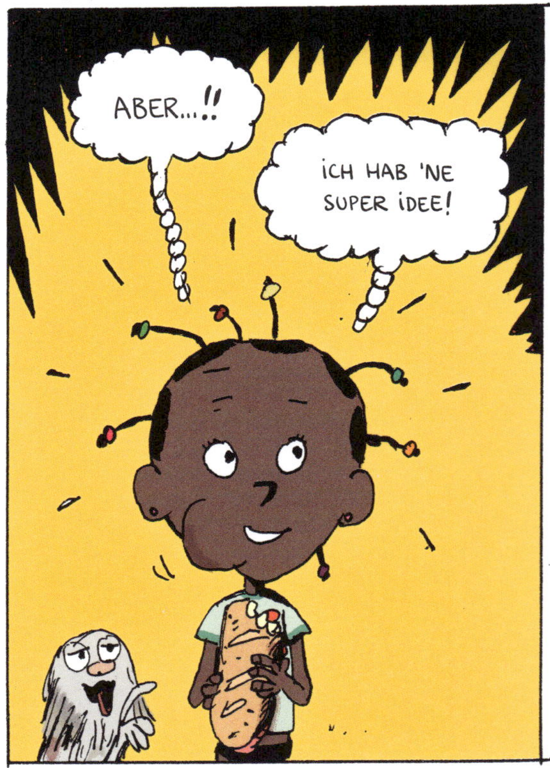
ABER...!!
ICH HAB 'NE SUPER IDEE!

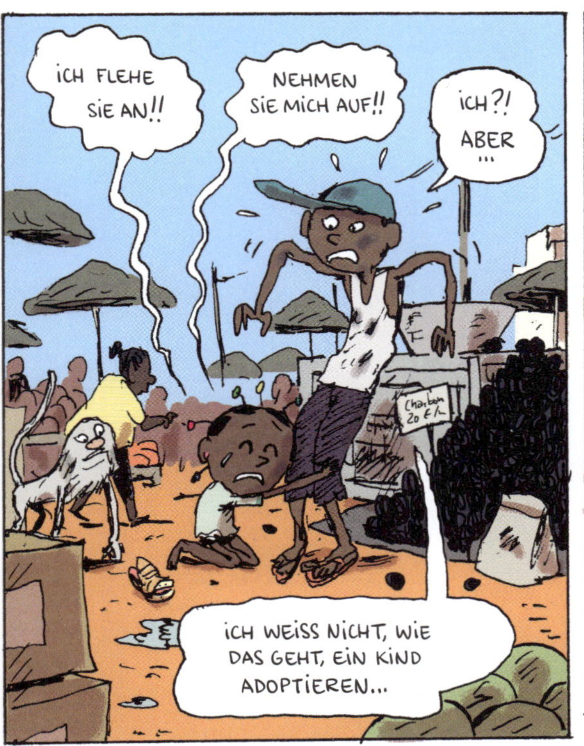
ICH FLEHE SIE AN!!
NEHMEN SIE MICH AUF!!
ICH?! ABER ...
Charbon 20 F/k
ICH WEISS NICHT, WIE DAS GEHT, EIN KIND ADOPTIEREN...

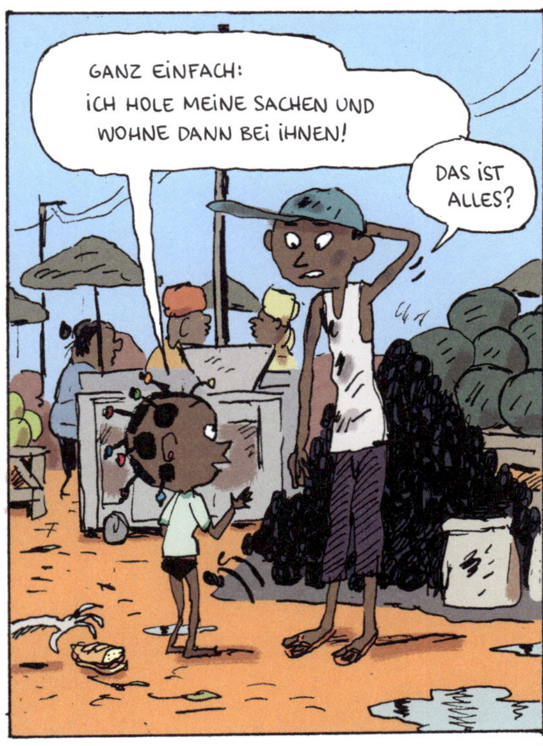
GANZ EINFACH: ICH HOLE MEINE SACHEN UND WOHNE DANN BEI IHNEN!
DAS IST ALLES?

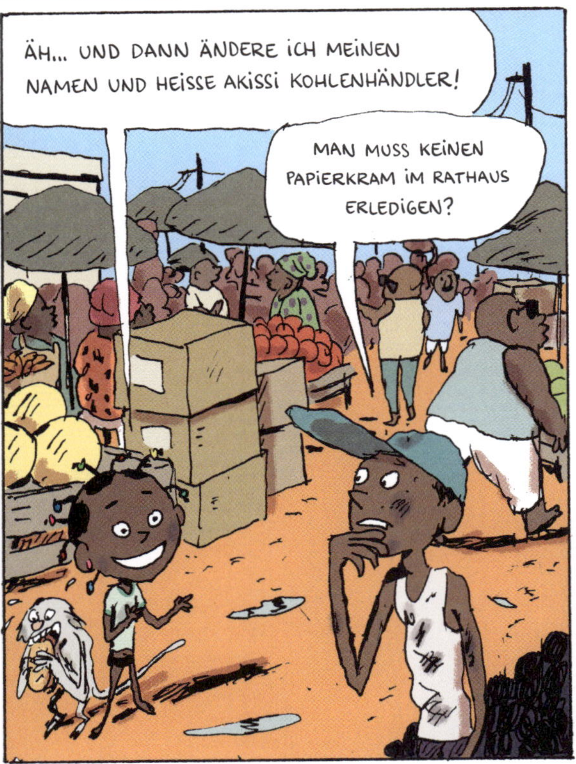
ÄH... UND DANN ÄNDERE ICH MEINEN NAMEN UND HEISSE AKISSI KOHLENHÄNDLER!
MAN MUSS KEINEN PAPIERKRAM IM RATHAUS ERLEDIGEN?

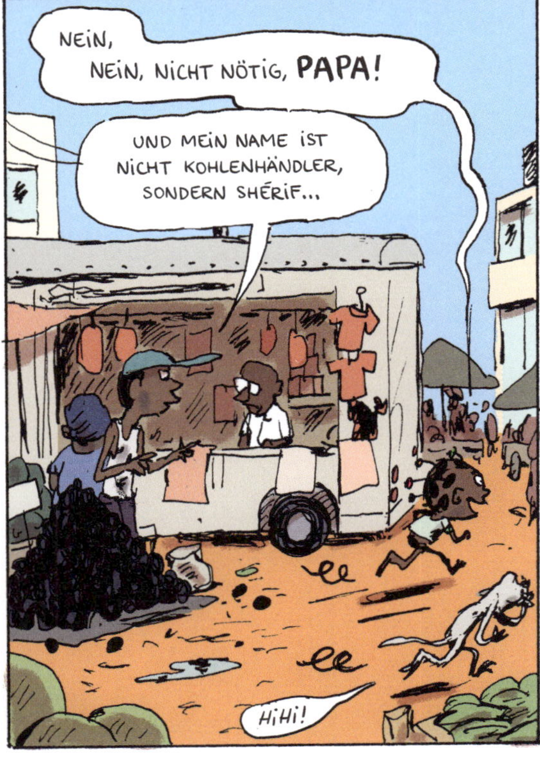
NEIN, NEIN, NICHT NÖTIG, **PAPA!**
UND MEIN NAME IST NICHT KOHLENHÄNDLER, SONDERN SHÉRIF...
HIHI!

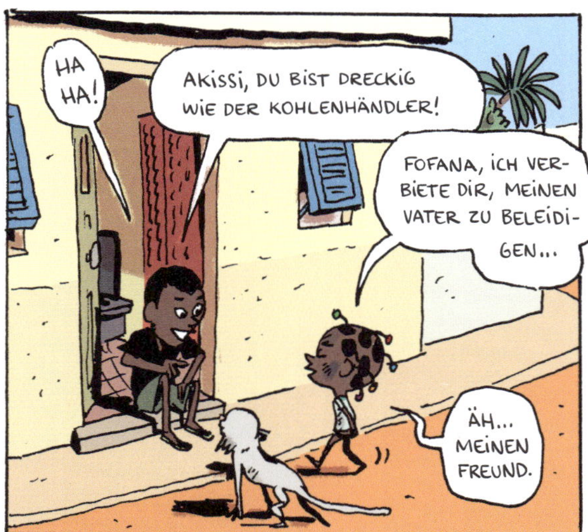
HA HA!
AKISSI, DU BIST DRECKIG WIE DER KOHLENHÄNDLER!
FOFANA, ICH VERBIETE DIR, MEINEN VATER ZU BELEIDIGEN...
ÄH... MEINEN FREUND.

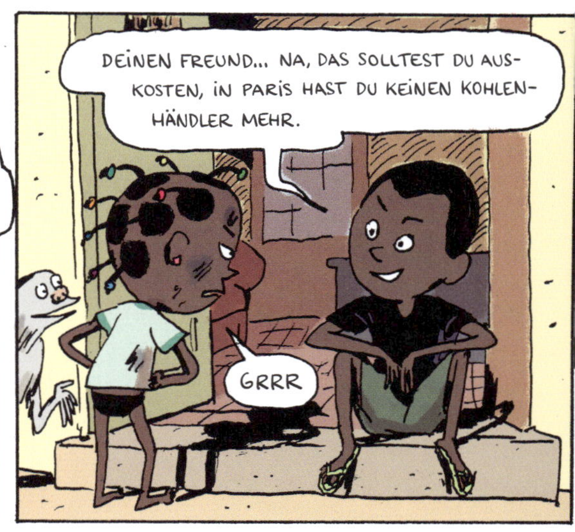
DEINEN FREUND... NA, DAS SOLLTEST DU AUSKOSTEN, IN PARIS HAST DU KEINEN KOHLENHÄNDLER MEHR.
GRRR

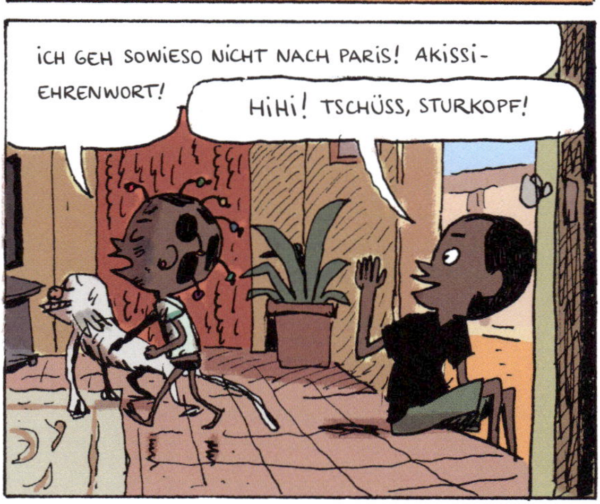
ICH GEH SOWIESO NICHT NACH PARIS! AKISSI-EHRENWORT!
HIHI! TSCHÜSS, STURKOPF!

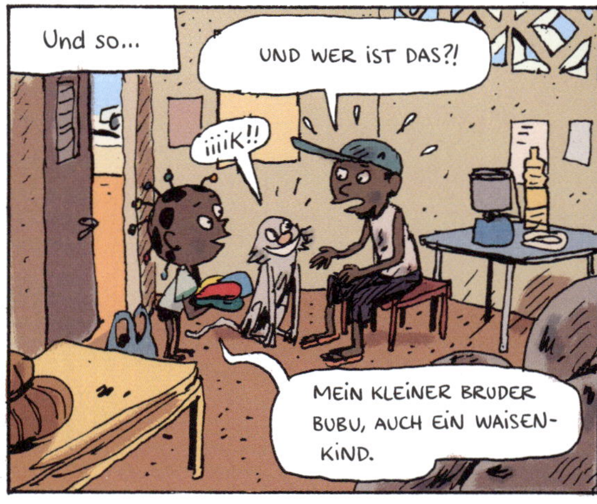
Und so...
UND WER IST DAS?!
¡¡¡¡IK!!
MEIN KLEINER BRUDER BUBU, AUCH EIN WAISENKIND.

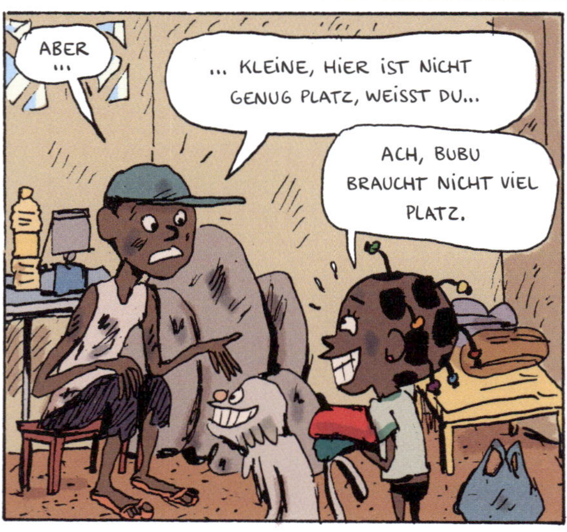
ABER ...
... KLEINE, HIER IST NICHT GENUG PLATZ, WEISST DU...
ACH, BUBU BRAUCHT NICHT VIEL PLATZ.

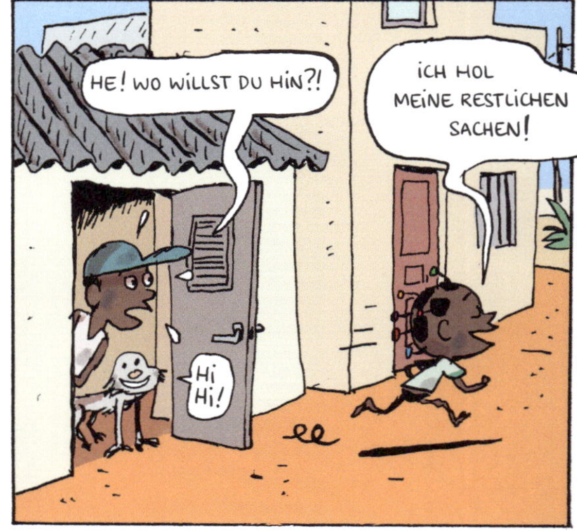
HE! WO WILLST DU HIN?!
ICH HOL MEINE RESTLICHEN SACHEN!
HI HI!

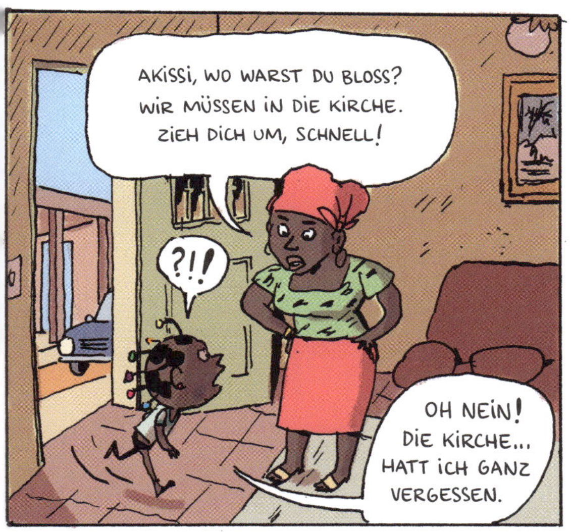
AKISSI, WO WARST DU BLOSS? WIR MÜSSEN IN DIE KIRCHE. ZIEH DICH UM, SCHNELL!
?!!
OH NEIN! DIE KIRCHE... HATT ICH GANZ VERGESSEN.

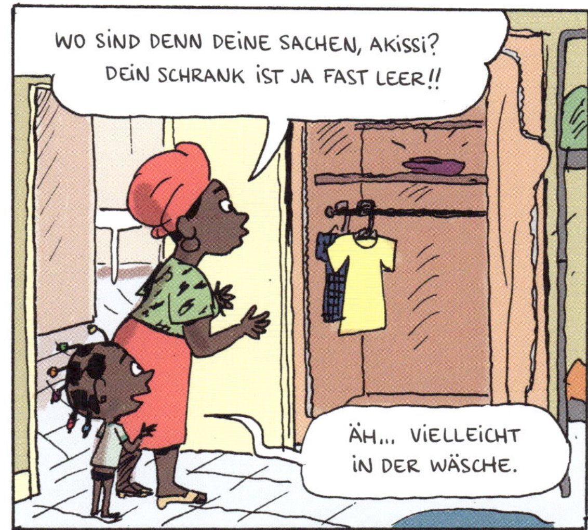
WO SIND DENN DEINE SACHEN, AKISSI? DEIN SCHRANK IST JA FAST LEER!!
ÄH... VIELLEICHT IN DER WÄSCHE.

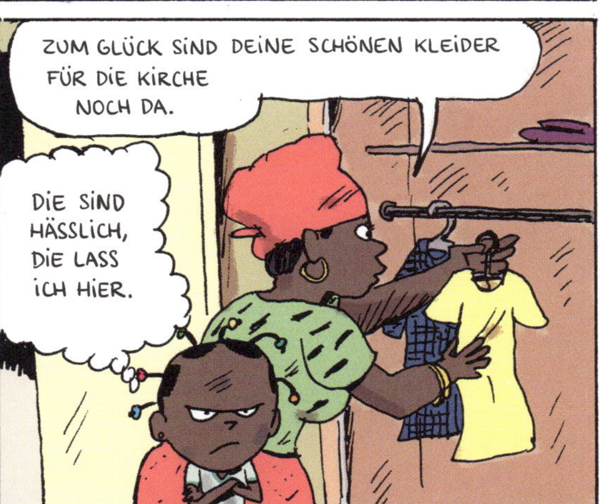
ZUM GLÜCK SIND DEINE SCHÖNEN KLEIDER FÜR DIE KIRCHE NOCH DA.
DIE SIND HÄSSLICH, DIE LASS ICH HIER.

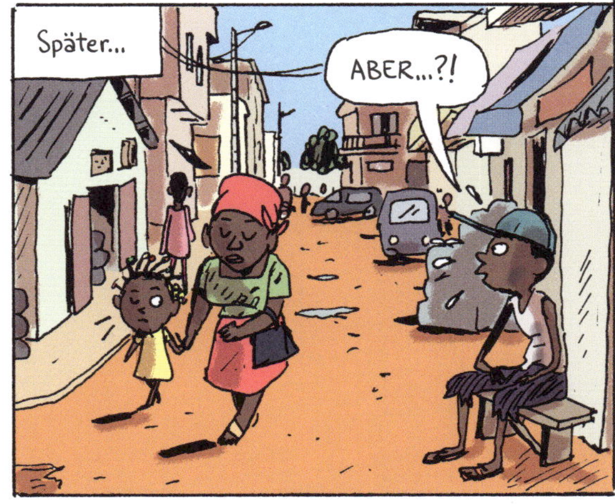
Später...
ABER...?!

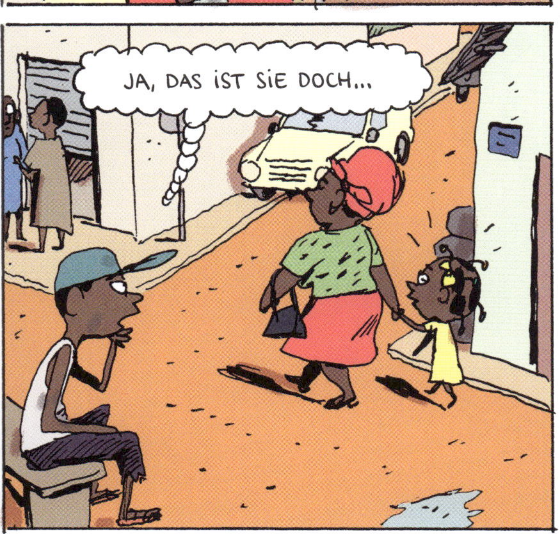
JA, DAS IST SIE DOCH...

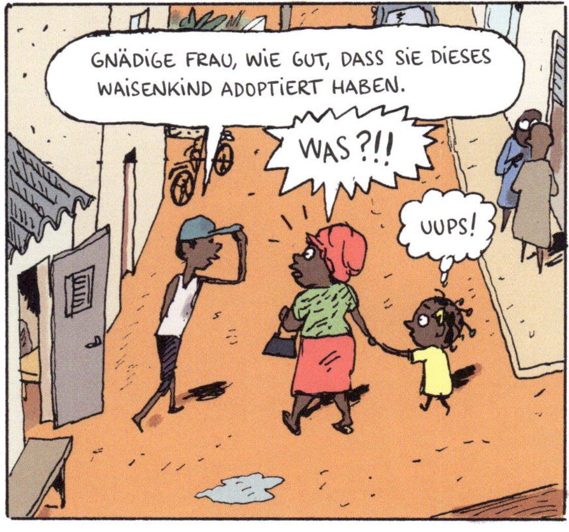
GNÄDIGE FRAU, WIE GUT, DASS SIE DIESES WAISENKIND ADOPTIERT HABEN.
WAS?!!
UUPS!

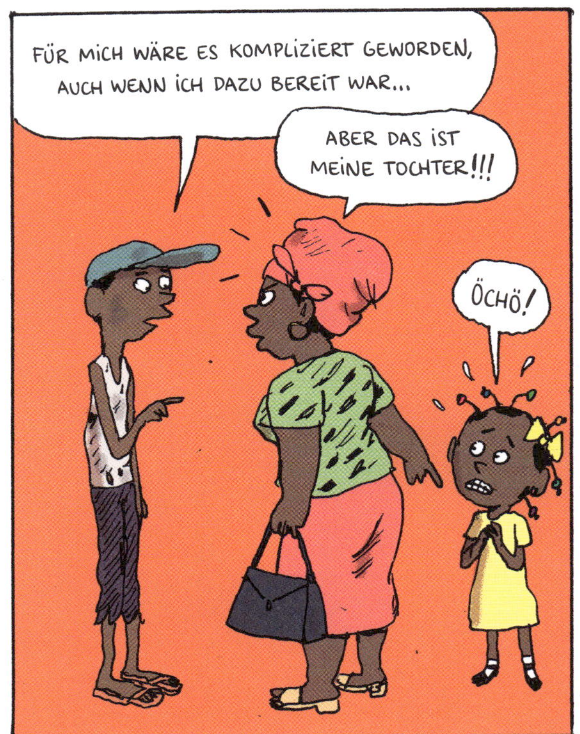
FÜR MICH WÄRE ES KOMPLIZIERT GEWORDEN, AUCH WENN ICH DAZU BEREIT WAR...
ABER DAS IST MEINE TOCHTER!!!
ÖCHÖ!

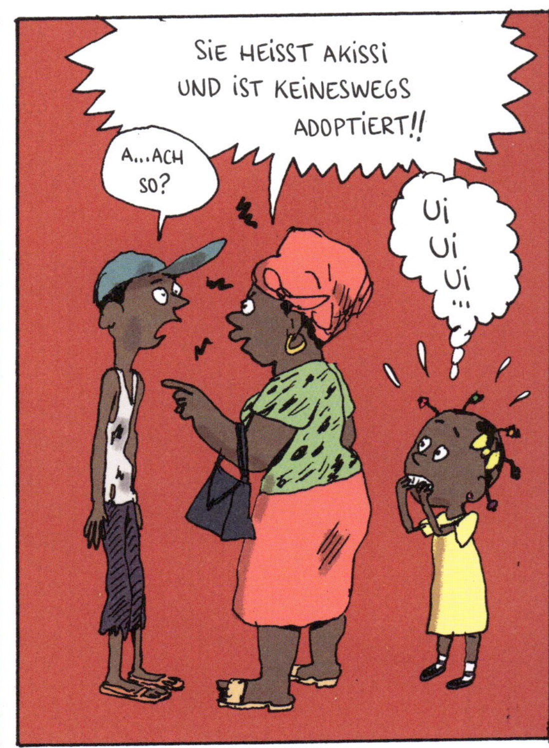
SIE HEISST AKISSI UND IST KEINESWEGS ADOPTIERT!!
A...ACH SO?
Ui Ui Ui...

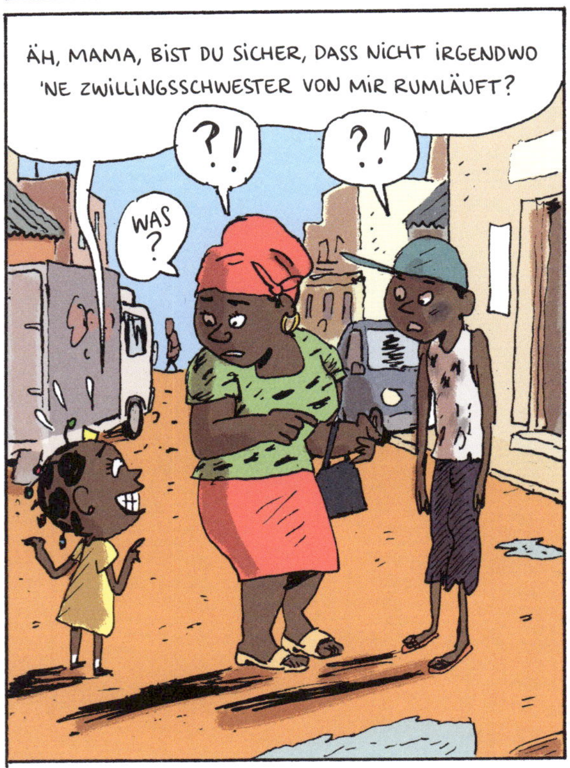
ÄH, MAMA, BIST DU SICHER, DASS NICHT IRGENDWO 'NE ZWILLINGSSCHWESTER VON MIR RUMLÄUFT?
WAS?
?!
?!

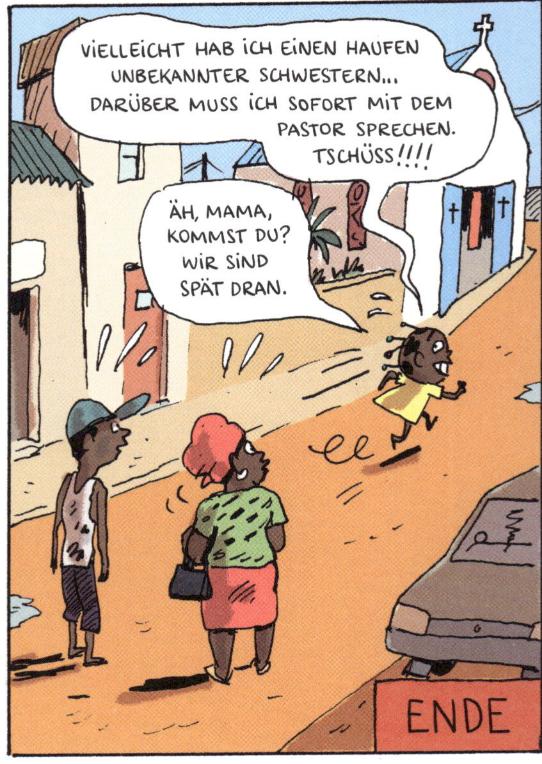
VIELLEICHT HAB ICH EINEN HAUFEN UNBEKANNTER SCHWESTERN... DARÜBER MUSS ICH SOFORT MIT DEM PASTOR SPRECHEN. TSCHÜSS!!!!
ÄH, MAMA, KOMMST DU? WIR SIND SPÄT DRAN.
ENDE

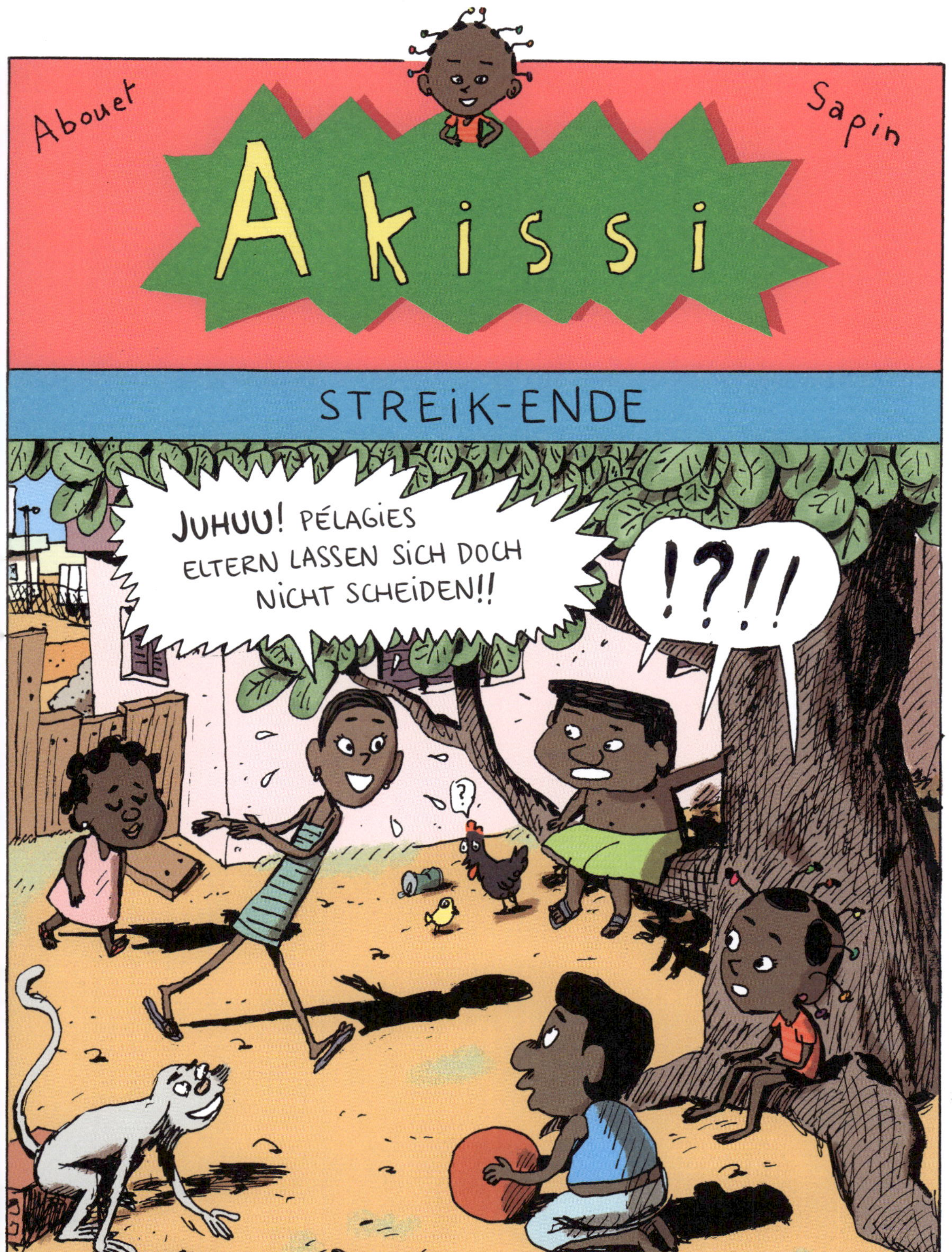
Abouet
Sapin
Akissi
STREIK-ENDE
JUHUU! PÉLAGIES ELTERN LASSEN SICH DOCH NICHT SCHEIDEN!!
!?!!
?

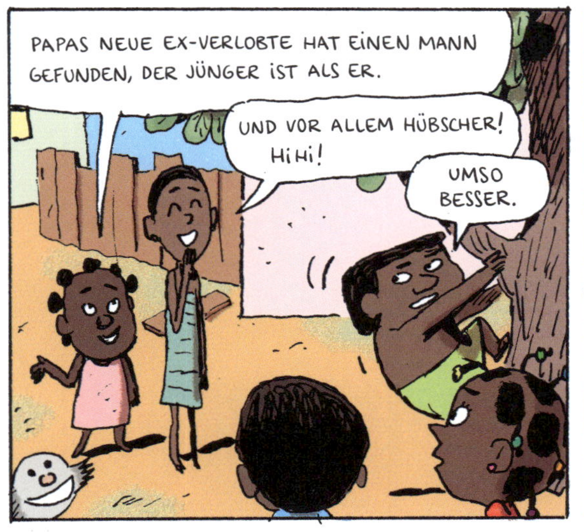
PAPAS NEUE EX-VERLOBTE HAT EINEN MANN GEFUNDEN, DER JÜNGER IST ALS ER.
UND VOR ALLEM HÜBSCHER! HIHI!
UMSO BESSER.

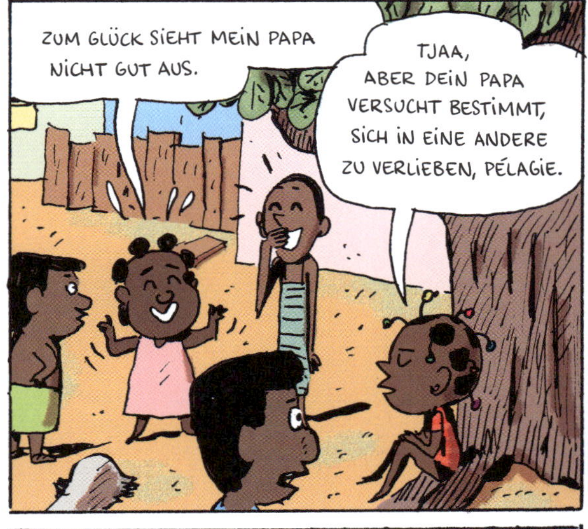
ZUM GLÜCK SIEHT MEIN PAPA NICHT GUT AUS.
TJAA, ABER DEIN PAPA VERSUCHT BESTIMMT, SICH IN EINE ANDERE ZU VERLIEBEN, PÉLAGIE.

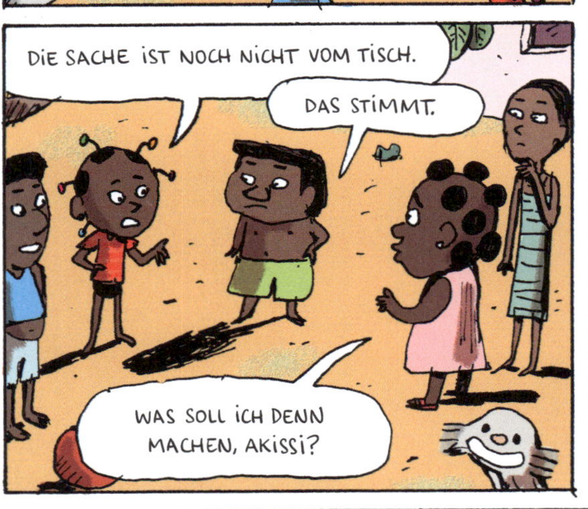
DIE SACHE IST NOCH NICHT VOM TISCH.
DAS STIMMT.
WAS SOLL ICH DENN MACHEN, AKISSI?

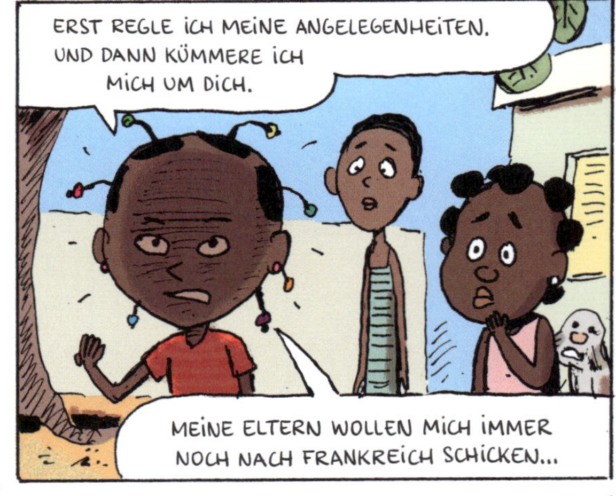
ERST REGLE ICH MEINE ANGELEGENHEITEN. UND DANN KÜMMERE ICH MICH UM DICH.
MEINE ELTERN WOLLEN MICH IMMER NOCH NACH FRANKREICH SCHICKEN...

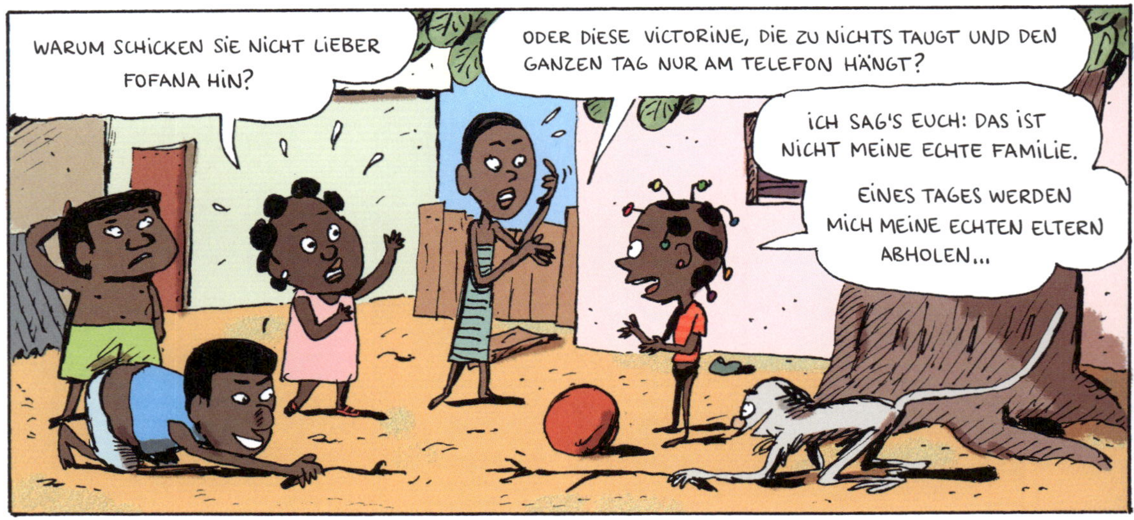
WARUM SCHICKEN SIE NICHT LIEBER FOFANA HIN?
ODER DIESE VICTORINE, DIE ZU NICHTS TAUGT UND DEN GANZEN TAG NUR AM TELEFON HÄNGT?
ICH SAG'S EUCH: DAS IST NICHT MEINE ECHTE FAMILIE.
EINES TAGES WERDEN MICH MEINE ECHTEN ELTERN ABHOLEN...

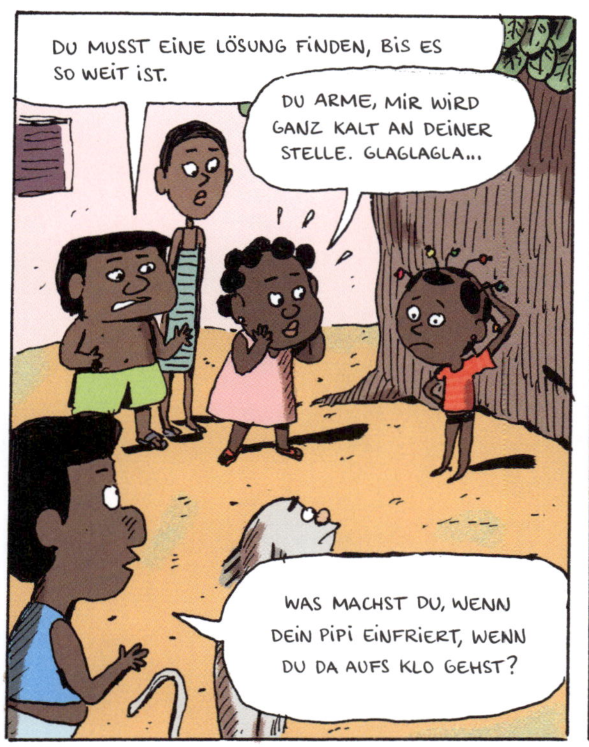
DU MUSST EINE LÖSUNG FINDEN, BIS ES SO WEIT IST.
DU ARME, MIR WIRD GANZ KALT AN DEINER STELLE. GLAGLAGLA...
WAS MACHST DU, WENN DEIN PIPI EINFRIERT, WENN DU DA AUFS KLO GEHST?

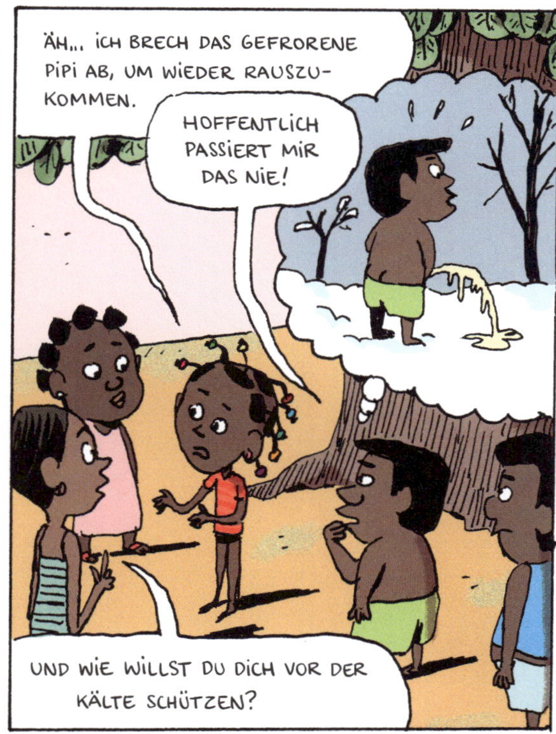
ÄH... ICH BRECH DAS GEFRORENE PIPI AB, UM WIEDER RAUSZU-KOMMEN.
HOFFENTLICH PASSIERT MIR DAS NIE!
UND WIE WILLST DU DICH VOR DER KÄLTE SCHÜTZEN?

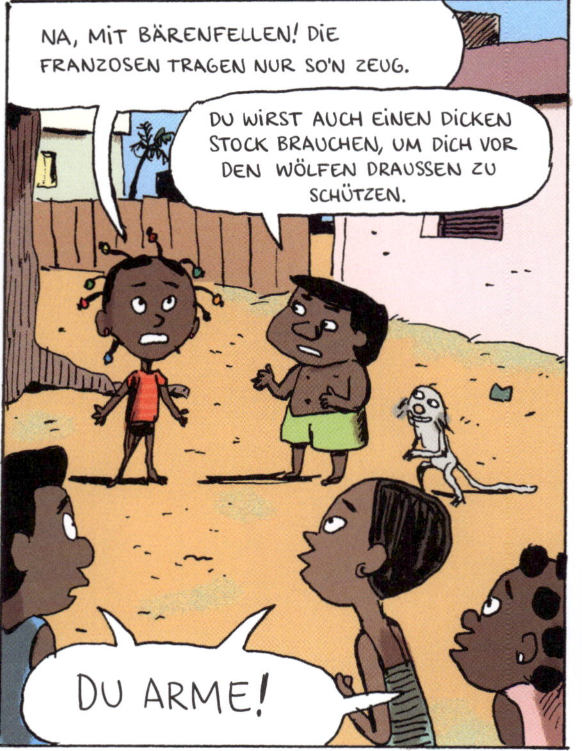
NA, MIT BÄRENFELLEN! DIE FRANZOSEN TRAGEN NUR SO'N ZEUG.
DU WIRST AUCH EINEN DICKEN STOCK BRAUCHEN, UM DICH VOR DEN WÖLFEN DRAUSSEN ZU SCHÜTZEN.
DU ARME!

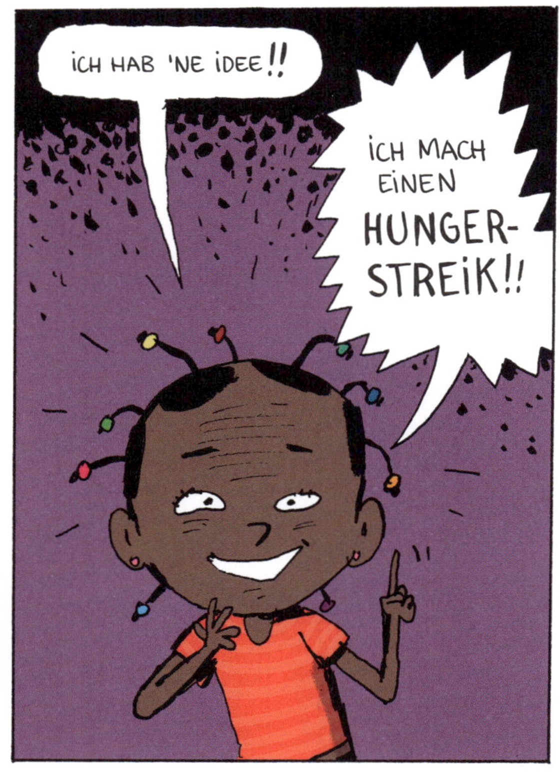
ICH HAB 'NE IDEE!!
ICH MACH EINEN HUNGER-STREIK!!

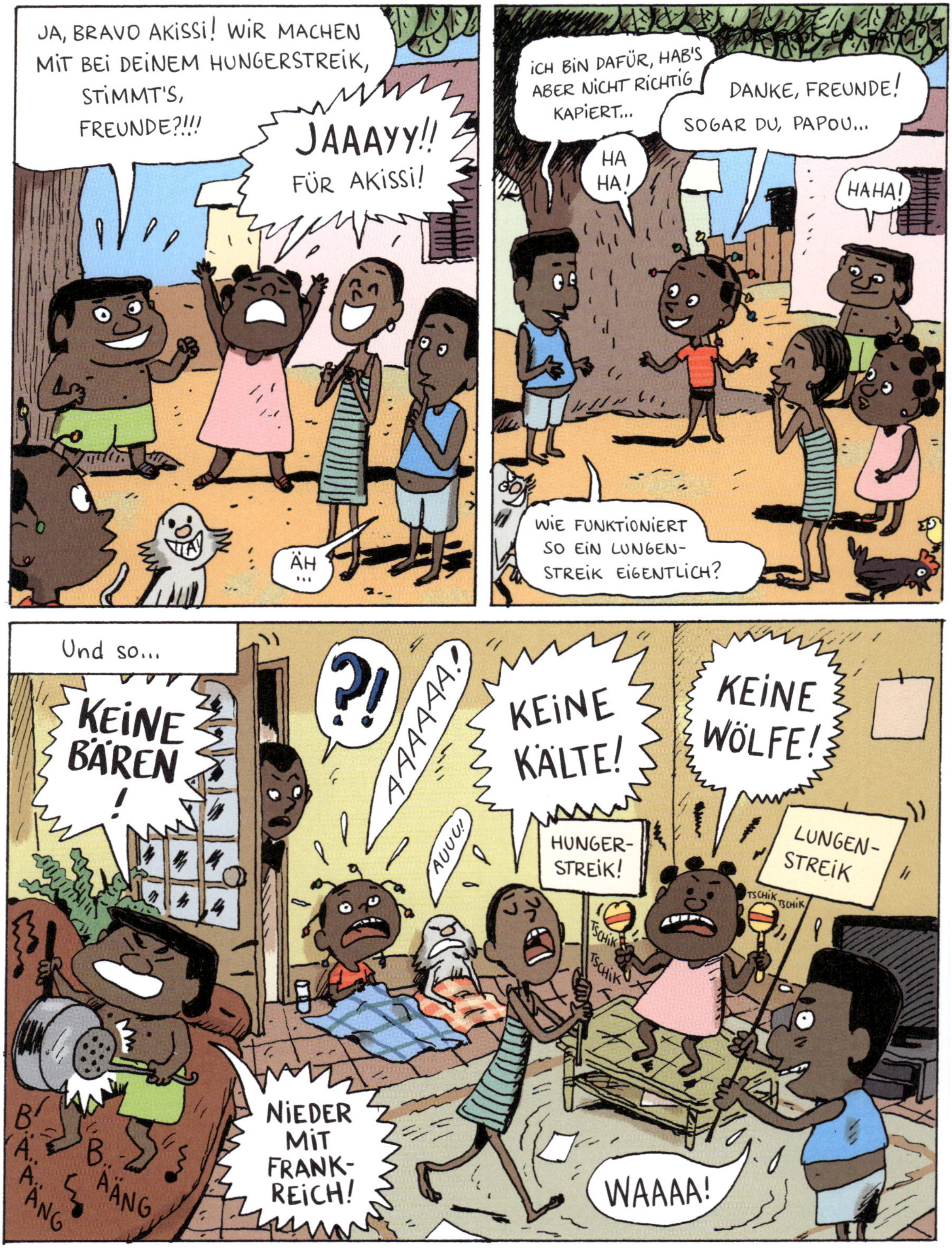

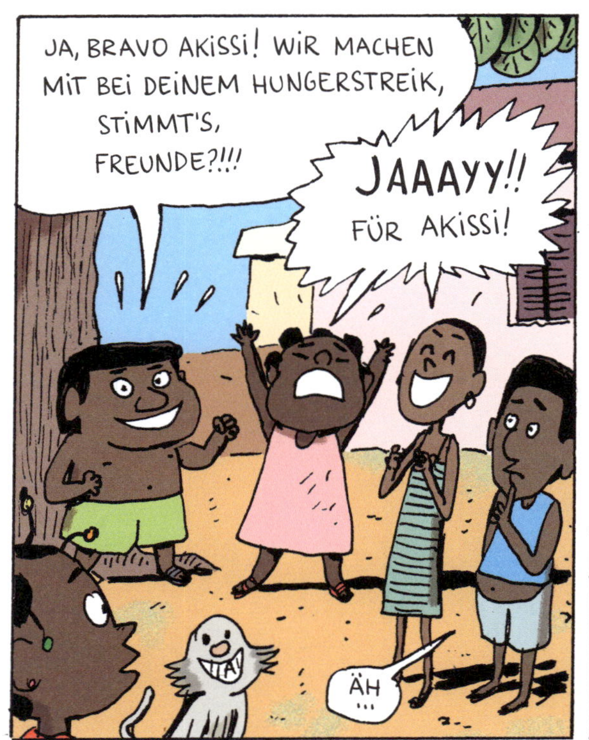

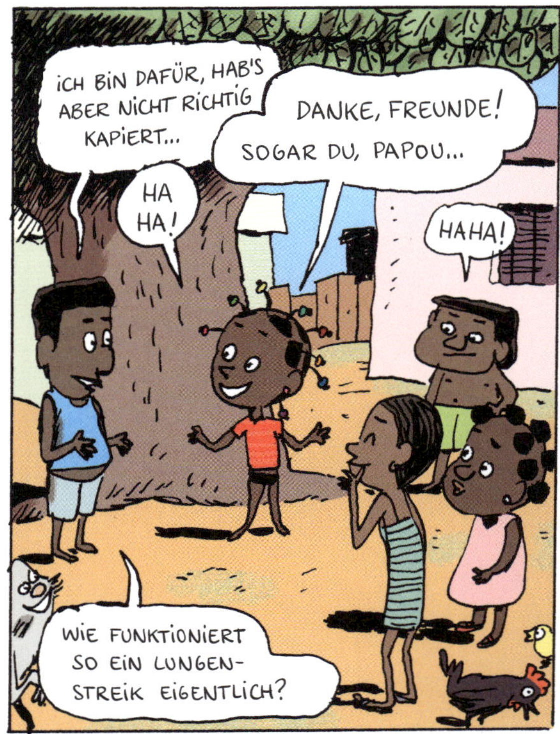

Und so...

KEINE BÄREN !
?!
AAAAAA!
AUUU!
KEINE KÄLTE!
KEINE WÖLFE!
HUNGER-STREIK!
LUNGEN-STREIK
TSCHIK TSCHIK
TSCHIK TSCHIK
NIEDER MIT FRANK-REICH!
WAAAA!
BÄÄÄNG
BÄÄNG

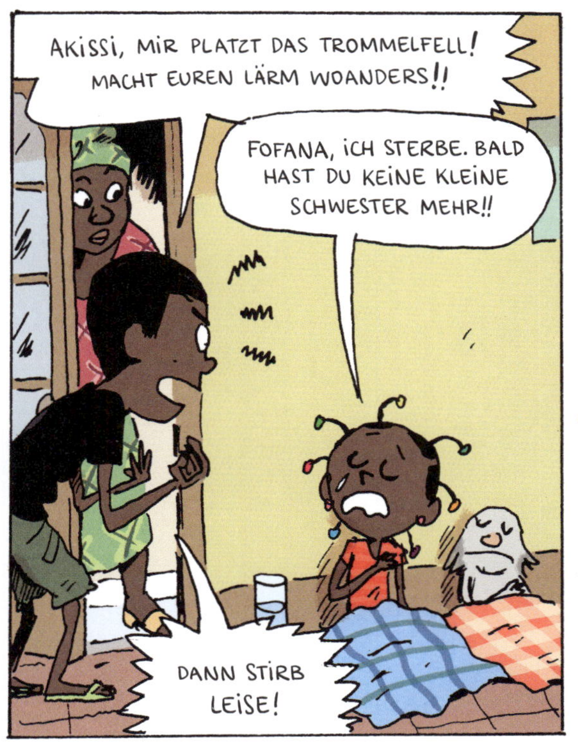
AKISSI, MIR PLATZT DAS TROMMELFELL! MACHT EUREN LÄRM WOANDERS!!
FOFANA, ICH STERBE. BALD HAST DU KEINE KLEINE SCHWESTER MEHR!!
DANN STIRB LEISE!

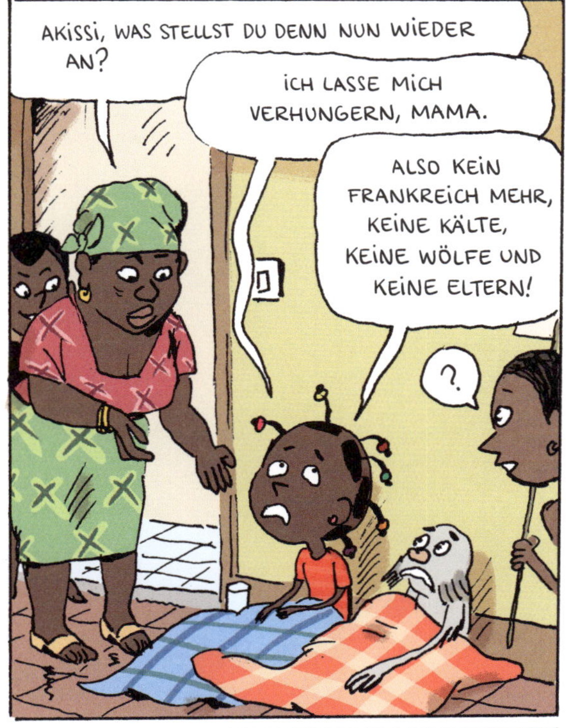
AKISSI, WAS STELLST DU DENN NUN WIEDER AN?
ICH LASSE MICH VERHUNGERN, MAMA.
ALSO KEIN FRANKREICH MEHR, KEINE KÄLTE, KEINE WÖLFE UND KEINE ELTERN!
?

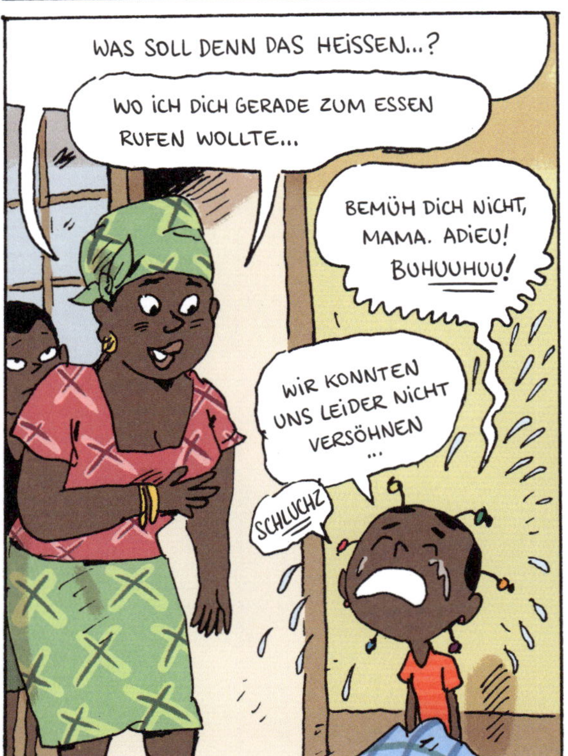
WAS SOLL DENN DAS HEISSEN...?
WO ICH DICH GERADE ZUM ESSEN RUFEN WOLLTE...
BEMÜH DICH NICHT, MAMA. ADIEU! BUHUUHUU!
WIR KONNTEN UNS LEIDER NICHT VERSÖHNEN ...
SCHLUCHZ

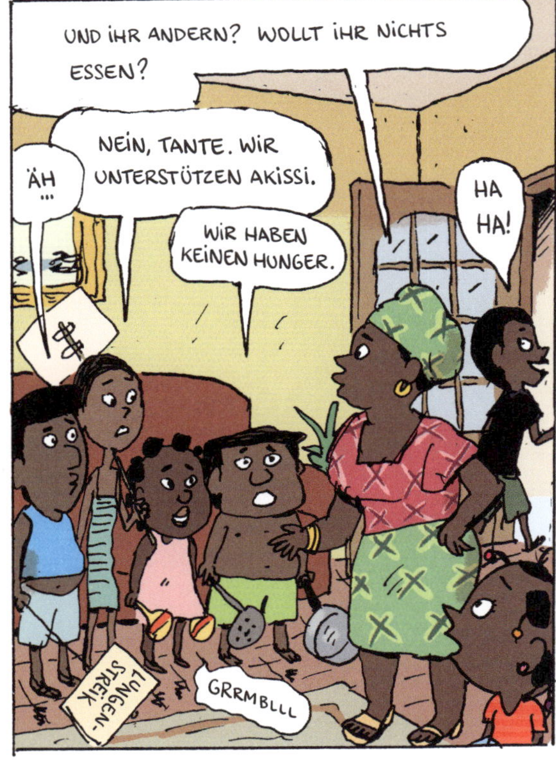
UND IHR ANDERN? WOLLT IHR NICHTS ESSEN?
ÄH ...
NEIN, TANTE. WIR UNTERSTÜTZEN AKISSI.
WIR HABEN KEINEN HUNGER.
HA HA!
HUNGER-STREIK
GRRMBLLL

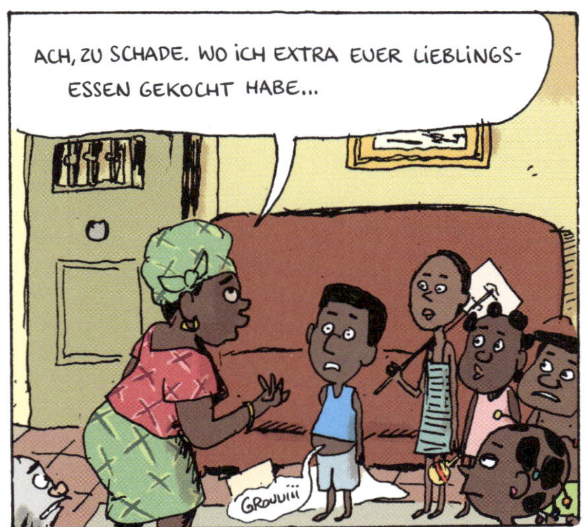

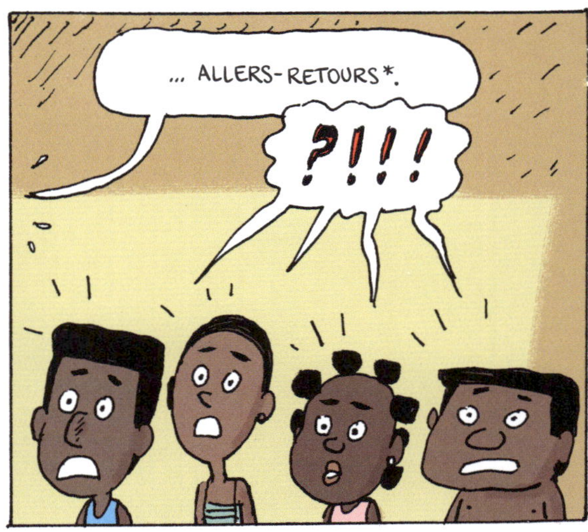

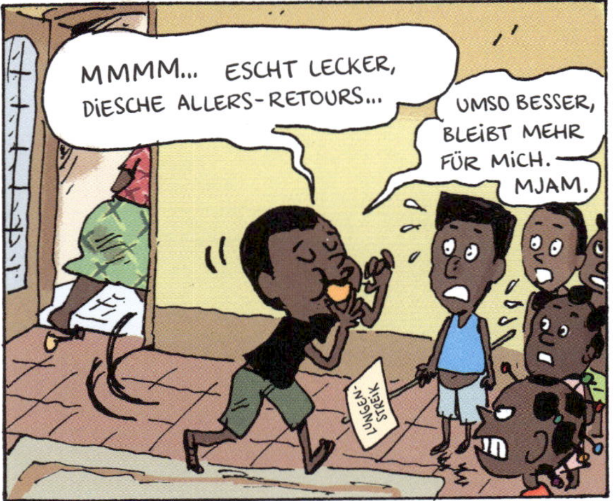

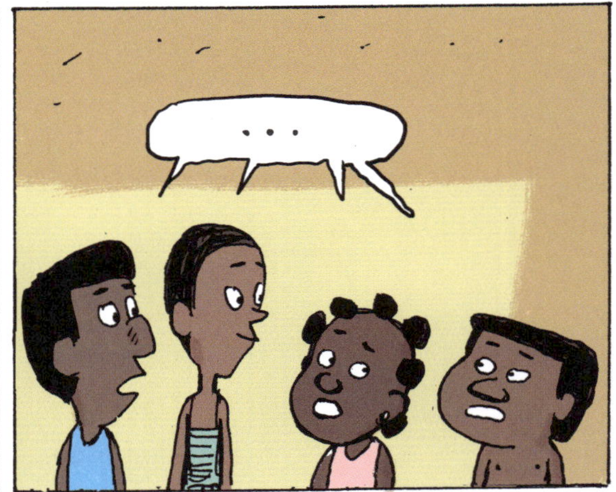

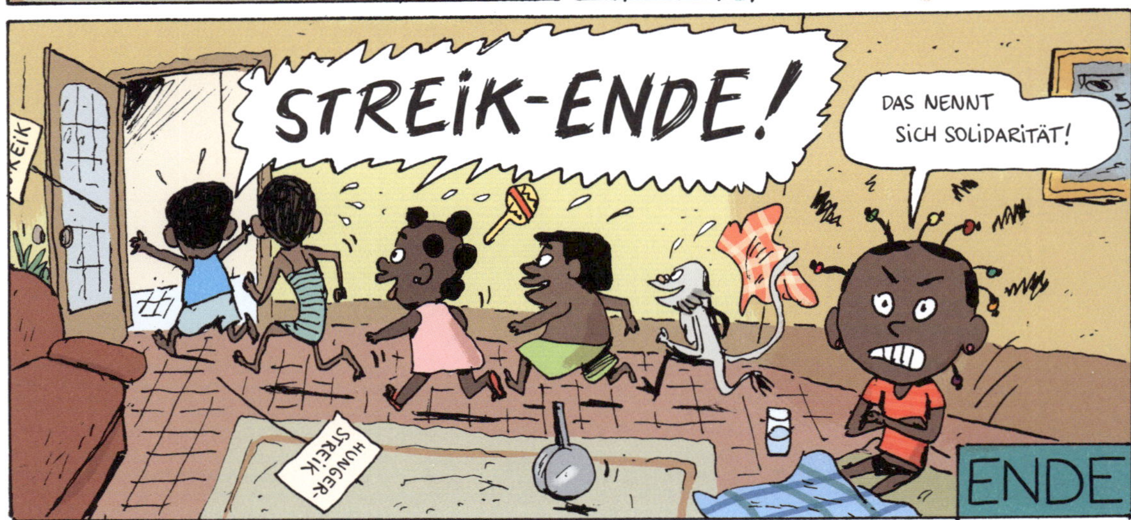

* siehe BONUSTRACK am Ende des Buchs

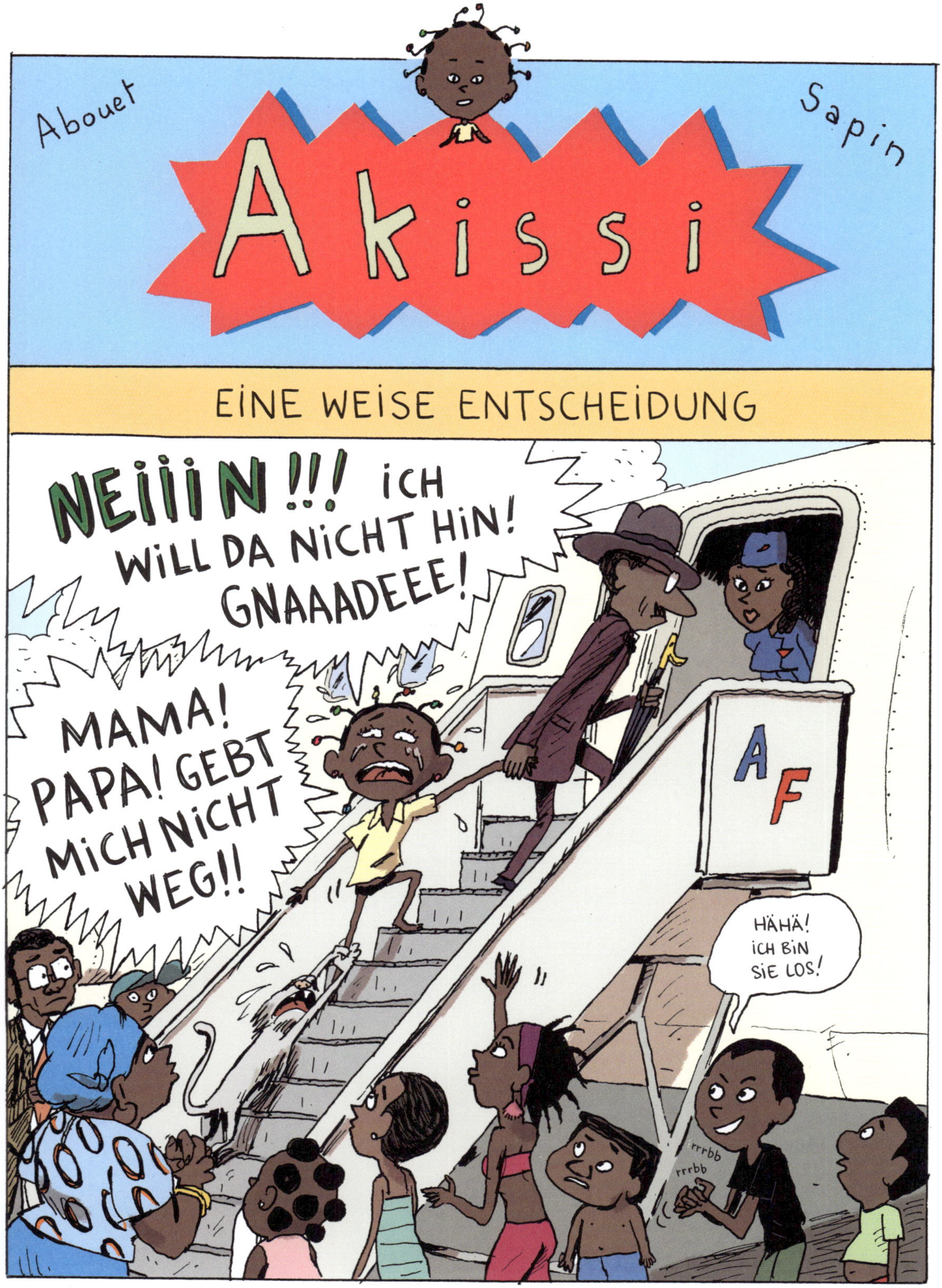

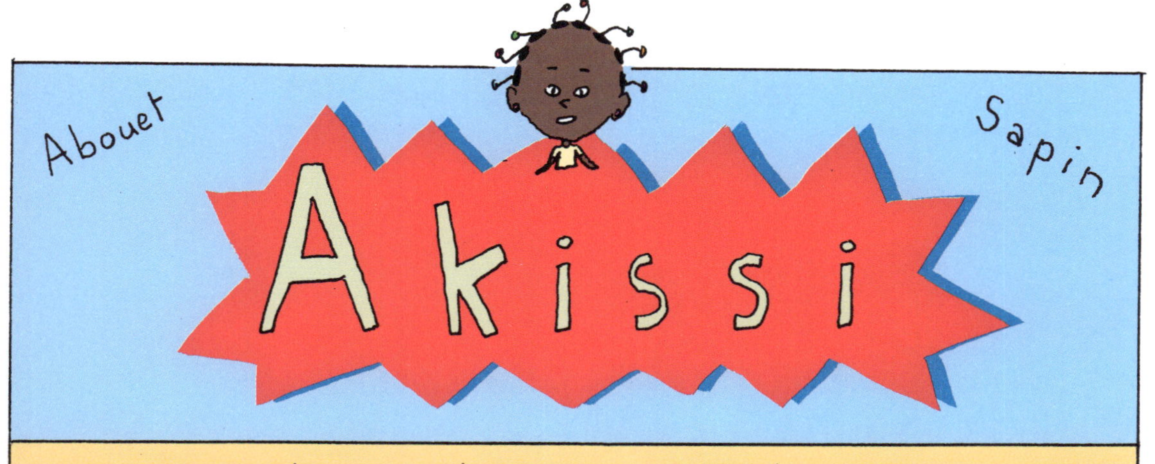

EINE WEISE ENTSCHEIDUNG

NEIIIN!!! ICH WILL DA NICHT HIN! GNAAADEEE!

MAMA! PAPA! GEBT MICH NICHT WEG!!

HÄHÄ! ICH BIN SIE LOS!

rrrbb rrrbb

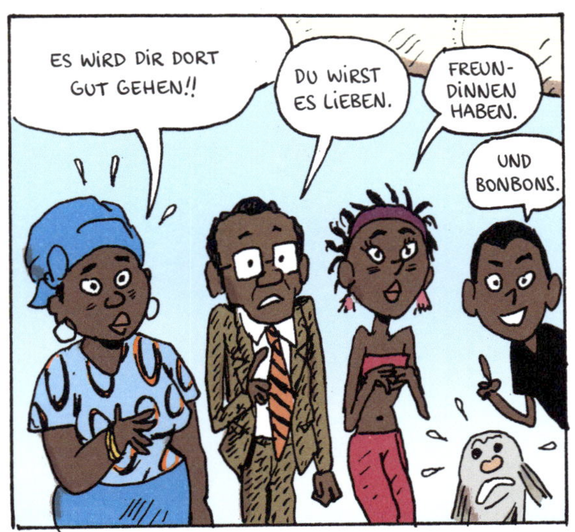
ES WIRD DIR DORT GUT GEHEN!!
DU WIRST ES LIEBEN.
FREUN-DINNEN HABEN.
UND BONBONS.

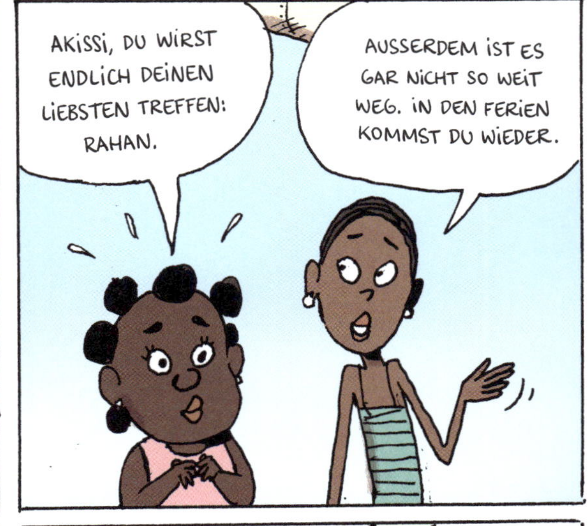
AKISSI, DU WIRST ENDLICH DEINEN LIEBSTEN TREFFEN: RAHAN.
AUSSERDEM IST ES GAR NICHT SO WEIT WEG. IN DEN FERIEN KOMMST DU WIEDER.

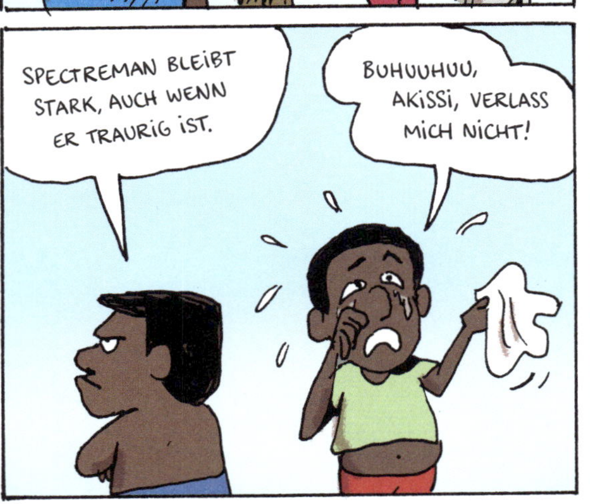
SPECTREMAN BLEIBT STARK, AUCH WENN ER TRAURIG IST.
BUHUUHUU, AKISSI, VERLASS MICH NICHT!

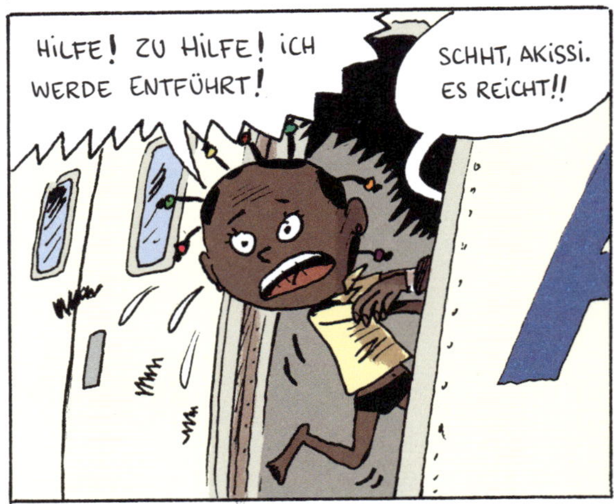
HILFE! ZU HILFE! ICH WERDE ENTFÜHRT!
SCHHT, AKISSI. ES REICHT!!

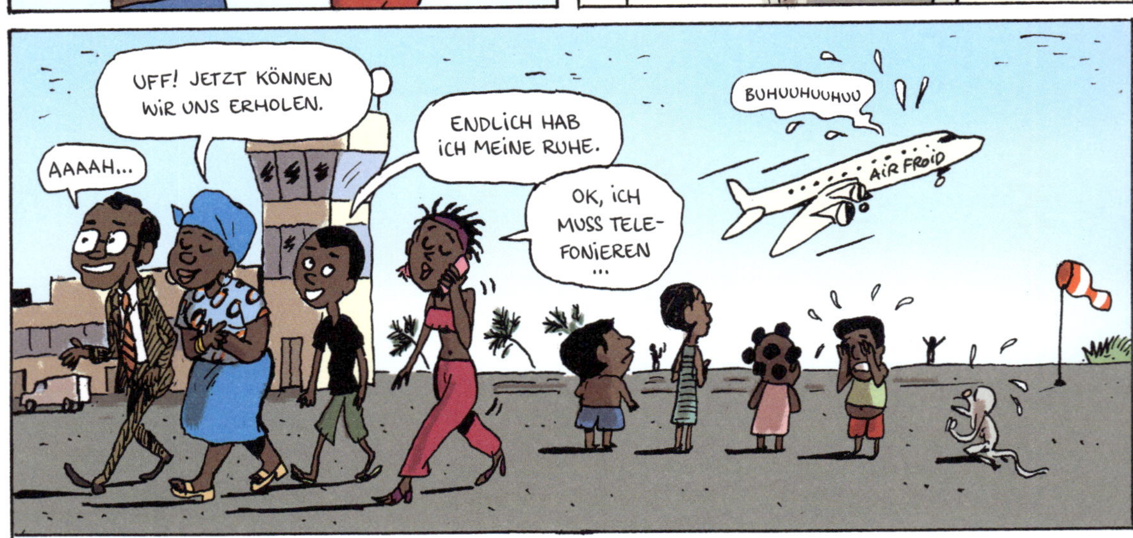
AAAAH...
UFF! JETZT KÖNNEN WIR UNS ERHOLEN.
ENDLICH HAB ICH MEINE RUHE.
OK, ICH MUSS TELE-FONIEREN ...
BUHUUHUUHUU
AIR FROID

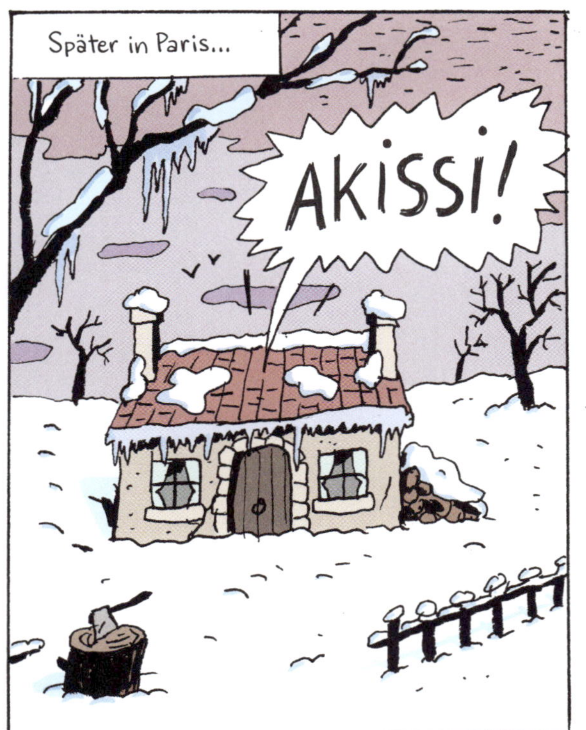
Später in Paris...
AKISSI!

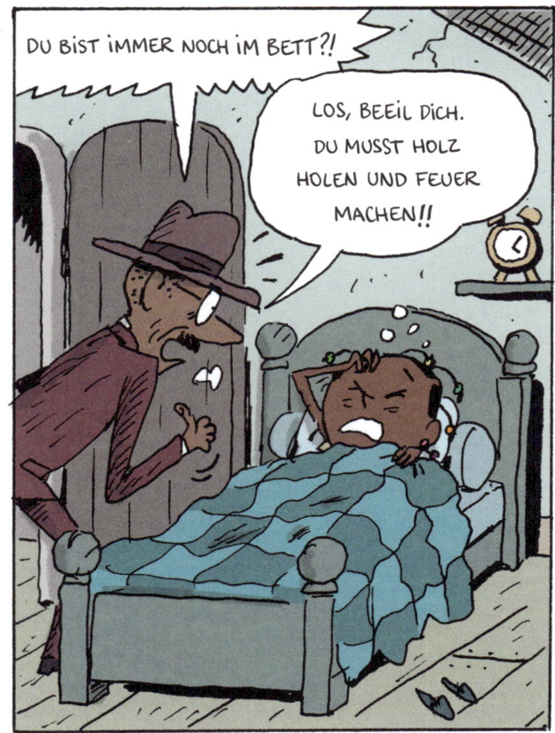
DU BIST IMMER NOCH IM BETT?!
LOS, BEEIL DICH. DU MUSST HOLZ HOLEN UND FEUER MACHEN!!

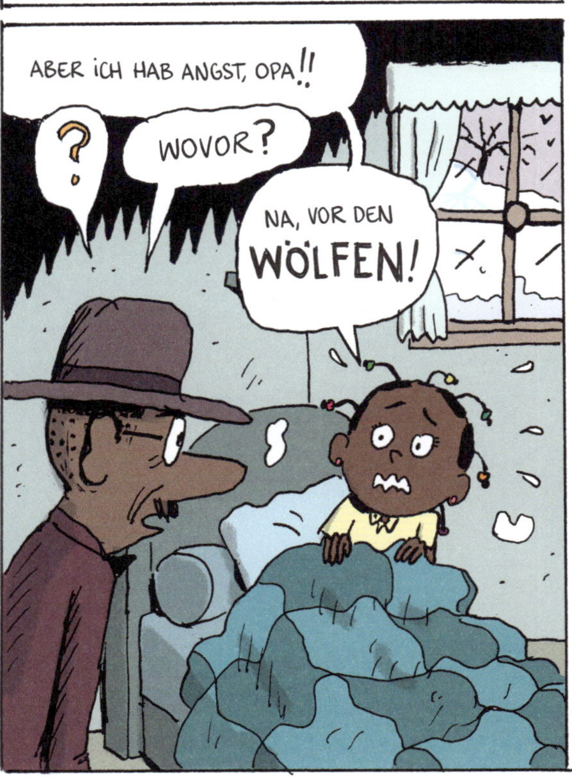
ABER ICH HAB ANGST, OPA!!
?
WOVOR?
NA, VOR DEN WÖLFEN!

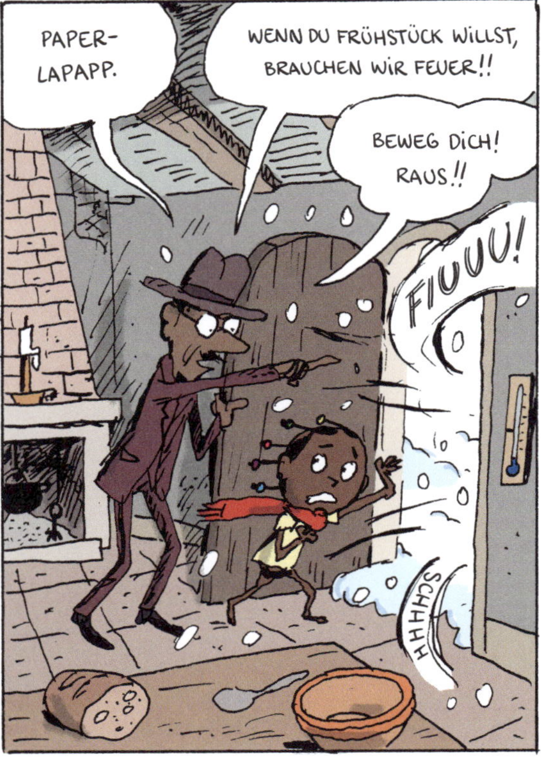
PAPER-LAPAPP.
WENN DU FRÜHSTÜCK WILLST, BRAUCHEN WIR FEUER!!
BEWEG DICH! RAUS!!
FIUUU!
SCHHHHH

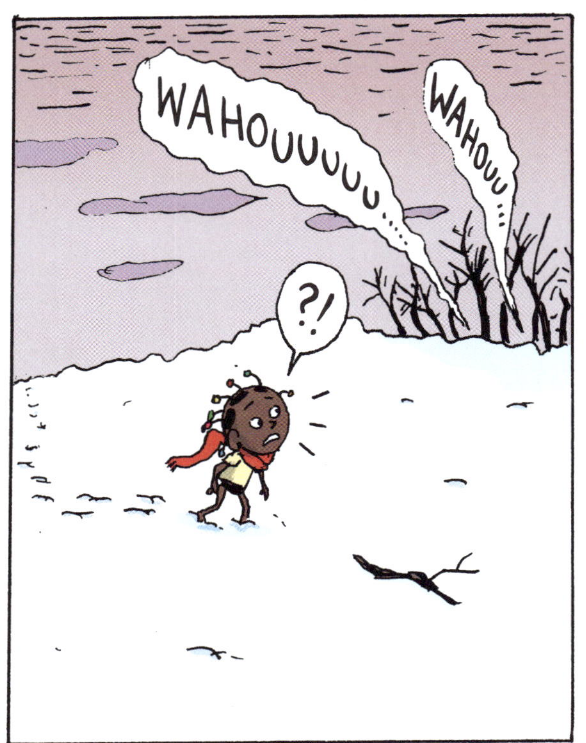
WAHOUUUUU...
WAHOUU...
?!

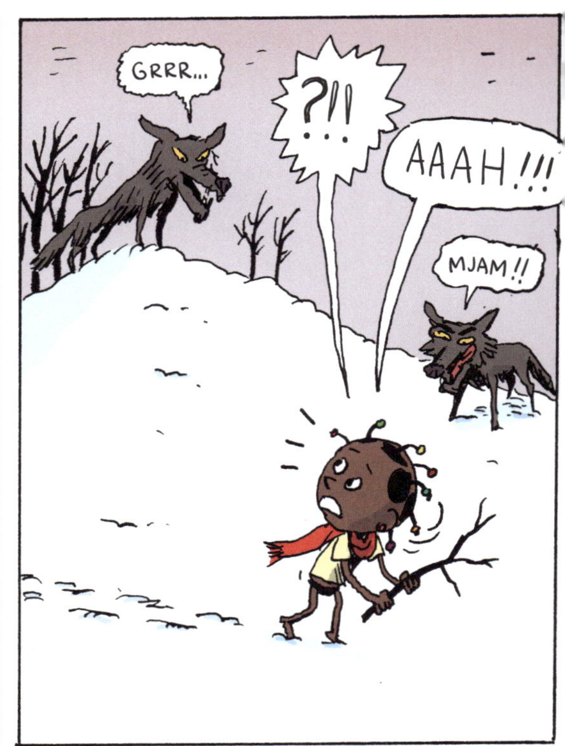
GRRR...
?!!
AAAH!!!
MJAM!!

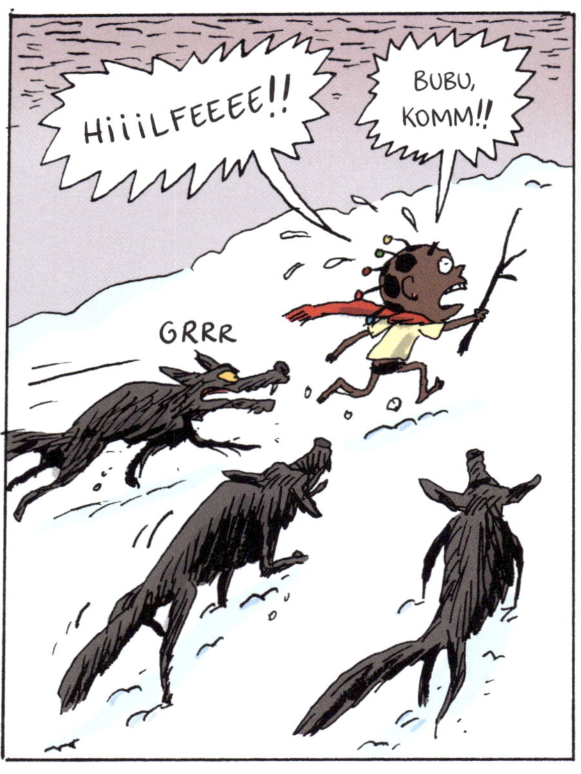
HiiiLFEEEE!!
BUBU, KOMM!!
GRRR

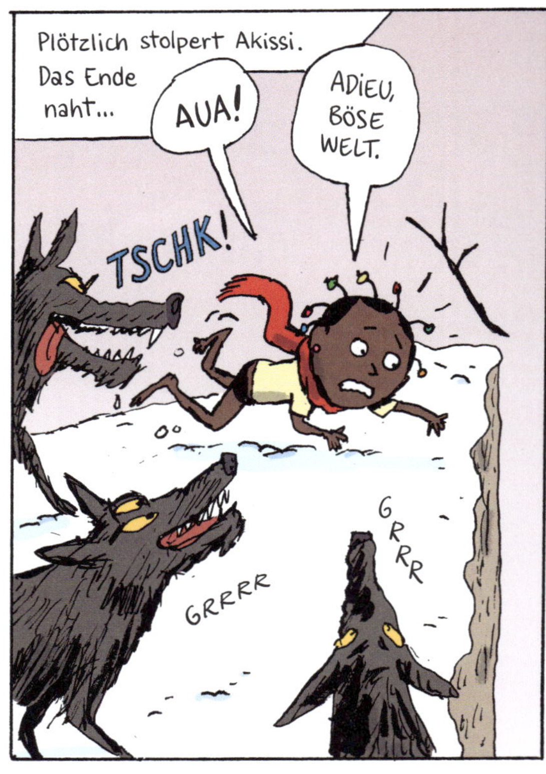
Plötzlich stolpert Akissi. Das Ende naht...
AUA!
ADIEU, BÖSE WELT.
TSCHK!
GRRRR
GRRR

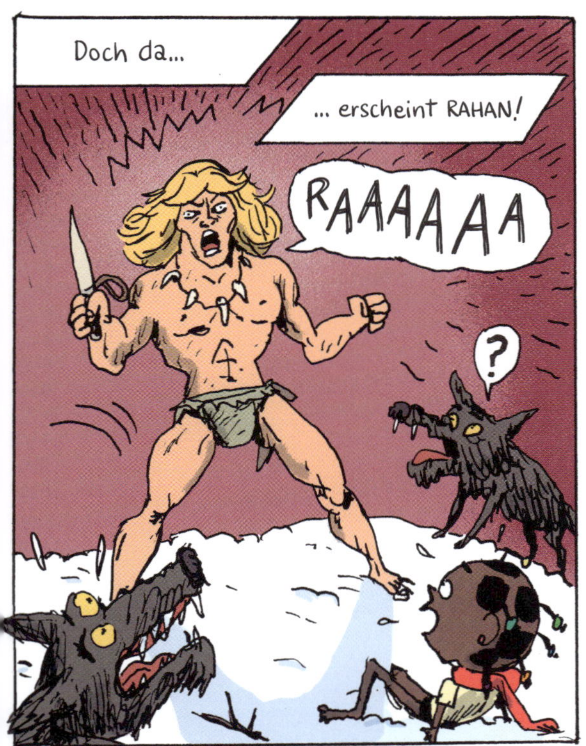
Doch da...
... erscheint RAHAN!
RAAAAAA
?

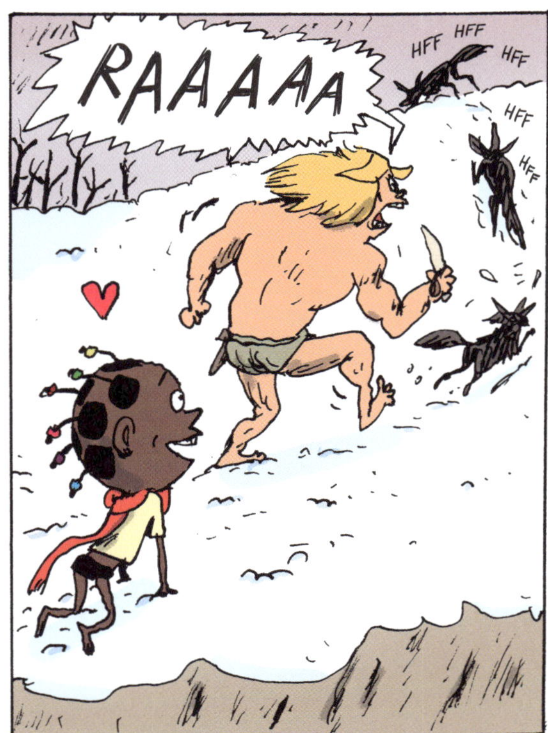
RAAAAA
HFF HFF
HFF
HFF
HFF

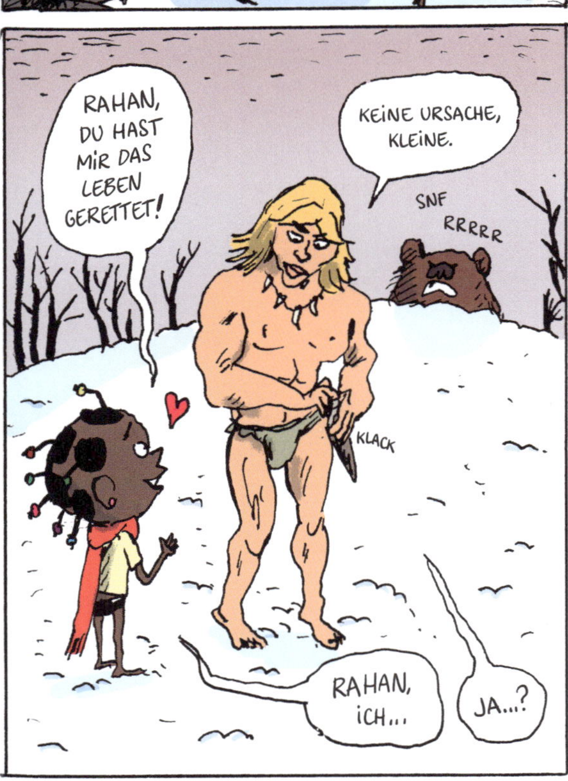
RAHAN, DU HAST MIR DAS LEBEN GERETTET!
KEINE URSACHE, KLEINE.
SNF
RRRRR
KLACK
RAHAN, ICH...
JA...?

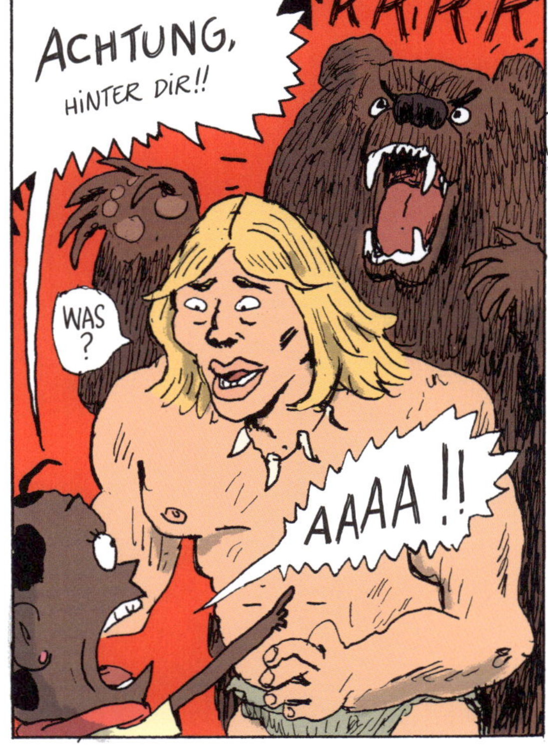
KRRRR
ACHTUNG, HINTER DIR!!
WAS?
AAAA!!

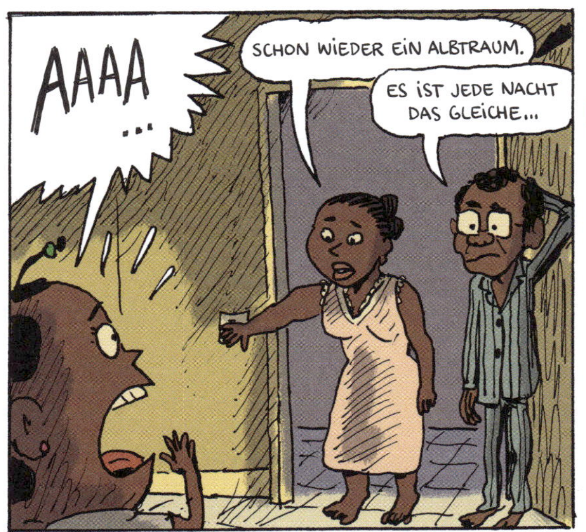
AAAA ...
SCHON WIEDER EIN ALBTRAUM.
ES IST JEDE NACHT DAS GLEICHE...

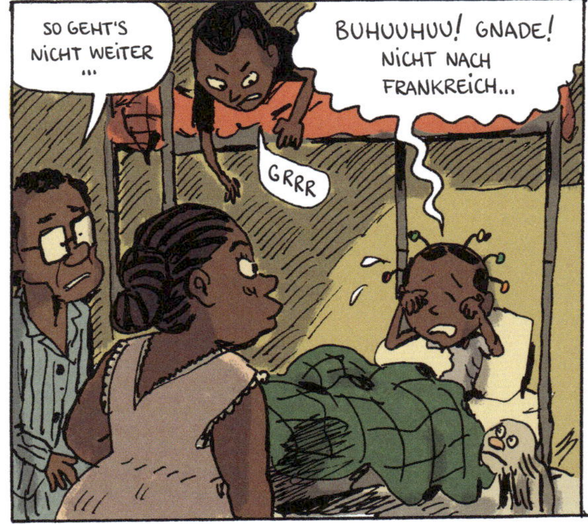
SO GEHT'S NICHT WEITER ...
BUHUUHUU! GNADE! NICHT NACH FRANKREICH...
GRRR

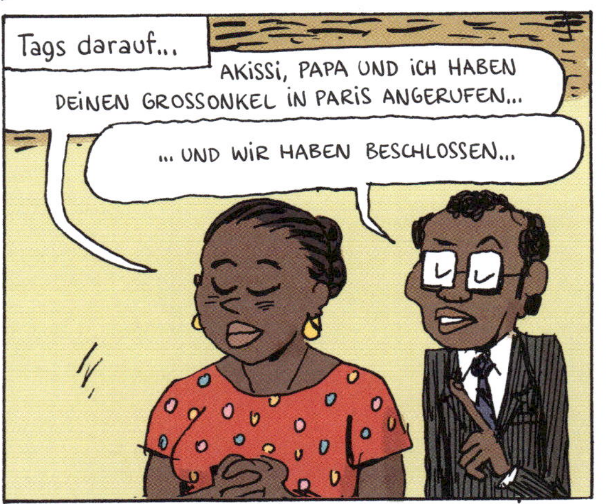
Tags darauf...
AKISSI, PAPA UND ICH HABEN DEINEN GROSSONKEL IN PARIS ANGERUFEN...
... UND WIR HABEN BESCHLOSSEN...

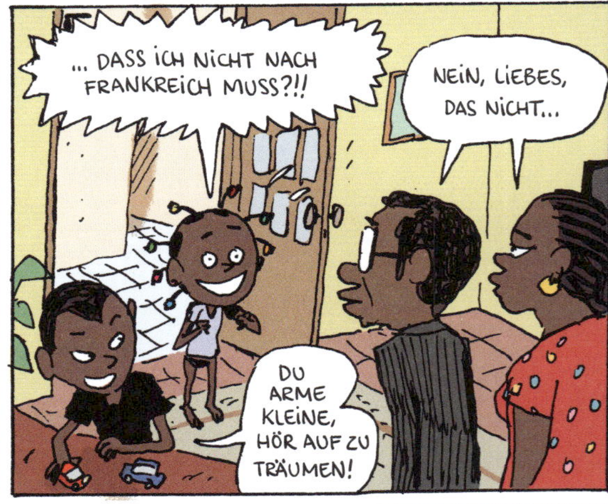
... DASS ICH NICHT NACH FRANKREICH MUSS?!!
NEIN, LIEBES, DAS NICHT...
DU ARME KLEINE, HÖR AUF ZU TRÄUMEN!

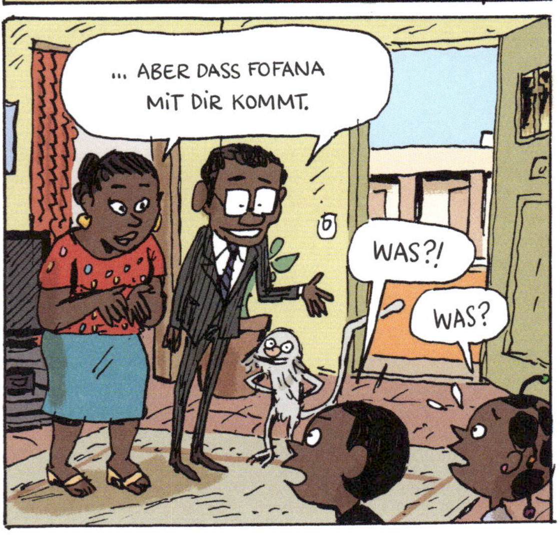
... ABER DASS FOFANA MIT DIR KOMMT.
WAS?!
WAS?

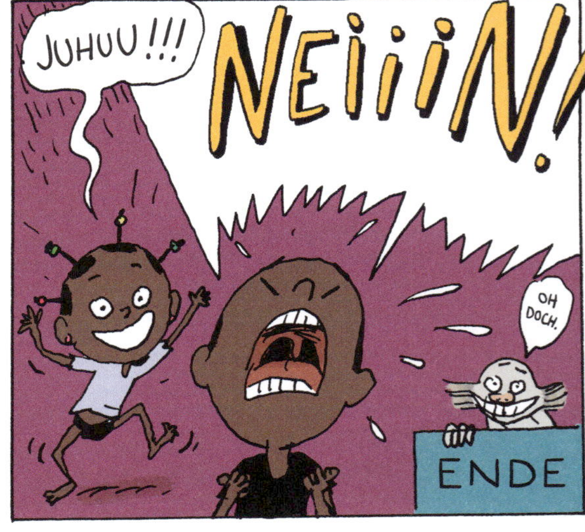
JUHUU!!!
NEIIIN!
OH DOCH.
ENDE

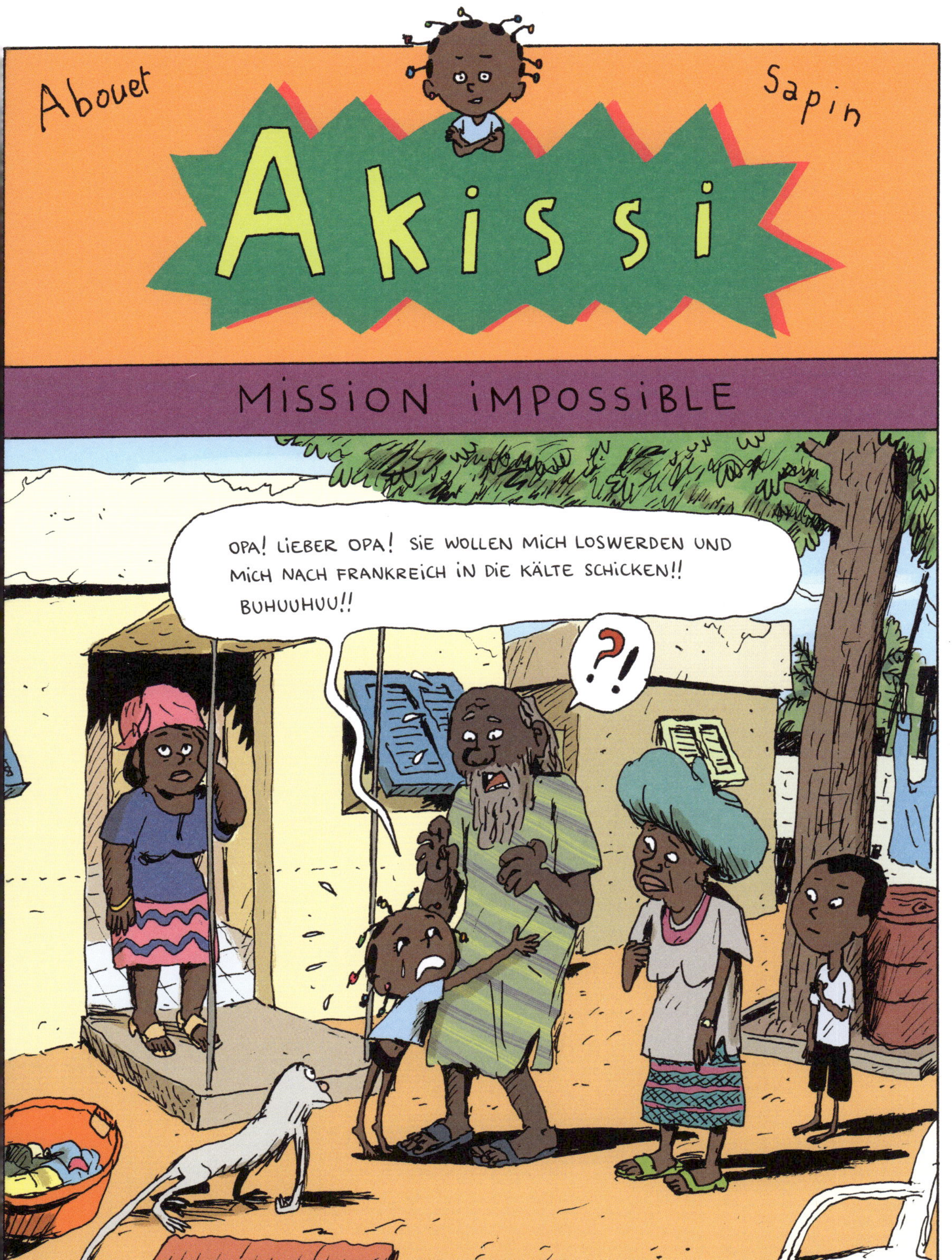
Abouet
Sapin
Akissi
MISSION IMPOSSIBLE
OPA! LIEBER OPA! SIE WOLLEN MICH LOSWERDEN UND MICH NACH FRANKREICH IN DIE KÄLTE SCHICKEN!! BUHUUHUU!!
?!

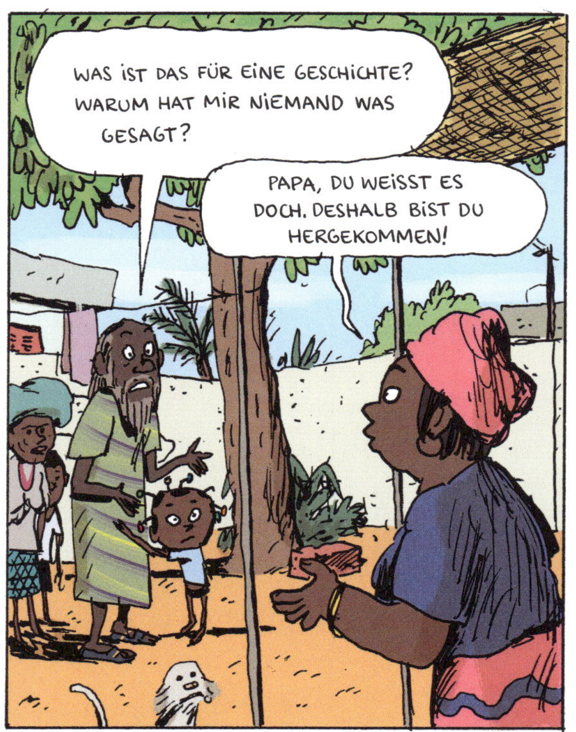
WAS IST DAS FÜR EINE GESCHICHTE? WARUM HAT MIR NIEMAND WAS GESAGT?
PAPA, DU WEISST ES DOCH. DESHALB BIST DU HERGEKOMMEN!

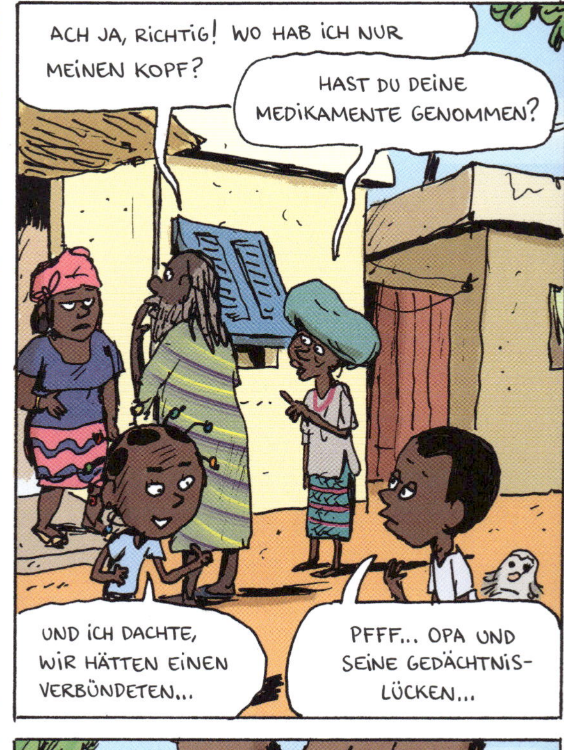
ACH JA, RICHTIG! WO HAB ICH NUR MEINEN KOPF?
HAST DU DEINE MEDIKAMENTE GENOMMEN?
UND ICH DACHTE, WIR HÄTTEN EINEN VERBÜNDETEN...
PFFF... OPA UND SEINE GEDÄCHTNIS-LÜCKEN...

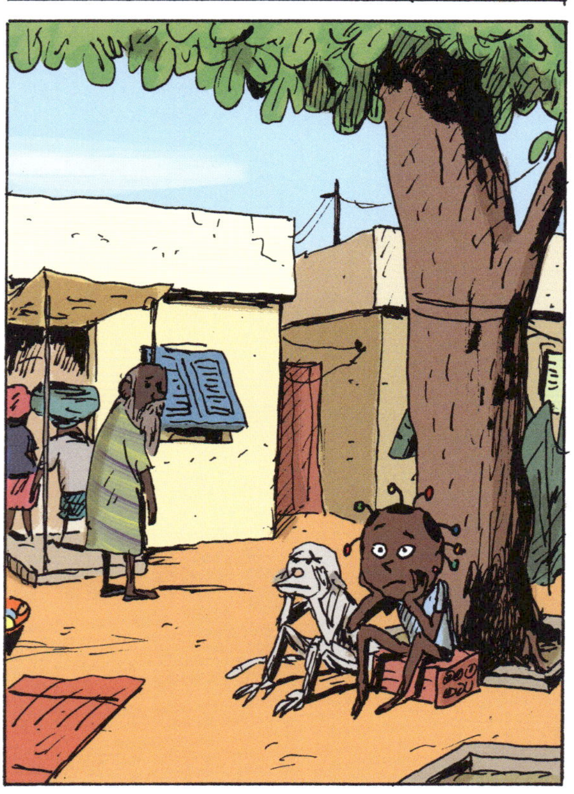

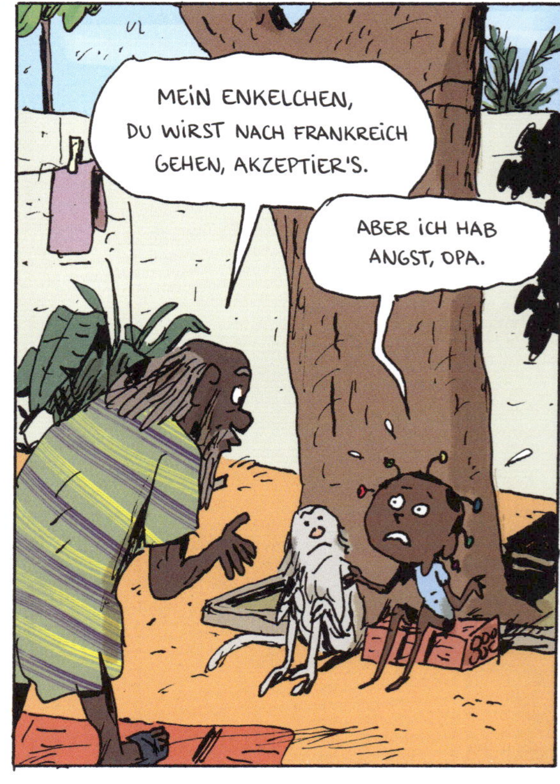
MEIN ENKELCHEN, DU WIRST NACH FRANKREICH GEHEN, AKZEPTIER'S.
ABER ICH HAB ANGST, OPA.

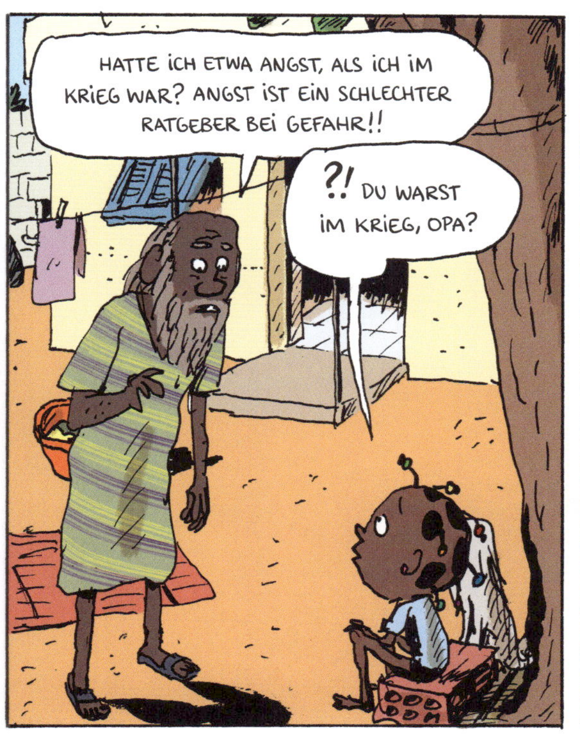
HATTE ICH ETWA ANGST, ALS ICH IM KRIEG WAR? ANGST IST EIN SCHLECHTER RATGEBER BEI GEFAHR!!
?! DU WARST IM KRIEG, OPA?

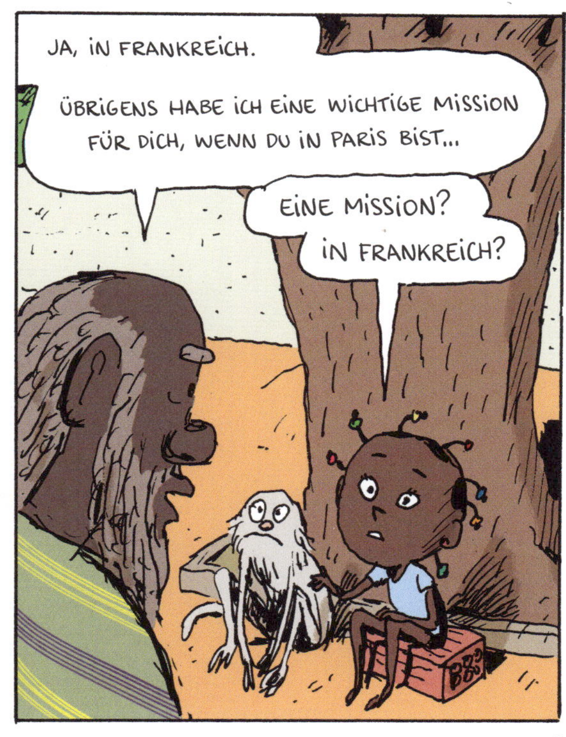
JA, IN FRANKREICH.
ÜBRIGENS HABE ICH EINE WICHTIGE MISSION FÜR DICH, WENN DU IN PARIS BIST...
EINE MISSION? IN FRANKREICH?

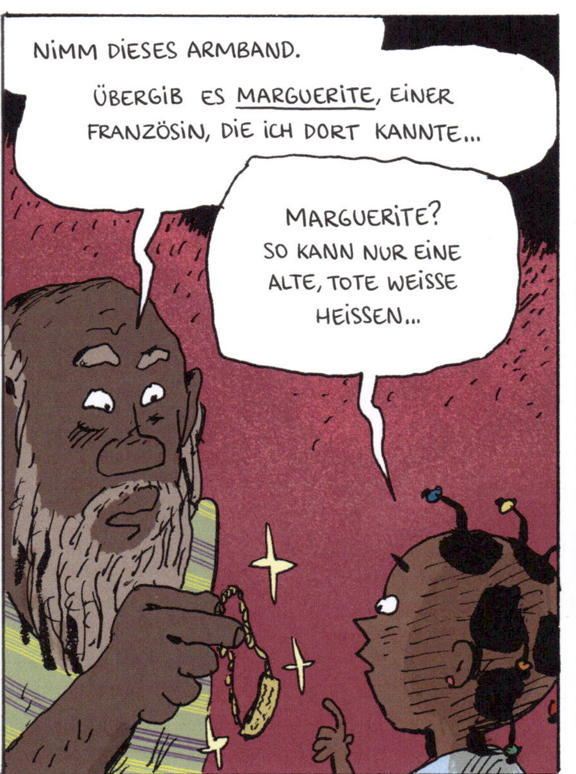
NIMM DIESES ARMBAND.
ÜBERGIB ES MARGUERITE, EINER FRANZÖSIN, DIE ICH DORT KANNTE...
MARGUERITE? SO KANN NUR EINE ALTE, TOTE WEISSE HEISSEN...

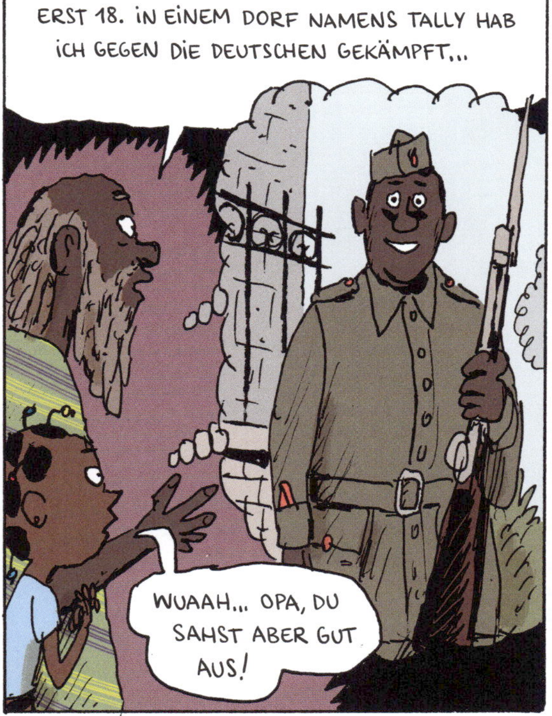
SCHHT! HÖR ZU: 1944 WAR ICH GERADE ERST 18. IN EINEM DORF NAMENS TALLY HAB ICH GEGEN DIE DEUTSCHEN GEKÄMPFT...
WUAAH... OPA, DU SAHST ABER GUT AUS!

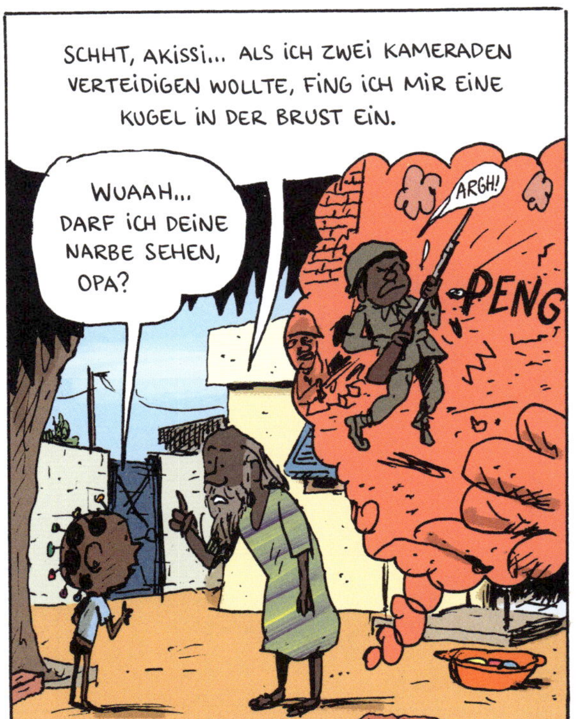
SCHHT, AKISSI... ALS ICH ZWEI KAMERADEN VERTEIDIGEN WOLLTE, FING ICH MIR EINE KUGEL IN DER BRUST EIN.
WUAAH... DARF ICH DEINE NARBE SEHEN, OPA?
ARGH!
PENG
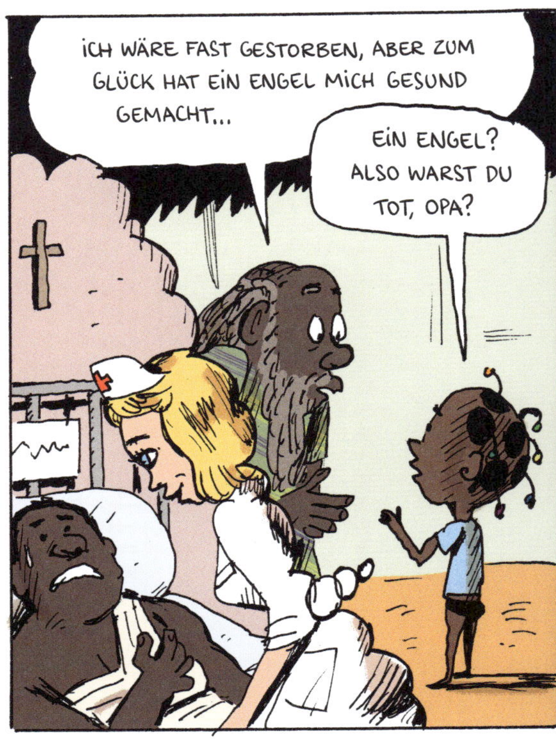
ICH WÄRE FAST GESTORBEN, ABER ZUM GLÜCK HAT EIN ENGEL MICH GESUND GEMACHT...
EIN ENGEL? ALSO WARST DU TOT, OPA?
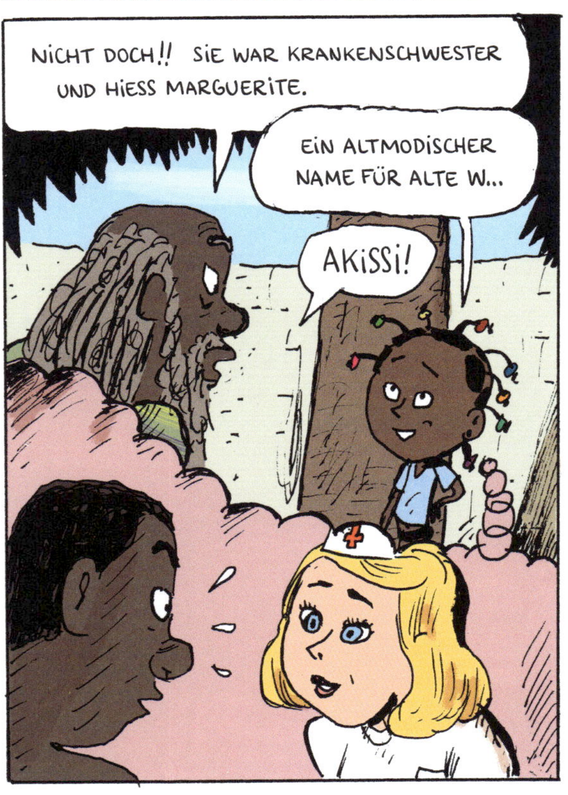
NICHT DOCH!! SIE WAR KRANKENSCHWESTER UND HIESS MARGUERITE.
EIN ALTMODISCHER NAME FÜR ALTE W...
AKISSI!
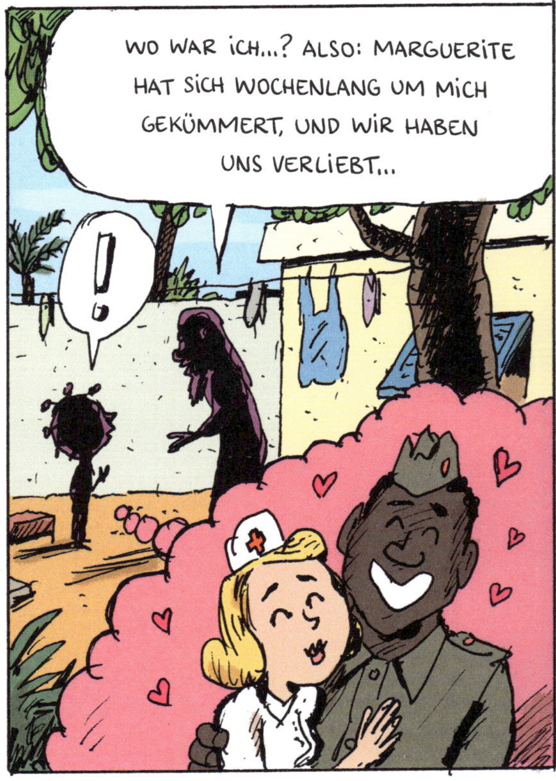
WO WAR ICH...? ALSO: MARGUERITE HAT SICH WOCHENLANG UM MICH GEKÜMMERT, UND WIR HABEN UNS VERLIEBT...
!

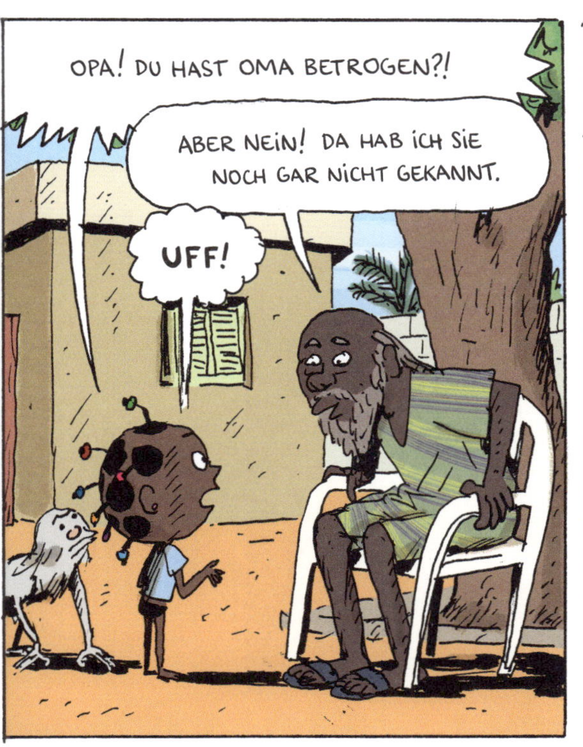
OPA! DU HAST OMA BETROGEN?!
ABER NEIN! DA HAB ICH SIE NOCH GAR NICHT GEKANNT.
UFF!

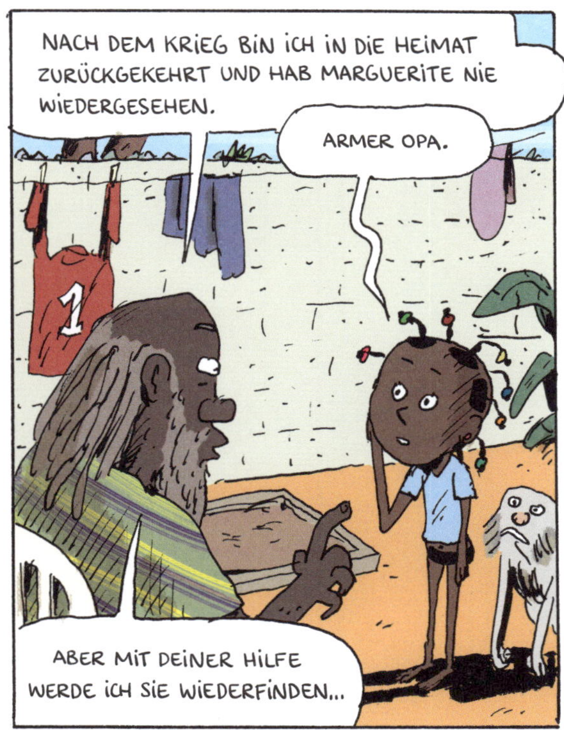
NACH DEM KRIEG BIN ICH IN DIE HEIMAT ZURÜCKGEKEHRT UND HAB MARGUERITE NIE WIEDERGESEHEN.
ARMER OPA.
ABER MIT DEINER HILFE WERDE ICH SIE WIEDERFINDEN...

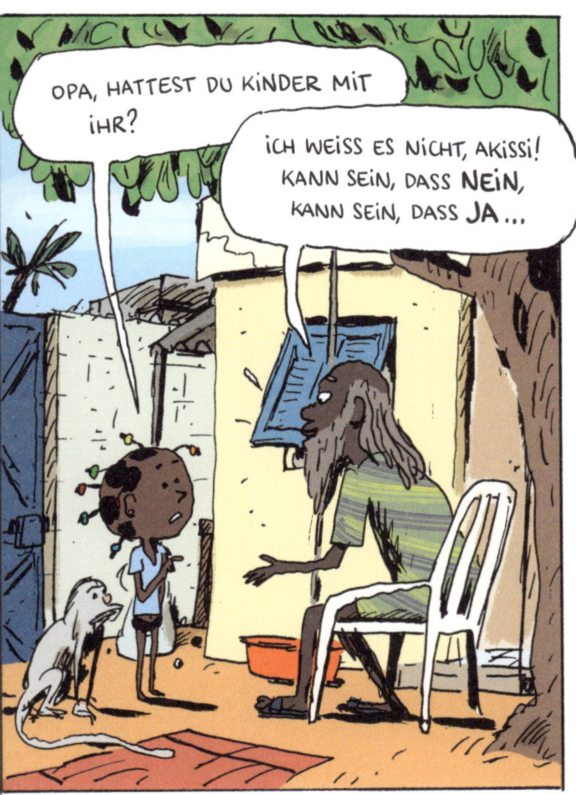
OPA, HATTEST DU KINDER MIT IHR?
ICH WEISS ES NICHT, AKISSI! KANN SEIN, DASS NEIN, KANN SEIN, DASS JA...

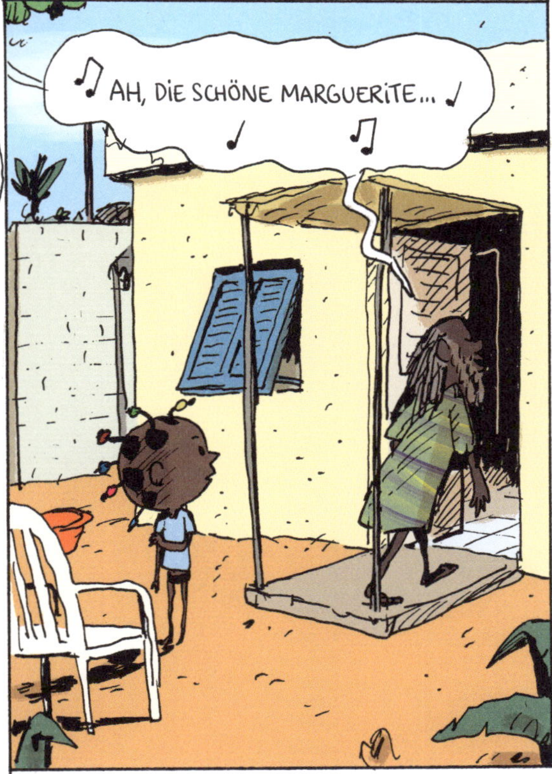
AH, DIE SCHÖNE MARGUERITE...

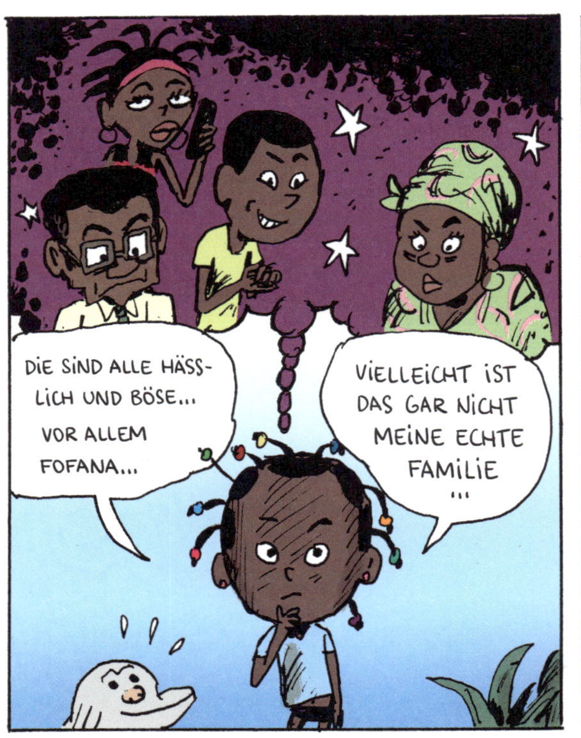
DIE SIND ALLE HÄSS-LICH UND BÖSE... VOR ALLEM FOFANA...
VIELLEICHT IST DAS GAR NICHT MEINE ECHTE FAMILIE ...

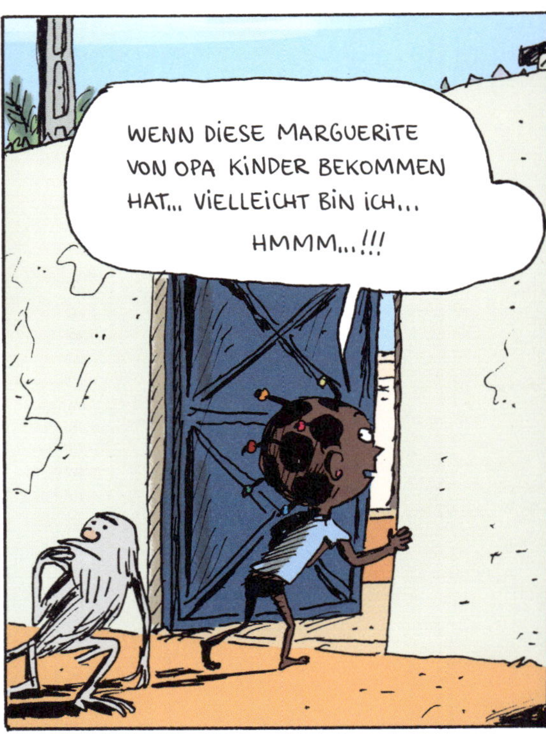
WENN DIESE MARGUERITE VON OPA KINDER BEKOMMEN HAT... VIELLEICHT BIN ICH... HMMM...!!!

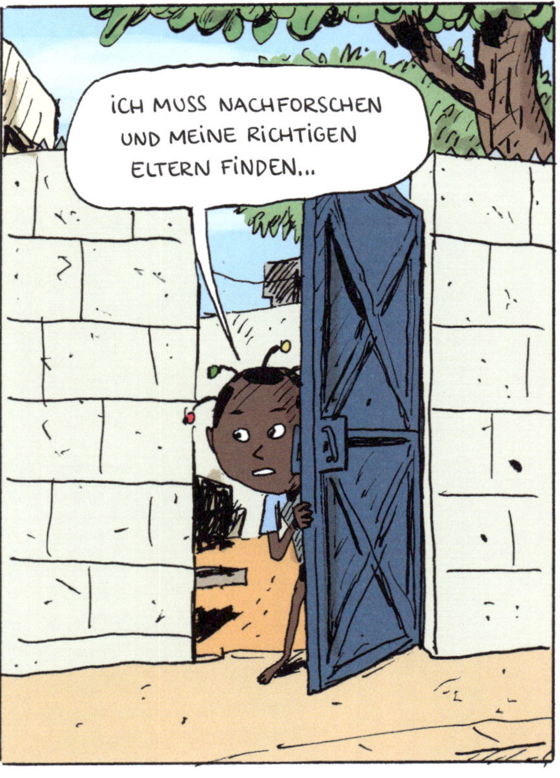
ICH MUSS NACHFORSCHEN UND MEINE RICHTIGEN ELTERN FINDEN...

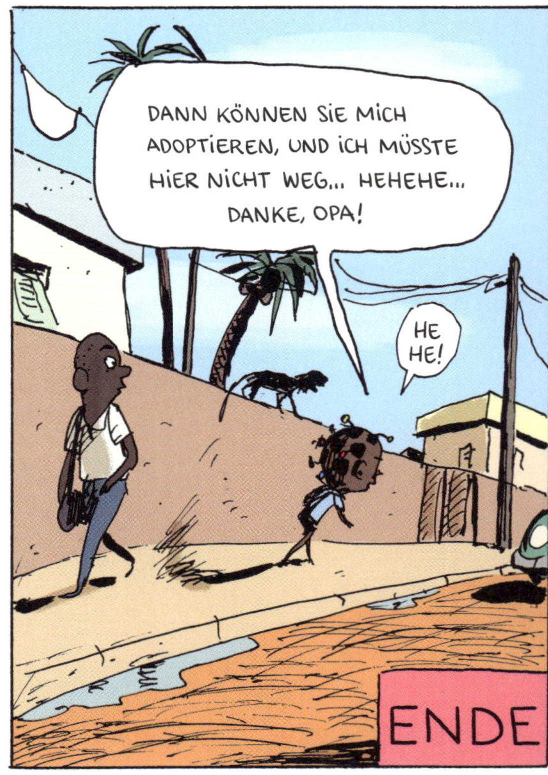
DANN KÖNNEN SIE MICH ADOPTIEREN, UND ICH MÜSSTE HIER NICHT WEG... HEHEHE... DANKE, OPA!
HE HE!
ENDE

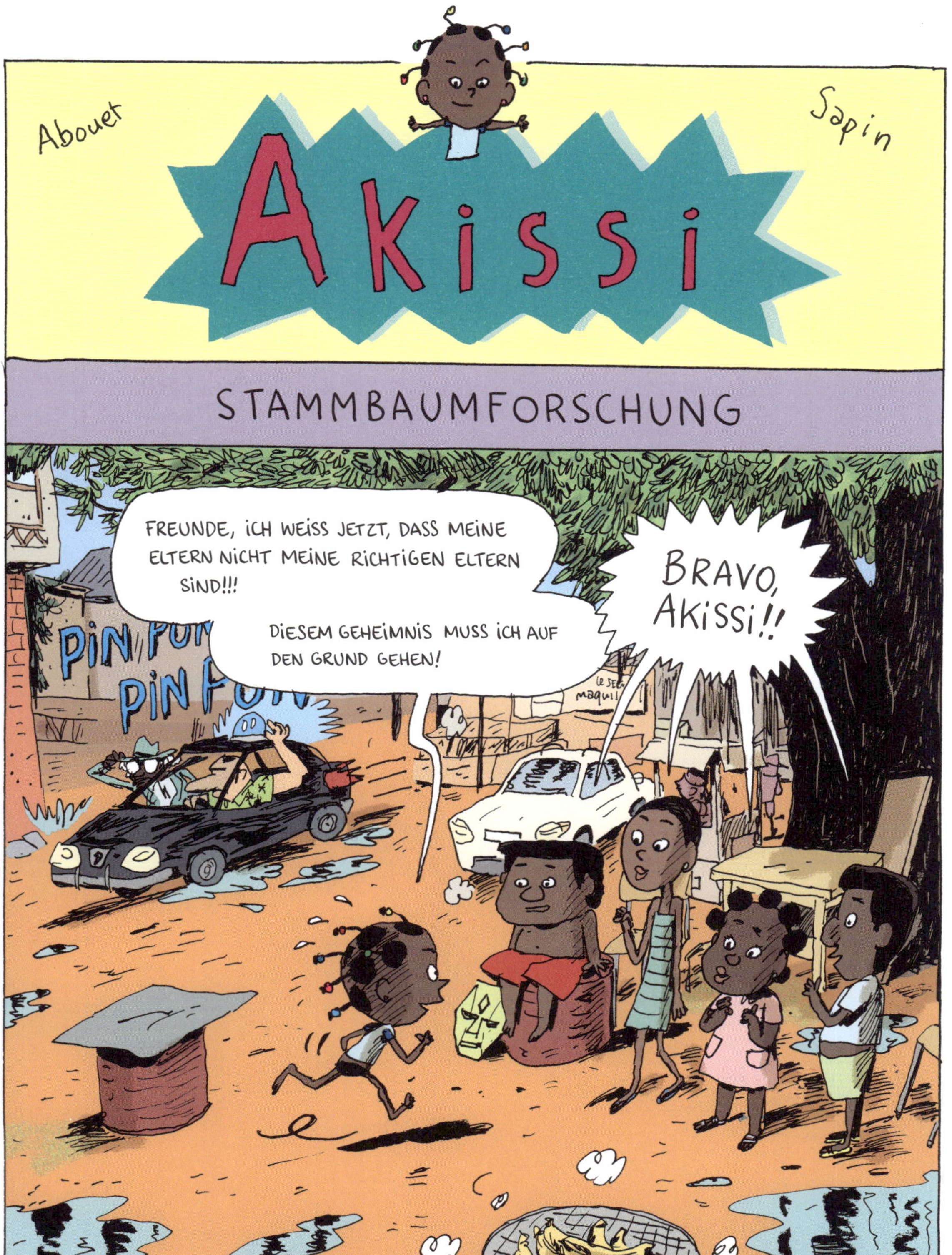
Abouet
Sapin
Akissi
STAMMBAUMFORSCHUNG
FREUNDE, ICH WEISS JETZT, DASS MEINE ELTERN NICHT MEINE RICHTIGEN ELTERN SIND!!!
DIESEM GEHEIMNIS MUSS ICH AUF DEN GRUND GEHEN!
BRAVO, AKISSI!!
PIN PON
PIN PON

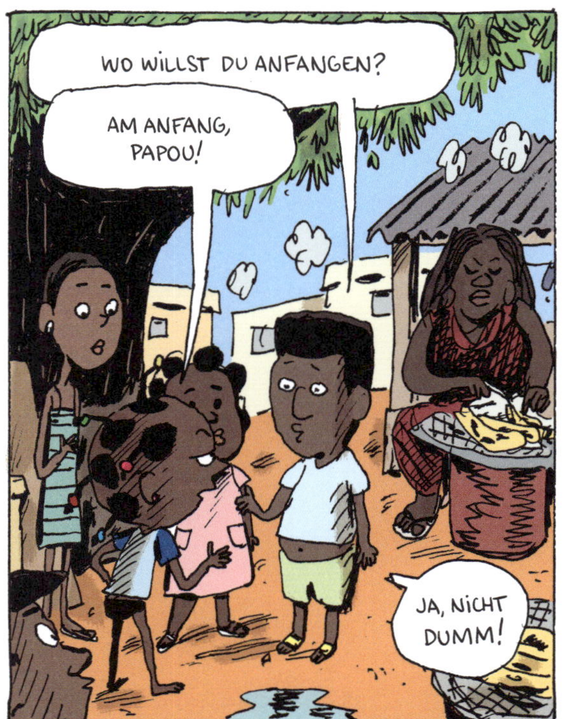
WO WILLST DU ANFANGEN?
AM ANFANG, PAPOU!
JA, NICHT DUMM!

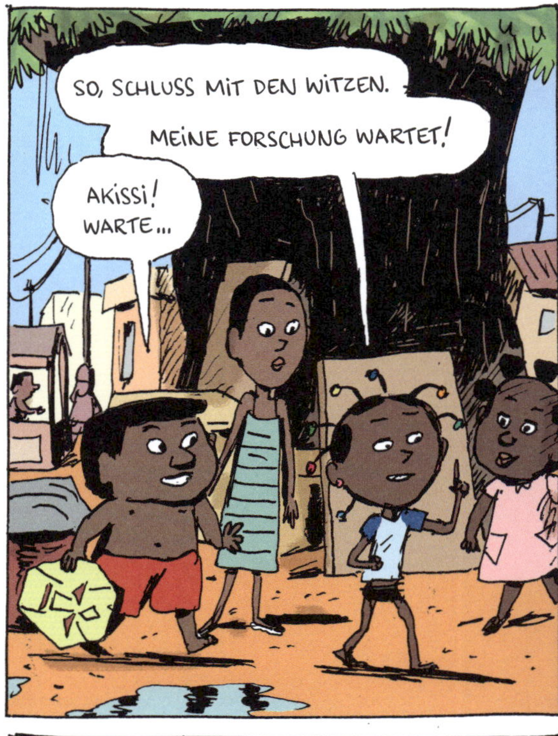
SO, SCHLUSS MIT DEN WITZEN.
MEINE FORSCHUNG WARTET!
AKISSI! WARTE...

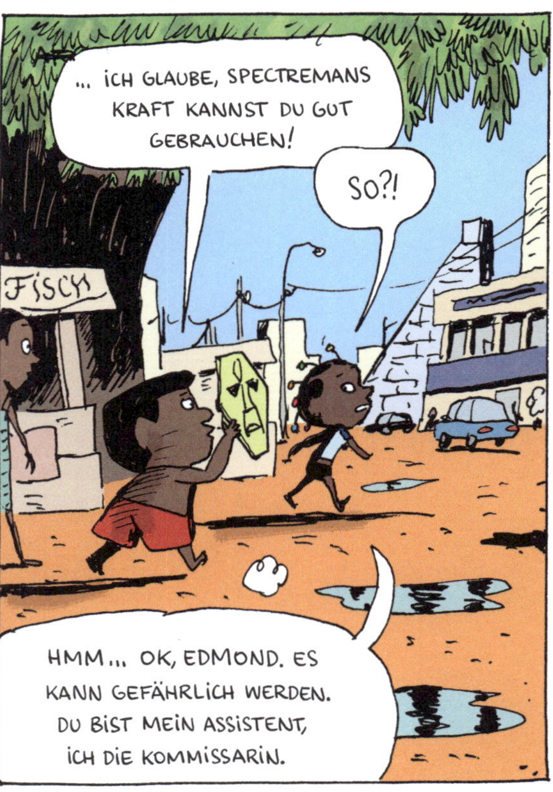
... ICH GLAUBE, SPECTREMANS KRAFT KANNST DU GUT GEBRAUCHEN!
SO?!
FISCH
HMM... OK, EDMOND. ES KANN GEFÄHRLICH WERDEN. DU BIST MEIN ASSISTENT, ICH DIE KOMMISSARIN.

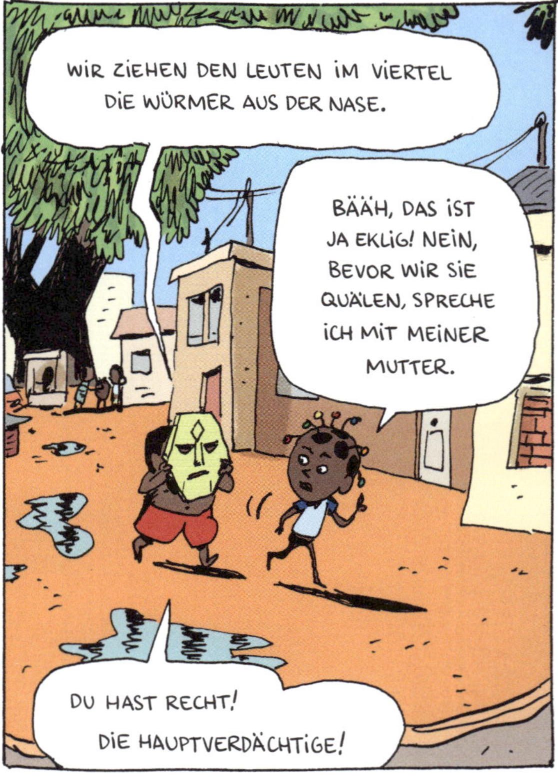
WIR ZIEHEN DEN LEUTEN IM VIERTEL DIE WÜRMER AUS DER NASE.
BÄÄH, DAS IST JA EKLIG! NEIN, BEVOR WIR SIE QUÄLEN, SPRECHE ICH MIT MEINER MUTTER.
DU HAST RECHT! DIE HAUPTVERDÄCHTIGE!

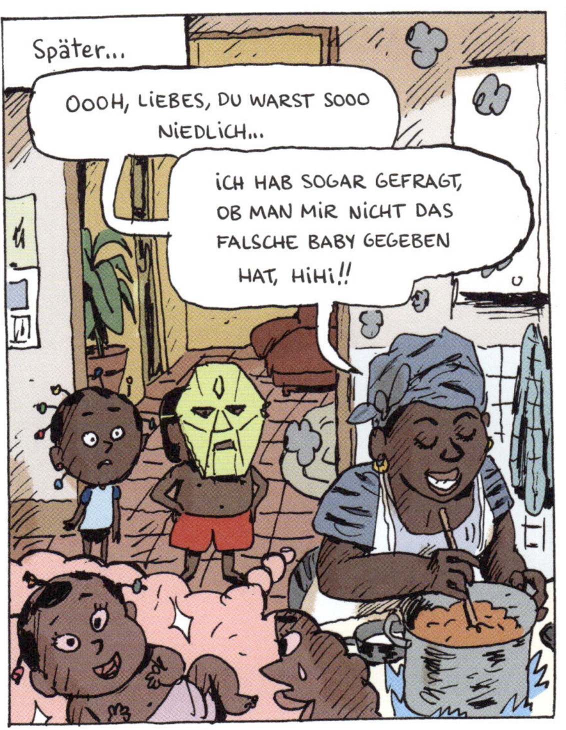
Später...
OOOH, LIEBES, DU WARST SOOO NIEDLICH...
ICH HAB SOGAR GEFRAGT, OB MAN MIR NICHT DAS FALSCHE BABY GEGEBEN HAT, HIHI!!

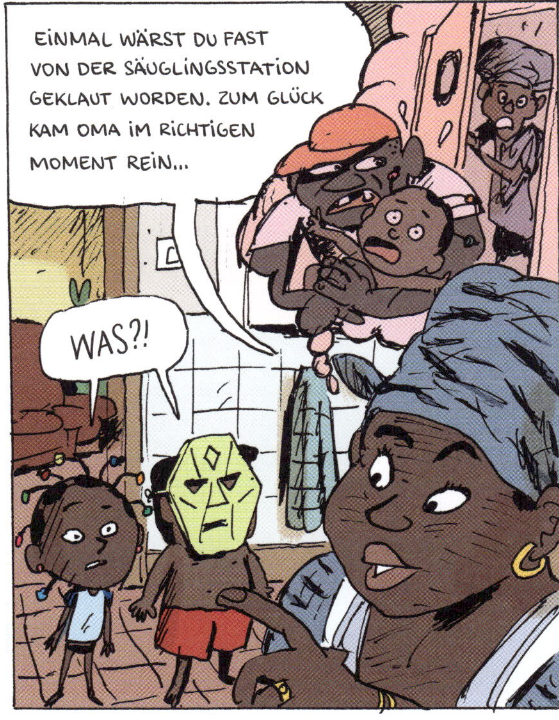
EINMAL WÄRST DU FAST VON DER SÄUGLINGSSTATION GEKLAUT WORDEN. ZUM GLÜCK KAM OMA IM RICHTIGEN MOMENT REIN...
WAS?!

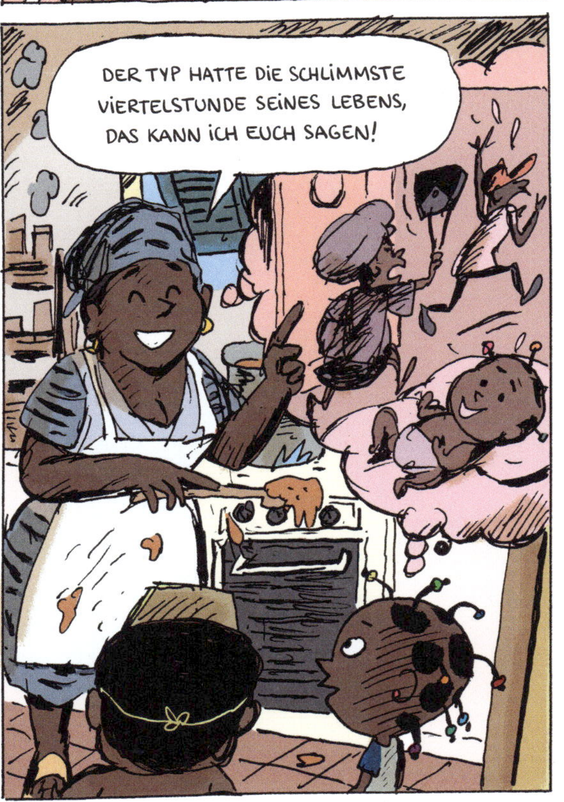
DER TYP HATTE DIE SCHLIMMSTE VIERTELSTUNDE SEINES LEBENS, DAS KANN ICH EUCH SAGEN!

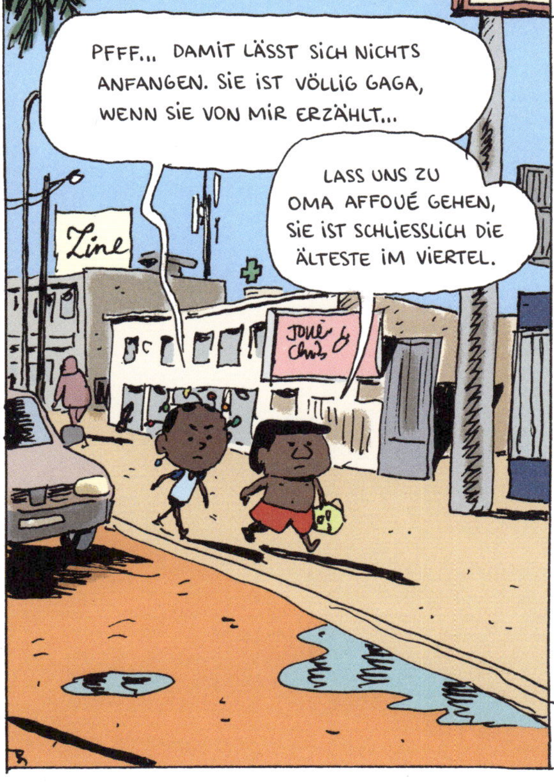
PFFF... DAMIT LÄSST SICH NICHTS ANFANGEN. SIE IST VÖLLIG GAGA, WENN SIE VON MIR ERZÄHLT...
LASS UNS ZU OMA AFFOUÉ GEHEN, SIE IST SCHLIESSLICH DIE ÄLTESTE IM VIERTEL.
Zine

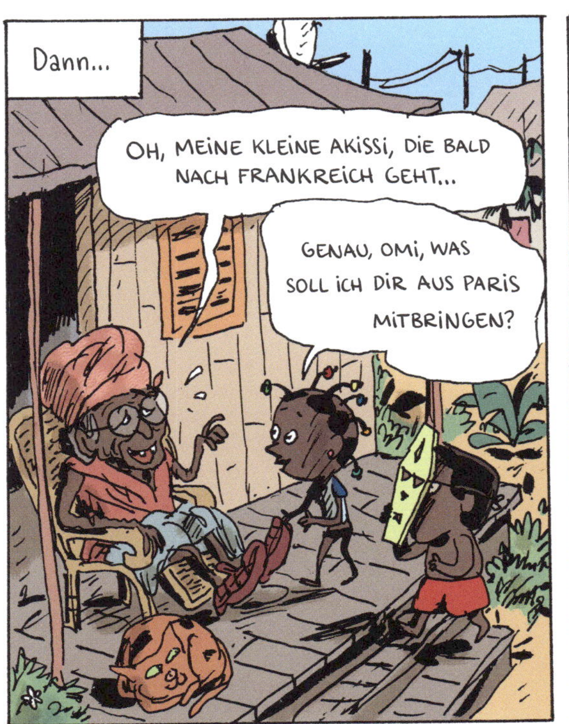
Dann...
OH, MEINE KLEINE AKISSI, DIE BALD NACH FRANKREICH GEHT...
GENAU, OMI, WAS SOLL ICH DIR AUS PARIS MITBRINGEN?

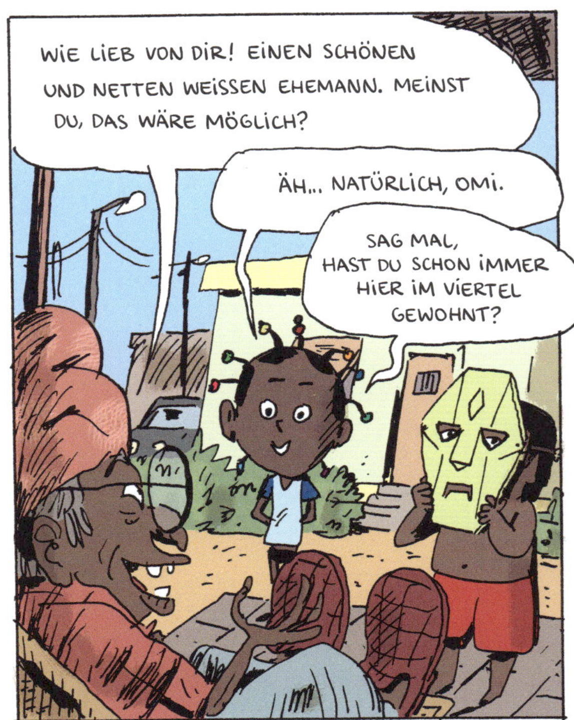
WIE LIEB VON DIR! EINEN SCHÖNEN UND NETTEN WEISSEN EHEMANN. MEINST DU, DAS WÄRE MÖGLICH?
ÄH... NATÜRLICH, OMI.
SAG MAL, HAST DU SCHON IMMER HIER IM VIERTEL GEWOHNT?

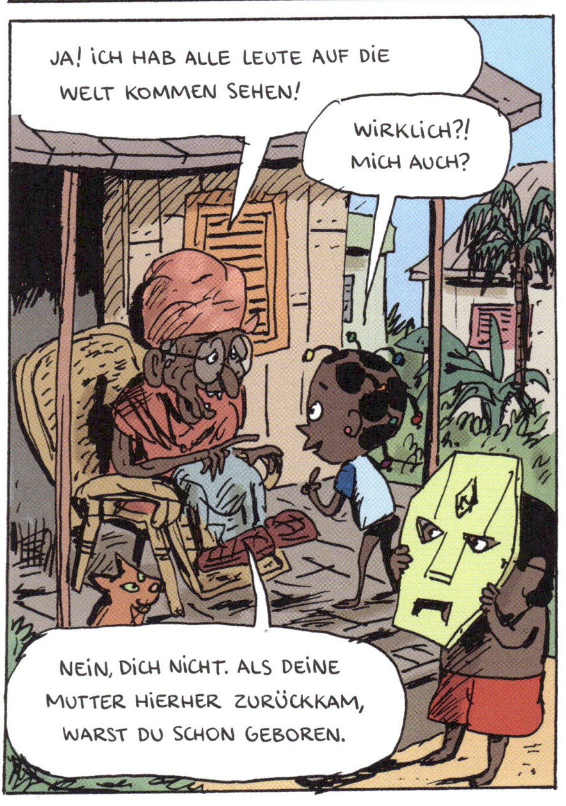
JA! ICH HAB ALLE LEUTE AUF DIE WELT KOMMEN SEHEN!
WIRKLICH?! MICH AUCH?
NEIN, DICH NICHT. ALS DEINE MUTTER HIERHER ZURÜCKKAM, WARST DU SCHON GEBOREN.

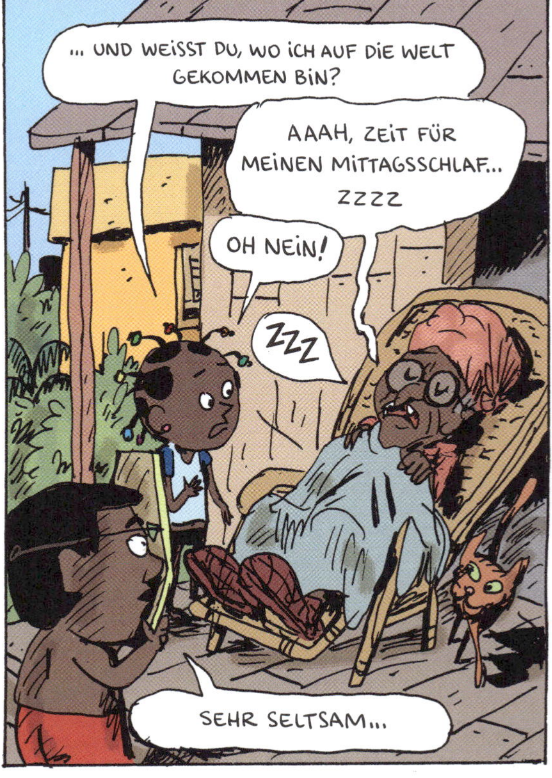
... UND WEISST DU, WO ICH AUF DIE WELT GEKOMMEN BIN?
AAAH, ZEIT FÜR MEINEN MITTAGSSCHLAF... ZZZZ
OH NEIN!
ZZZ
SEHR SELTSAM...

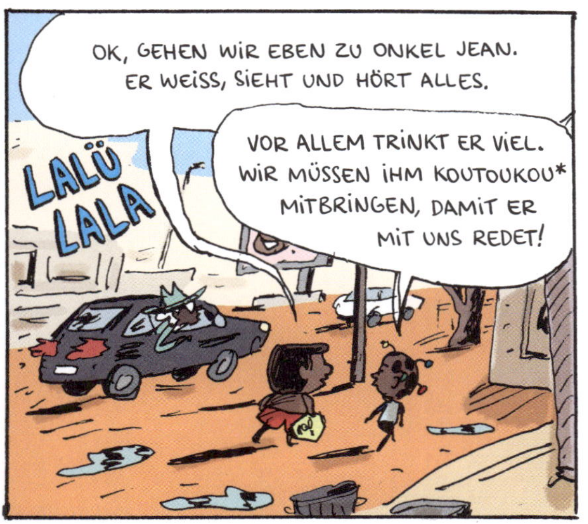

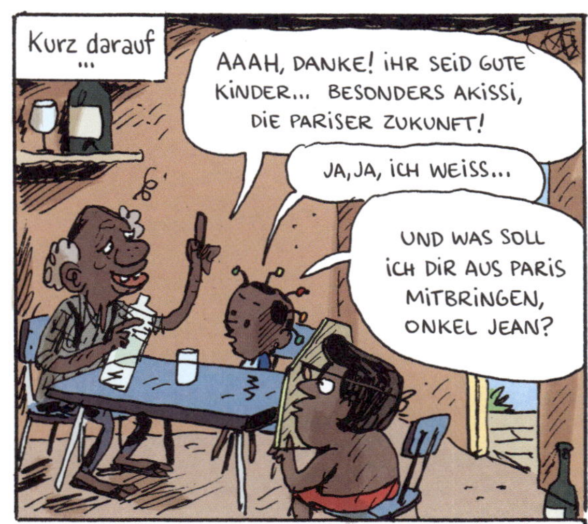

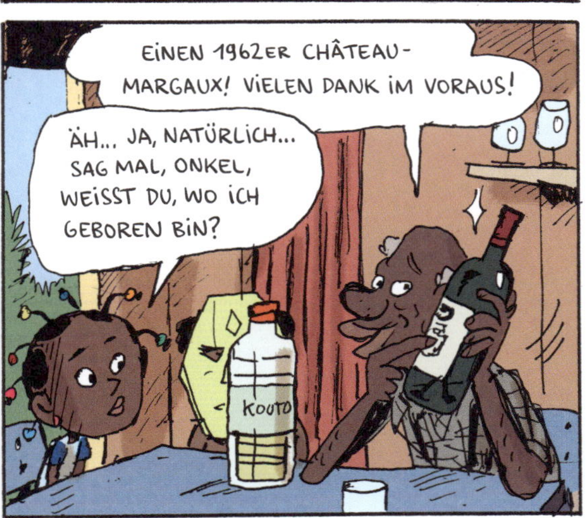

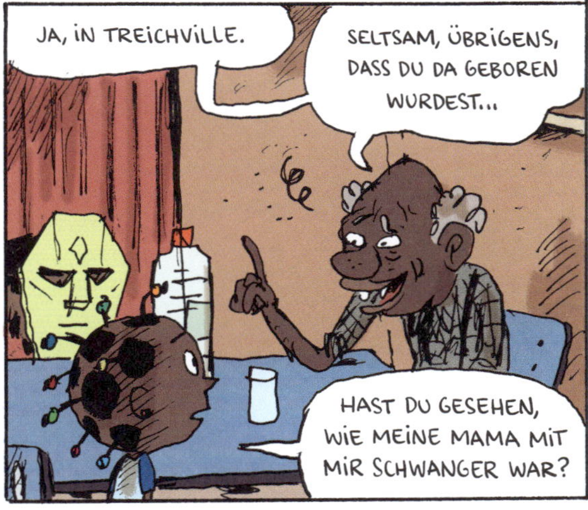

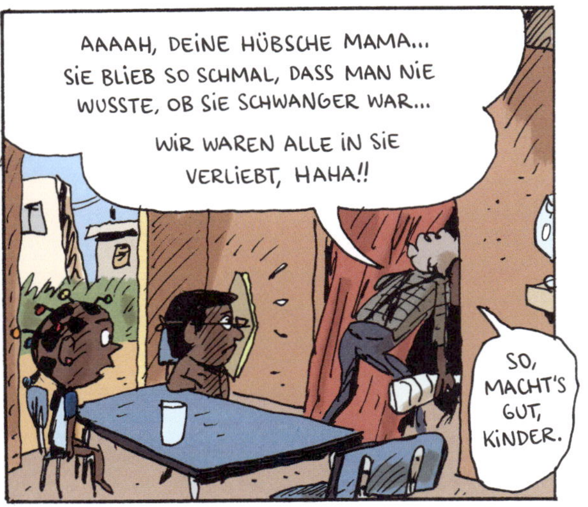

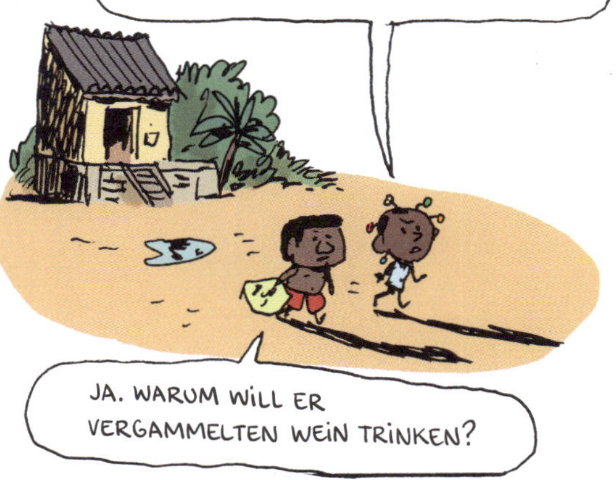

*KOUTOUKOU: STARKER PALMENSCHNAPS

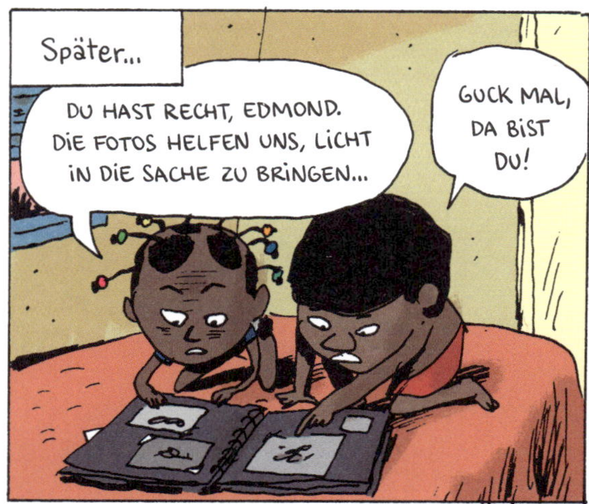
Später...
DU HAST RECHT, EDMOND. DIE FOTOS HELFEN UNS, LICHT IN DIE SACHE ZU BRINGEN...
GUCK MAL, DA BIST DU!

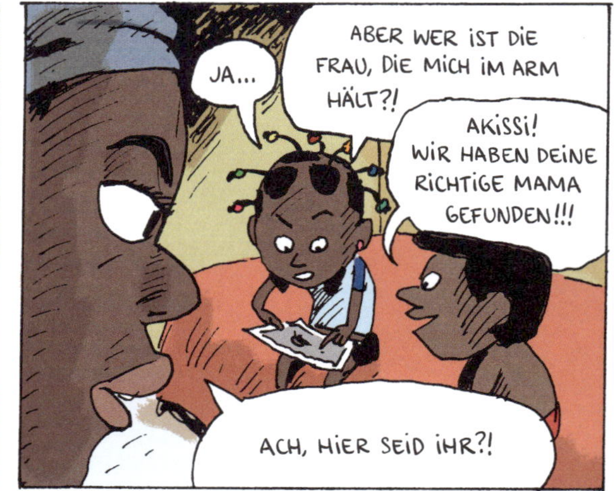
JA...
ABER WER IST DIE FRAU, DIE MICH IM ARM HÄLT?!
AKISSI! WIR HABEN DEINE RICHTIGE MAMA GEFUNDEN!!!
ACH, HIER SEID IHR?!

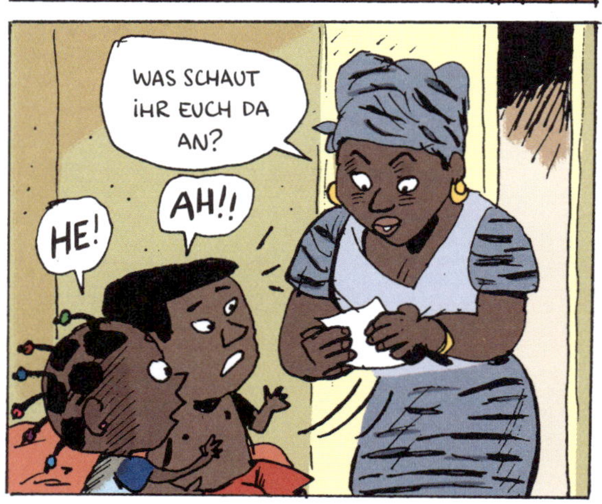
WAS SCHAUT IHR EUCH DA AN?
HE!
AH!!

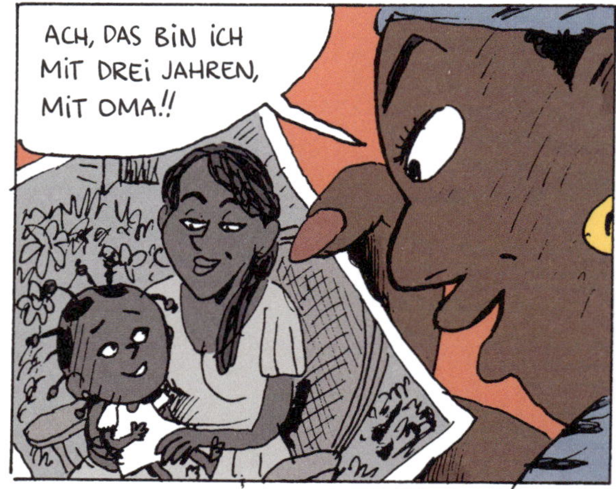
ACH, DAS BIN ICH MIT DREI JAHREN, MIT OMA!!

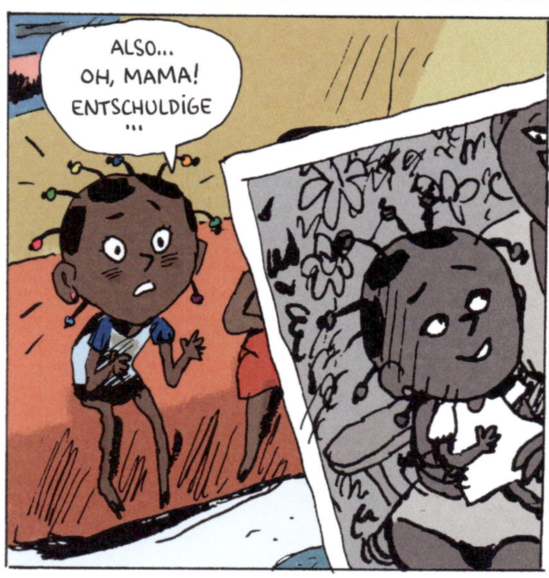
ALSO... OH, MAMA! ENTSCHULDIGE ...

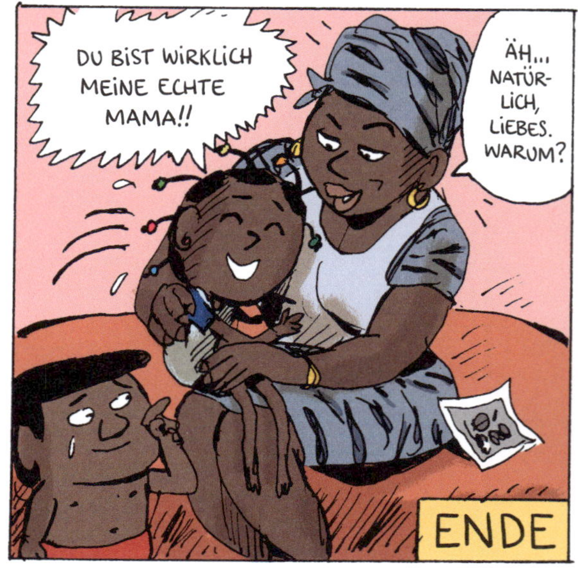
DU BIST WIRKLICH MEINE ECHTE MAMA!!
ÄH... NATÜR-LICH, LIEBES. WARUM?
ENDE

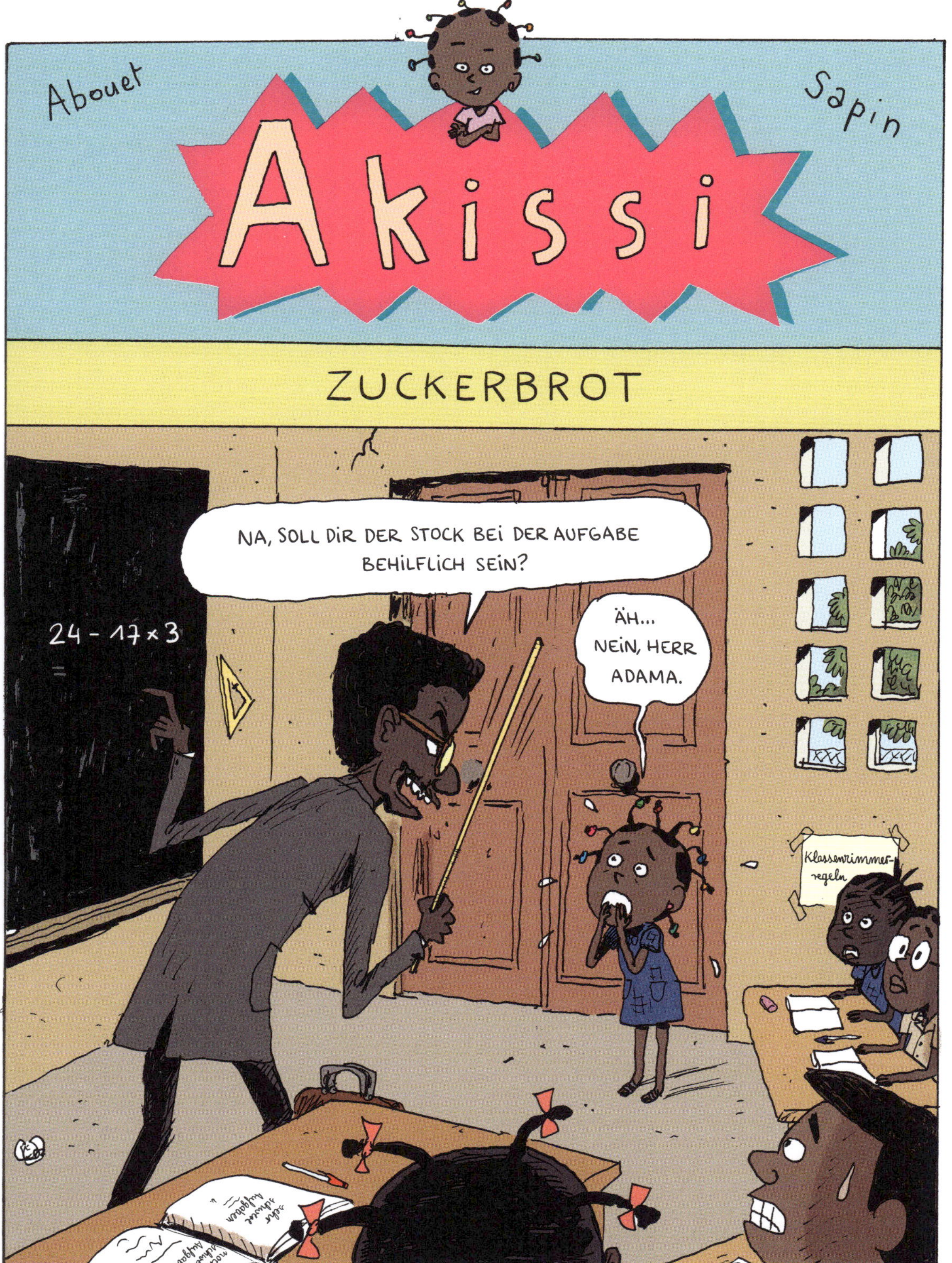
Abouet
Sapin
Akissi
ZUCKERBROT
NA, SOLL DIR DER STOCK BEI DER AUFGABE BEHILFLICH SEIN?
ÄH... NEIN, HERR ADAMA.
24 - 17 × 3
Klassenzimmer-regeln

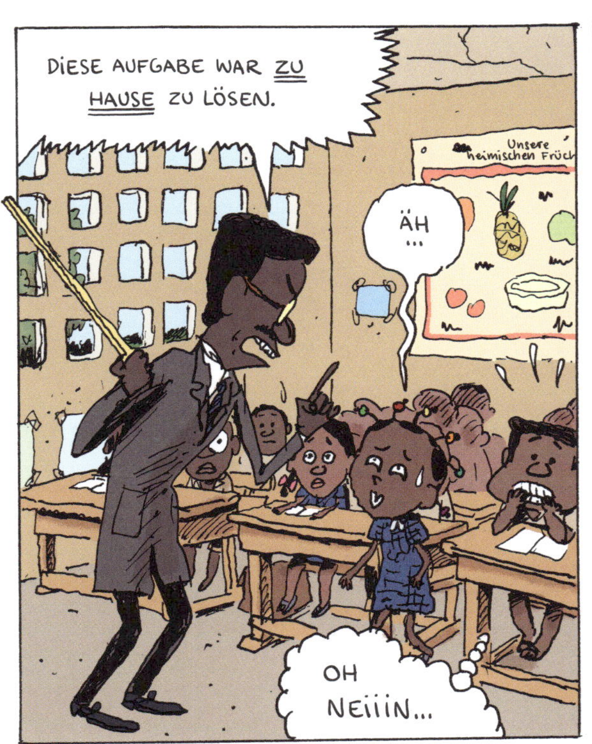
DIESE AUFGABE WAR ZU HAUSE ZU LÖSEN.
Unsere heimischen Früch
ÄH ...
OH NEIIIN...

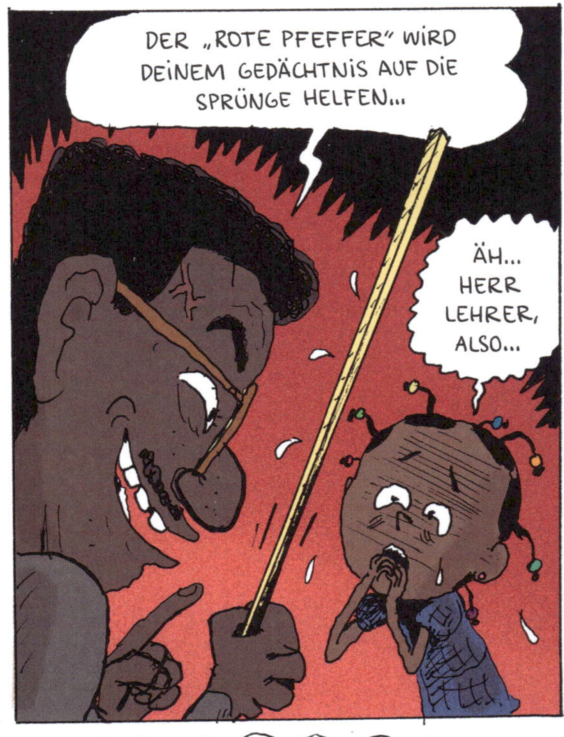
DER „ROTE PFEFFER" WIRD DEINEM GEDÄCHTNIS AUF DIE SPRÜNGE HELFEN...
ÄH... HERR LEHRER, ALSO...

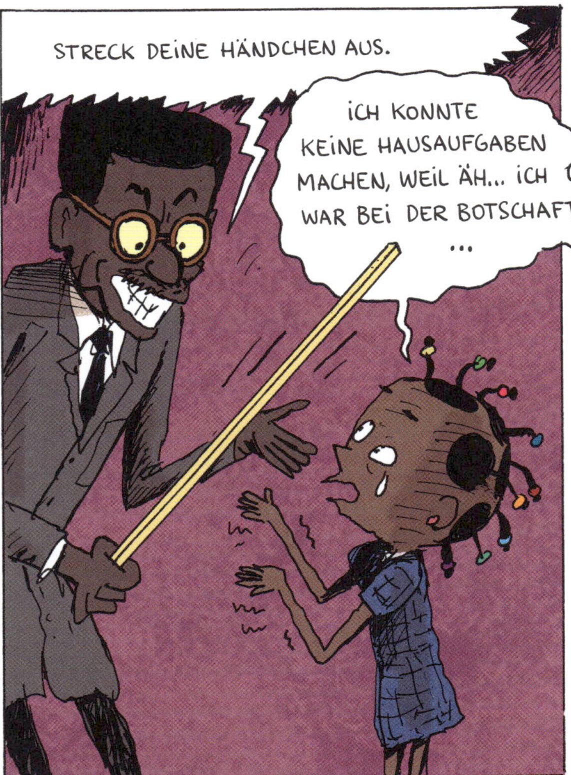
STRECK DEINE HÄNDCHEN AUS.
ICH KONNTE KEINE HAUSAUFGABEN MACHEN, WEIL ÄH... ICH WAR BEI DER BOTSCHAFT ...

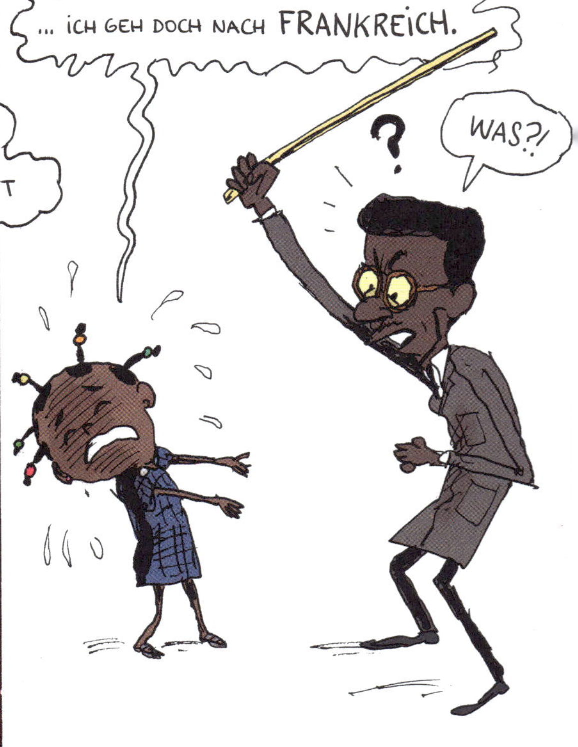
... ICH GEH DOCH NACH FRANKREICH.
?
WAS?!

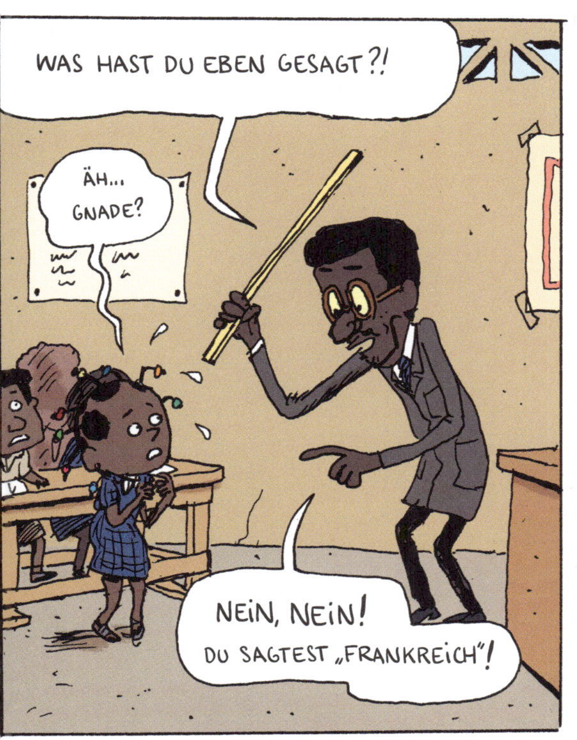
WAS HAST DU EBEN GESAGT?!
ÄH... GNADE?
NEIN, NEIN! DU SAGTEST „FRANKREICH"!

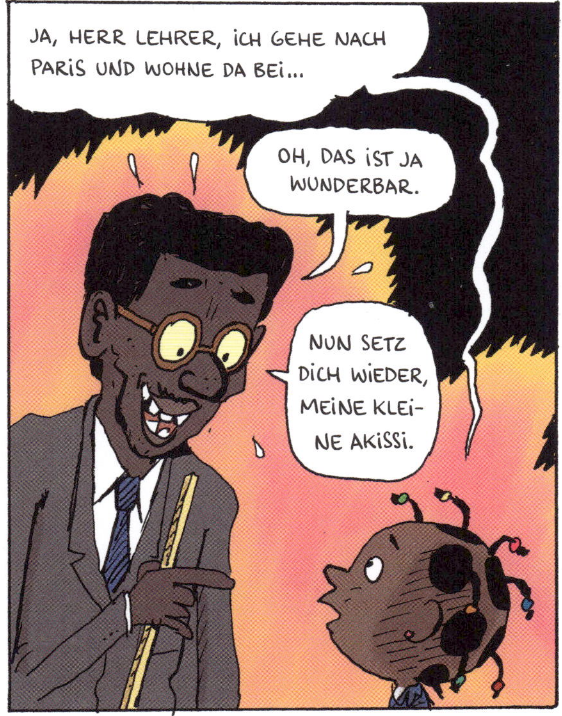
JA, HERR LEHRER, ICH GEHE NACH PARIS UND WOHNE DA BEI...
OH, DAS IST JA WUNDERBAR.
NUN SETZ DICH WIEDER, MEINE KLEI-NE AKISSI.

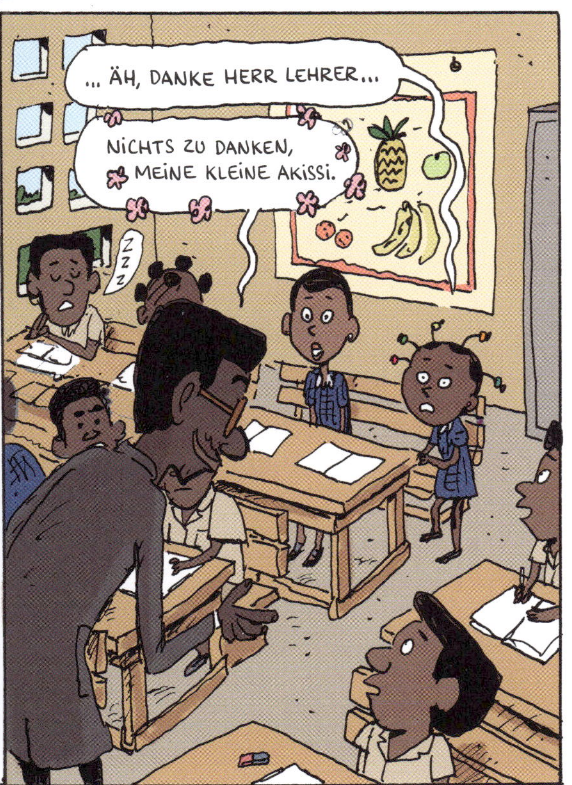
... ÄH, DANKE HERR LEHRER...
NICHTS ZU DANKEN, MEINE KLEINE AKISSI.
ZZZ

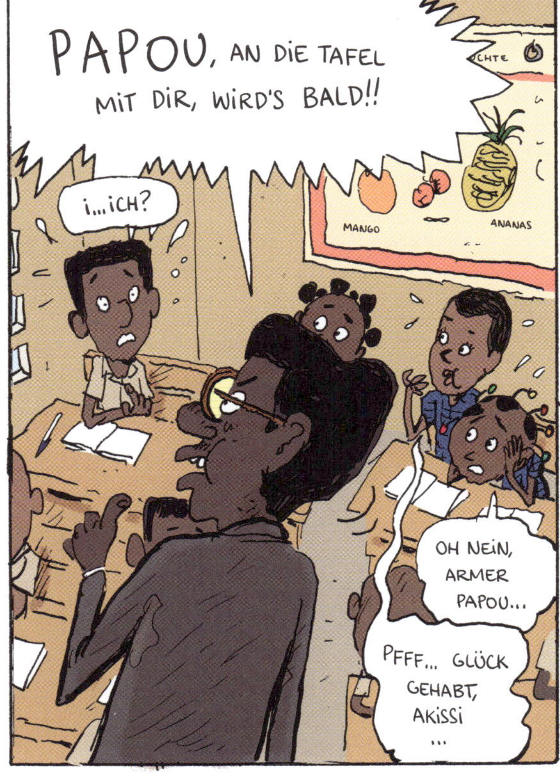
PAPOU, AN DIE TAFEL MIT DIR, WIRD'S BALD!!
I...ICH?
MANGO
ANANAS
OH NEIN, ARMER PAPOU...
PFFF... GLÜCK GEHABT, AKISSI ...

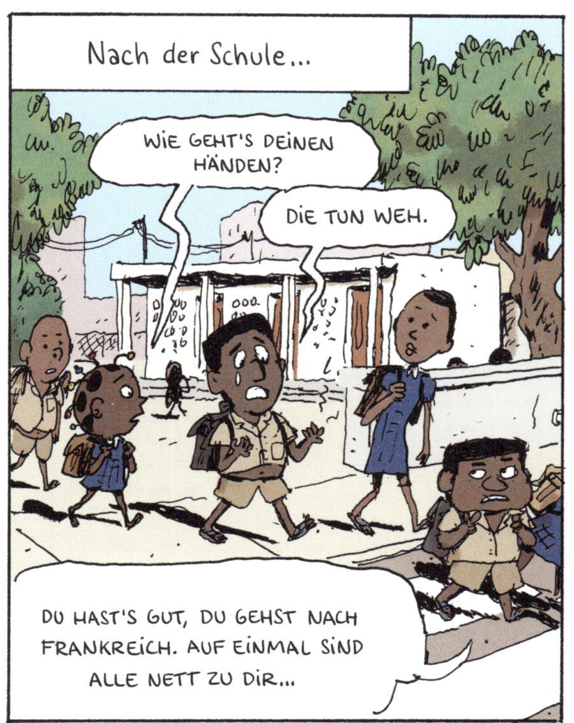
Nach der Schule...
WIE GEHT'S DEINEN HÄNDEN?
DIE TUN WEH.
DU HAST'S GUT, DU GEHST NACH FRANKREICH. AUF EINMAL SIND ALLE NETT ZU DIR...

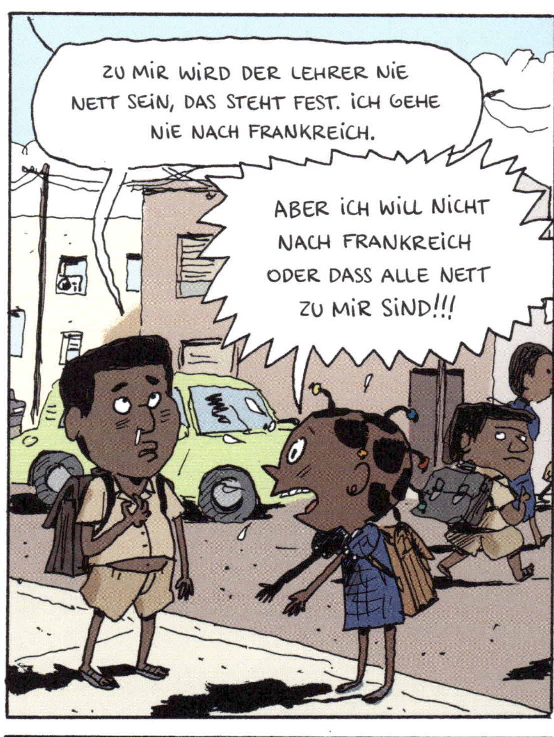
ZU MIR WIRD DER LEHRER NIE NETT SEIN, DAS STEHT FEST. ICH GEHE NIE NACH FRANKREICH.
ABER ICH WILL NICHT NACH FRANKREICH ODER DASS ALLE NETT ZU MIR SIND!!!

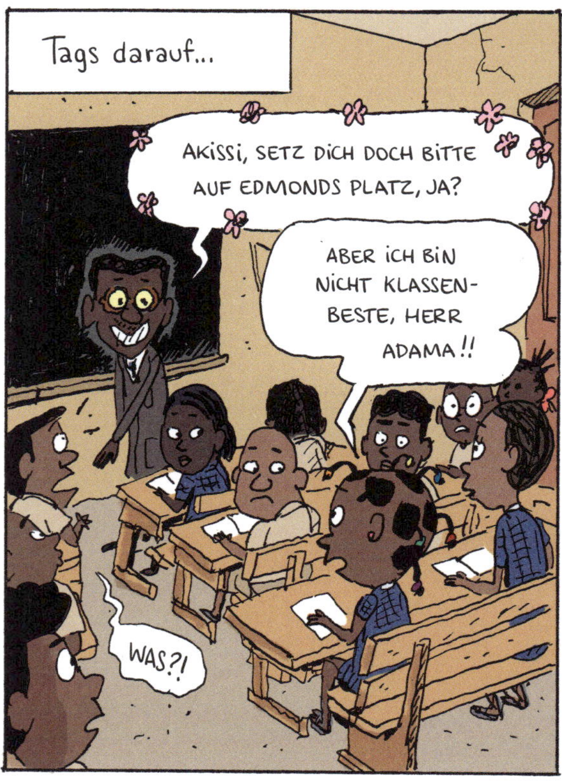
Tags darauf...
AKISSI, SETZ DICH DOCH BITTE AUF EDMONDS PLATZ, JA?
ABER ICH BIN NICHT KLASSEN-BESTE, HERR ADAMA!!
WAS?!

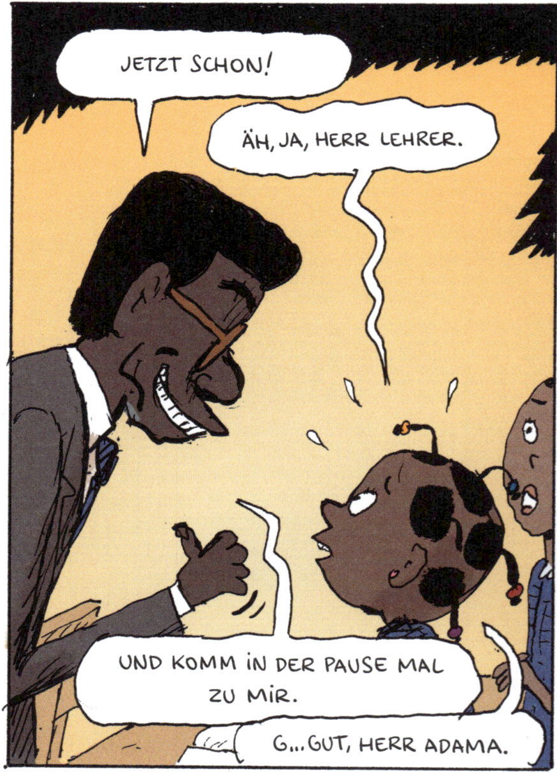
JETZT SCHON!
ÄH, JA, HERR LEHRER.
UND KOMM IN DER PAUSE MAL ZU MIR.
G...GUT, HERR ADAMA.

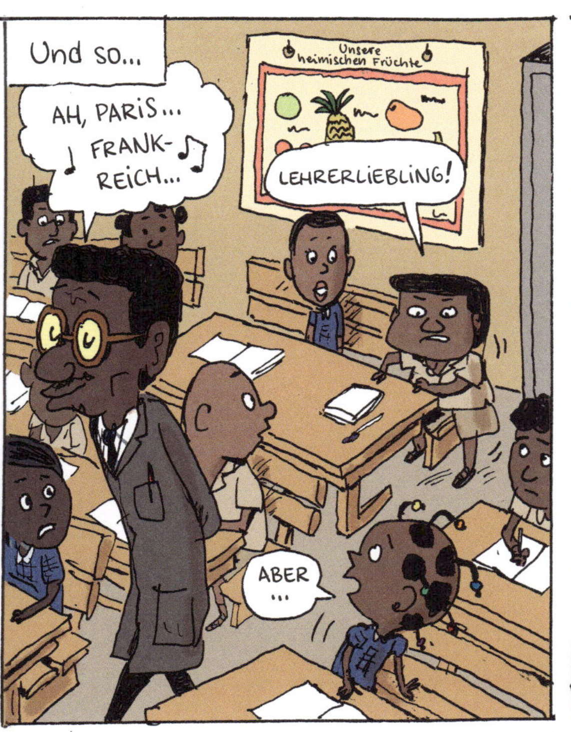
Und so...
Unsere heimischen Früchte
AH, PARIS... FRANK-REICH...
LEHRERLIEBLING!
ABER ...

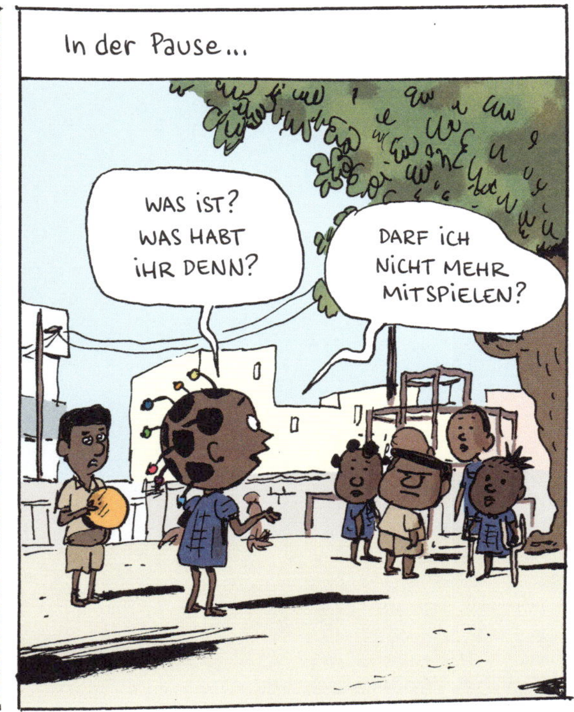
In der Pause...
WAS IST? WAS HABT IHR DENN?
DARF ICH NICHT MEHR MITSPIELEN?

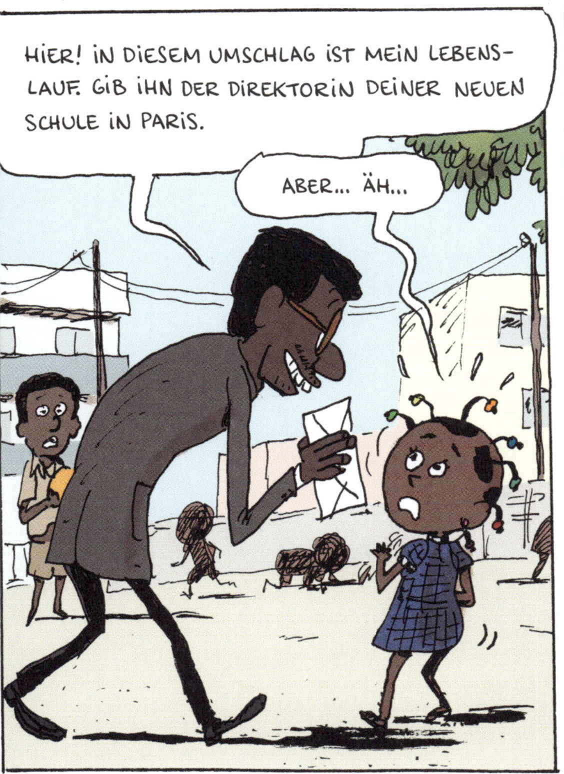
HIER! IN DIESEM UMSCHLAG IST MEIN LEBENSLAUF. GIB IHN DER DIREKTORIN DEINER NEUEN SCHULE IN PARIS.
ABER... ÄH...

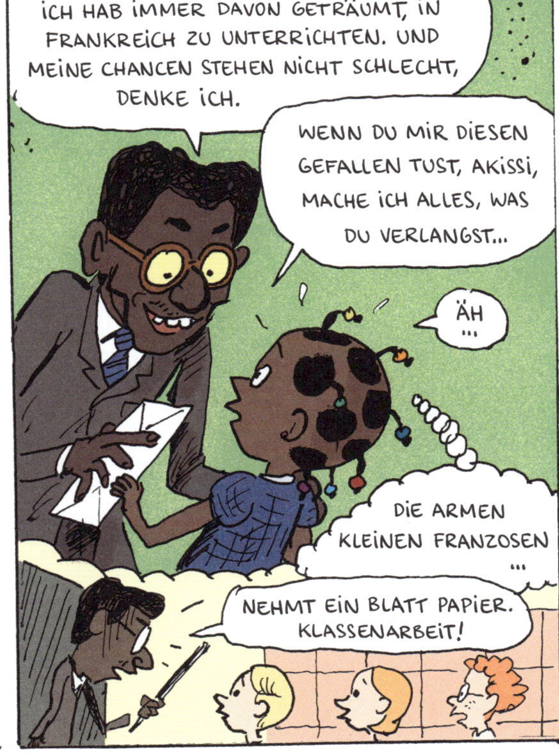
ICH HAB IMMER DAVON GETRÄUMT, IN FRANKREICH ZU UNTERRICHTEN. UND MEINE CHANCEN STEHEN NICHT SCHLECHT, DENKE ICH.
WENN DU MIR DIESEN GEFALLEN TUST, AKISSI, MACHE ICH ALLES, WAS DU VERLANGST...
ÄH ...
DIE ARMEN KLEINEN FRANZOSEN ...
NEHMT EIN BLATT PAPIER. KLASSENARBEIT!

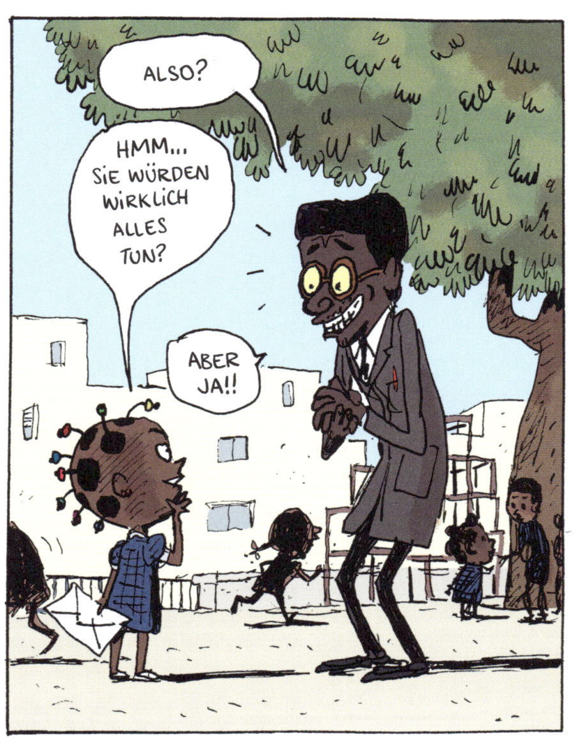
ALSO?
HMM... SIE WÜRDEN WIRKLICH ALLES TUN?
ABER JA!!

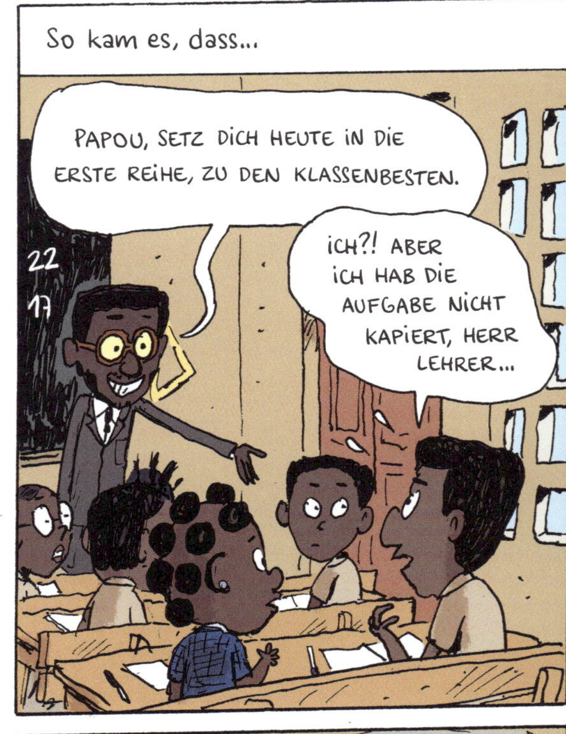
So kam es, dass...
PAPOU, SETZ DICH HEUTE IN DIE ERSTE REIHE, ZU DEN KLASSENBESTEN.
ICH?! ABER ICH HAB DIE AUFGABE NICHT KAPIERT, HERR LEHRER...

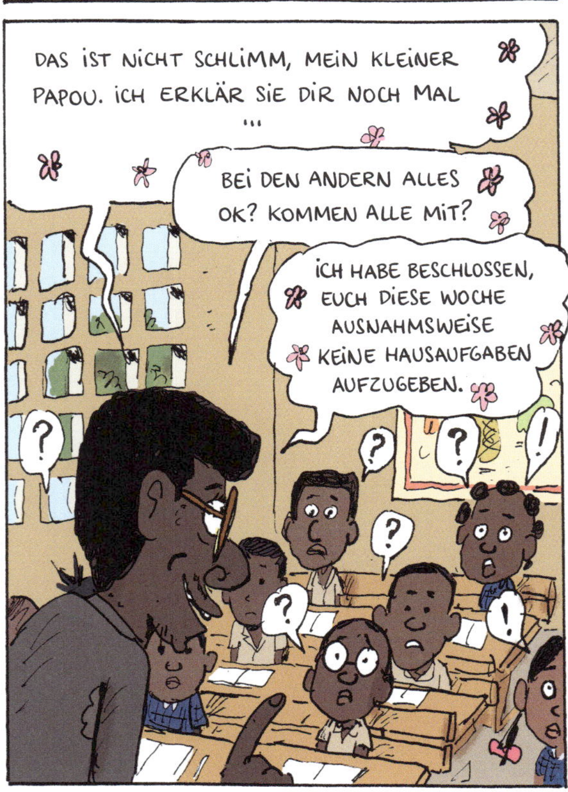
DAS IST NICHT SCHLIMM, MEIN KLEINER PAPOU. ICH ERKLÄR SIE DIR NOCH MAL ...
BEI DEN ANDERN ALLES OK? KOMMEN ALLE MIT?
ICH HABE BESCHLOSSEN, EUCH DIESE WOCHE AUSNAHMSWEISE KEINE HAUSAUFGABEN AUFZUGEBEN.

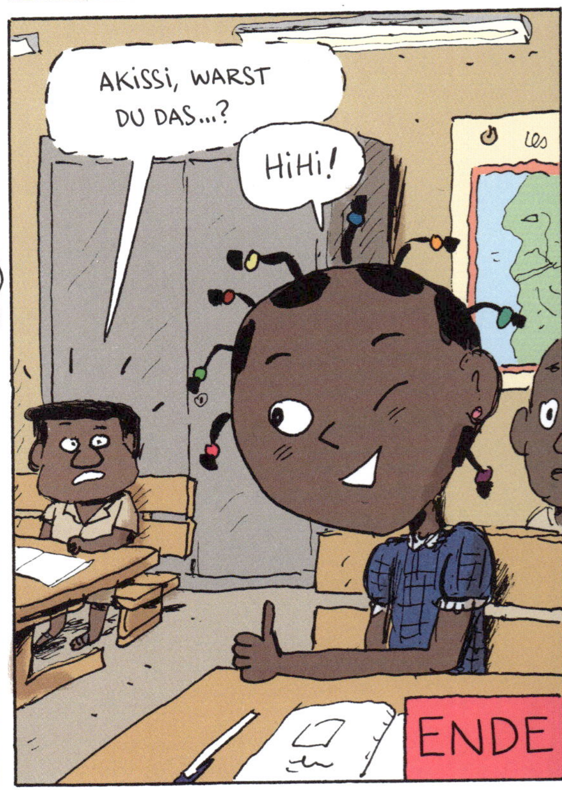
AKISSI, WARST DU DAS...?
HIHI!
ENDE

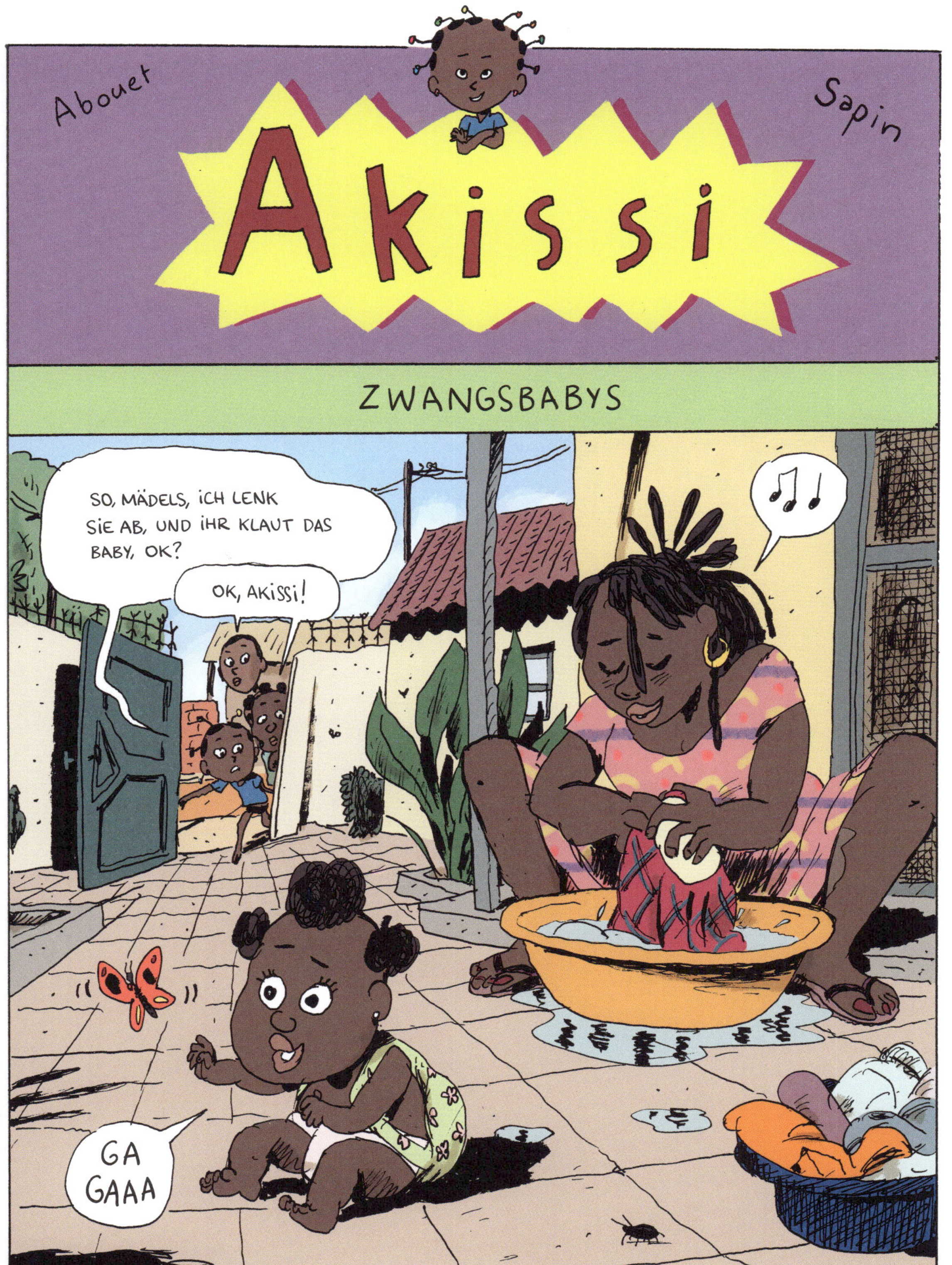
Abouet
Sapin
Akissi
ZWANGSBABYS
SO, MÄDELS, ICH LENK SIE AB, UND IHR KLAUT DAS BABY, OK?
OK, AKISSI!
GA GAAA

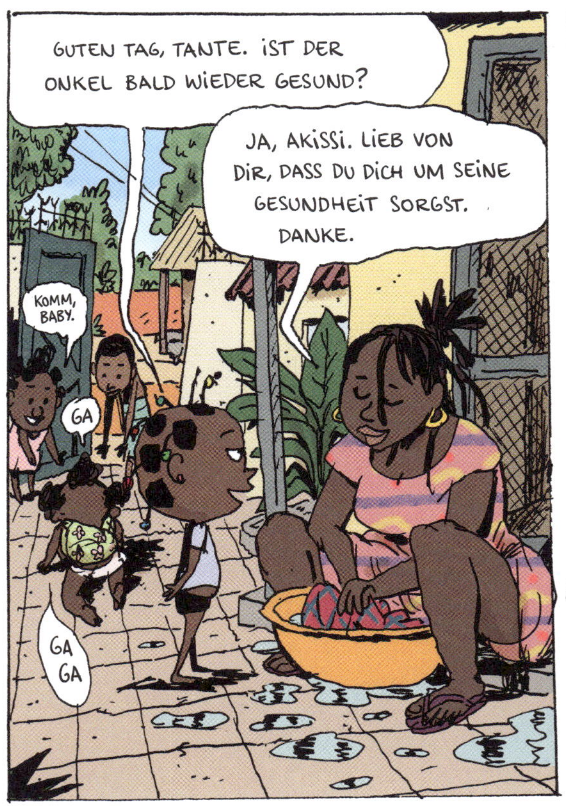
GUTEN TAG, TANTE. IST DER ONKEL BALD WIEDER GESUND?
JA, AKISSI. LIEB VON DIR, DASS DU DICH UM SEINE GESUNDHEIT SORGST. DANKE.
KOMM, BABY.
GA
GA GA

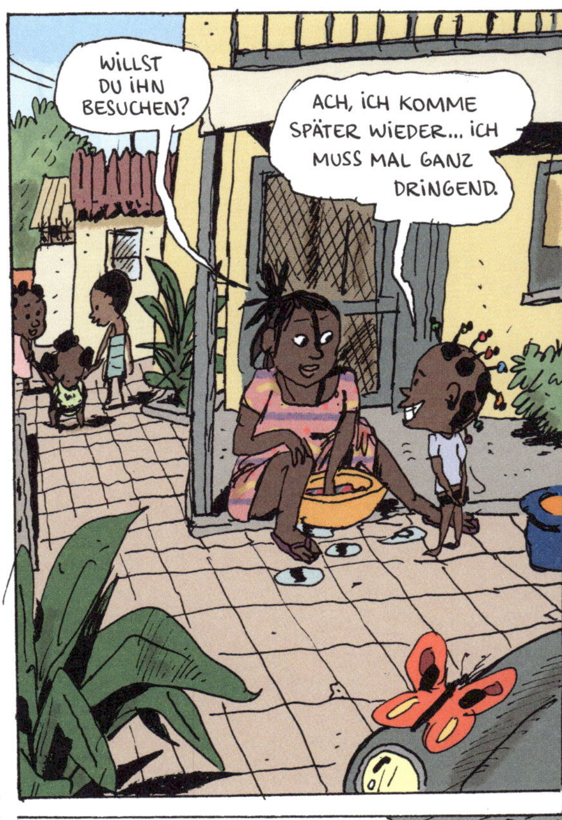
WILLST DU IHN BESUCHEN?
ACH, ICH KOMME SPÄTER WIEDER... ICH MUSS MAL GANZ DRINGEND.

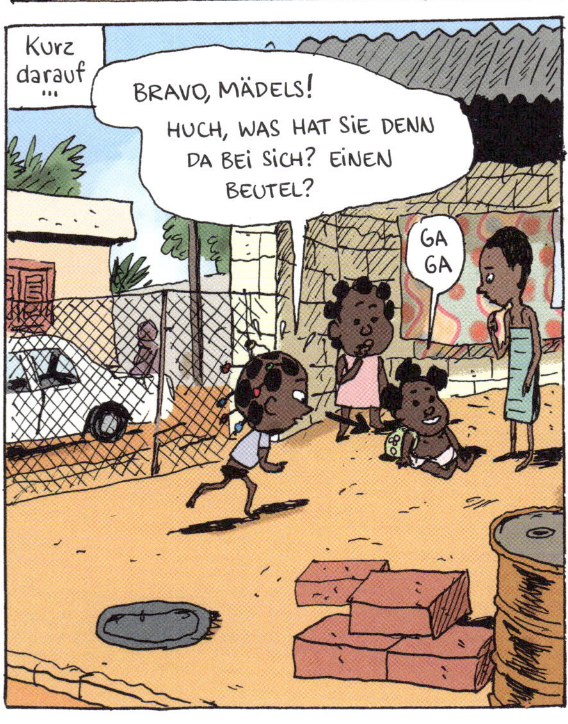
Kurz darauf ...
BRAVO, MÄDELS!
HUCH, WAS HAT SIE DENN DA BEI SICH? EINEN BEUTEL?
GA GA

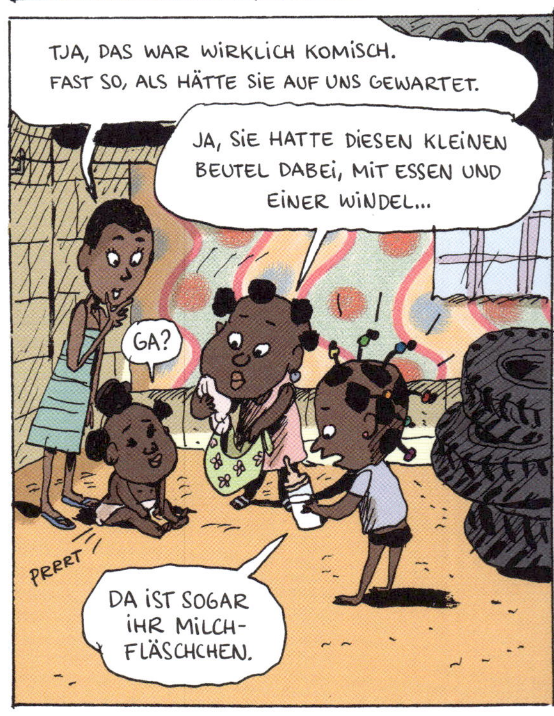
TJA, DAS WAR WIRKLICH KOMISCH. FAST SO, ALS HÄTTE SIE AUF UNS GEWARTET.
JA, SIE HATTE DIESEN KLEINEN BEUTEL DABEI, MIT ESSEN UND EINER WINDEL...
GA?
PRRRT
DA IST SOGAR IHR MILCH-FLÄSCHCHEN.

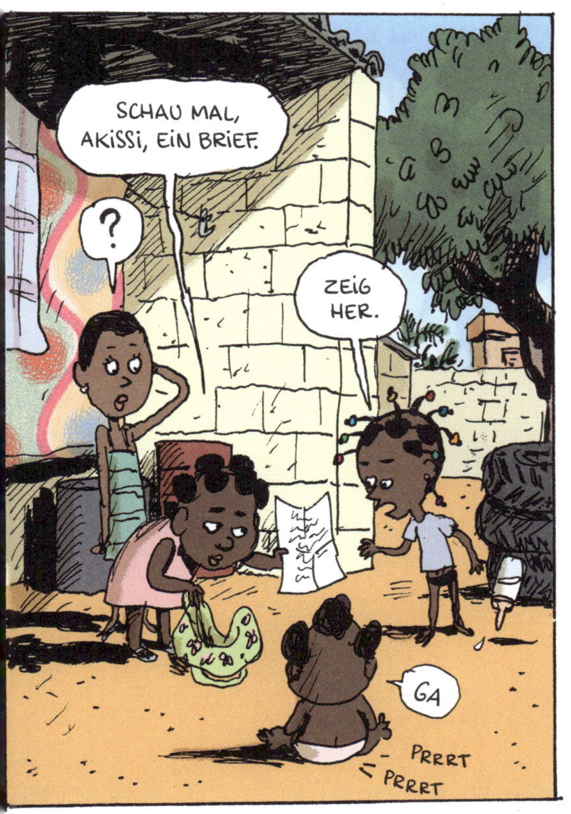
SCHAU MAL, AKISSI, EIN BRIEF.
?
ZEIG HER.
GA
PRRRT
PRRRT

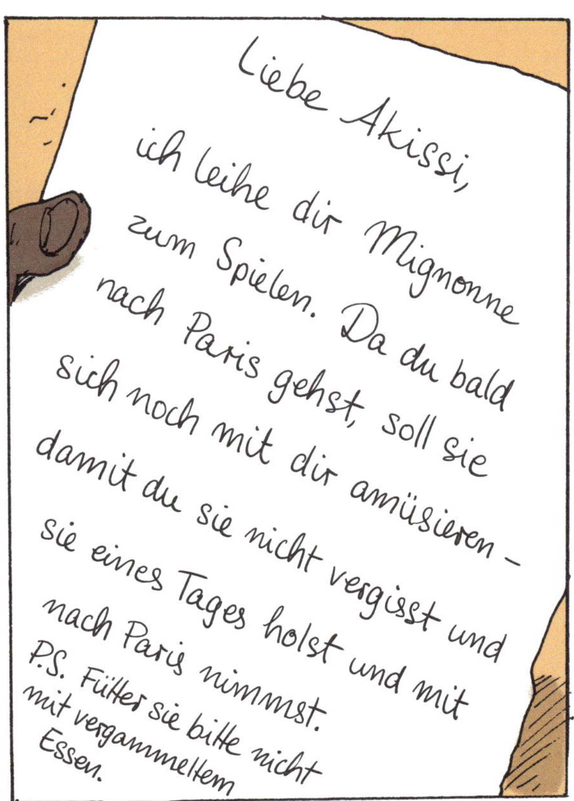
Liebe Akissi,
ich leihe dir Mignonne zum Spielen. Da du bald nach Paris gehst, soll sie sich noch mit dir amüsieren – damit du sie nicht vergisst und sie eines Tages holst und mit nach Paris nimmst.
P.S. Fütter sie bitte nicht mit vergammeltem Essen.

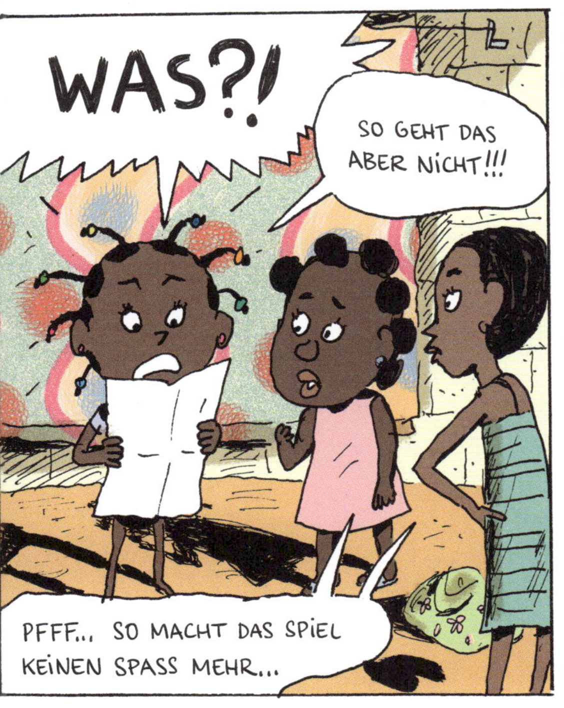
WAS?!
SO GEHT DAS ABER NICHT!!!
PFFF... SO MACHT DAS SPIEL KEINEN SPASS MEHR...

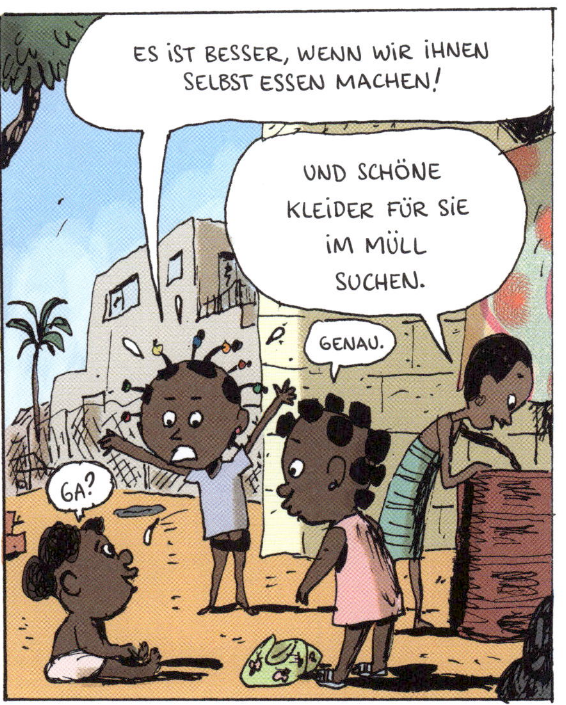
ES IST BESSER, WENN WIR IHNEN SELBST ESSEN MACHEN!
UND SCHÖNE KLEIDER FÜR SIE IM MÜLL SUCHEN.
GENAU.
GA?

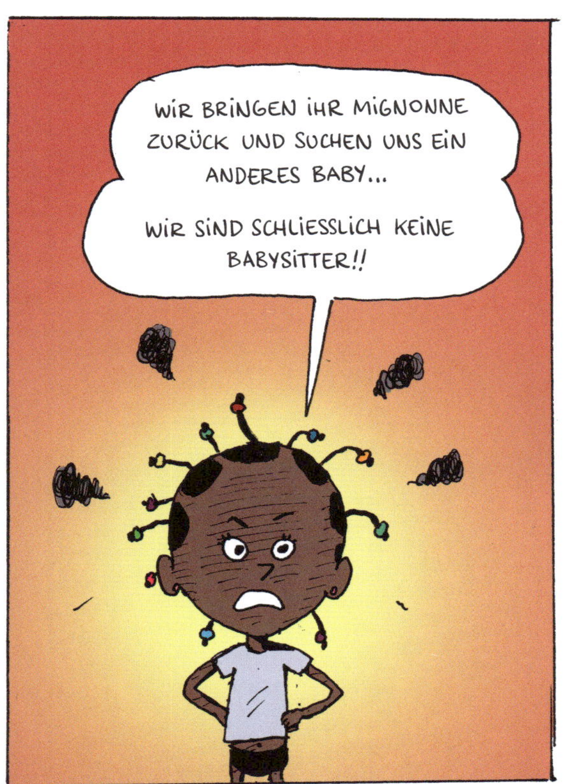
WIR BRINGEN IHR MIGNONNE ZURÜCK UND SUCHEN UNS EIN ANDERES BABY...
WIR SIND SCHLIESSLICH KEINE BABYSITTER!!

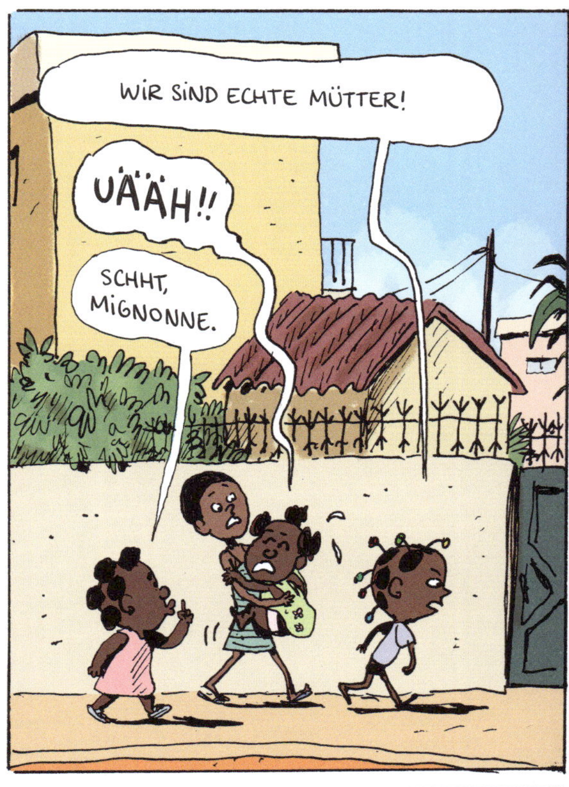
WIR SIND ECHTE MÜTTER!
UÄÄH!!
SCHHT, MIGNONNE.

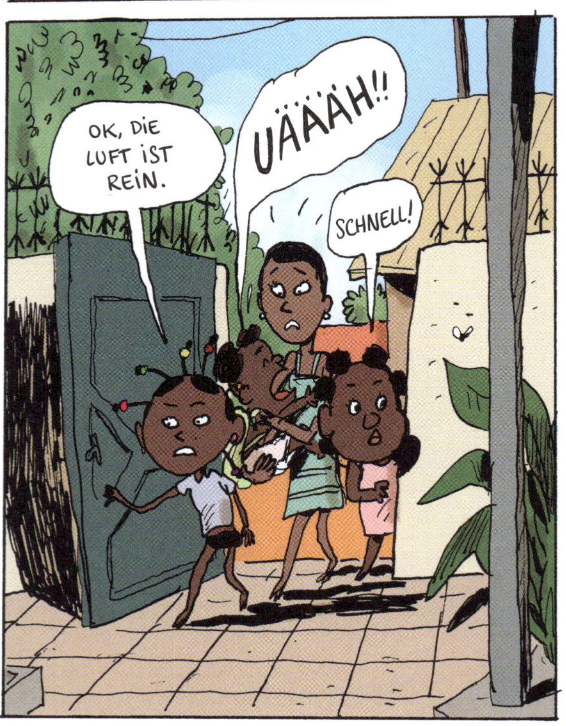
OK, DIE LUFT IST REIN.
UÄÄÄH!!
SCHNELL!

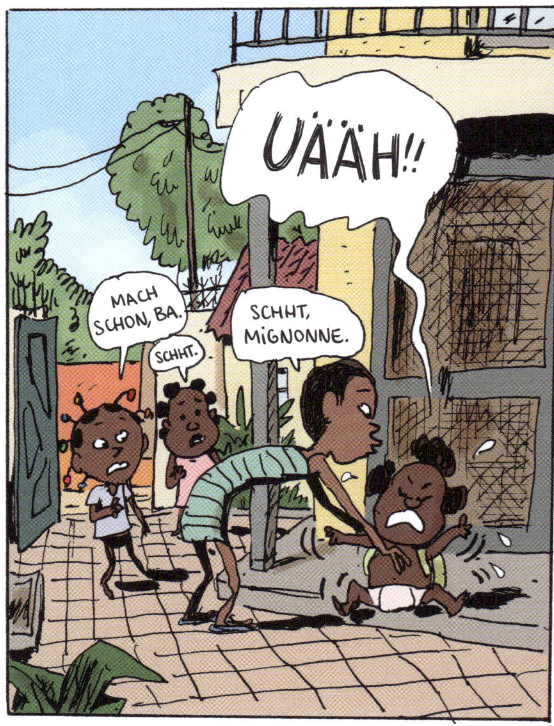
UÄÄH!!
MACH SCHON, BA.
SCHHT.
SCHHT, MIGNONNE.

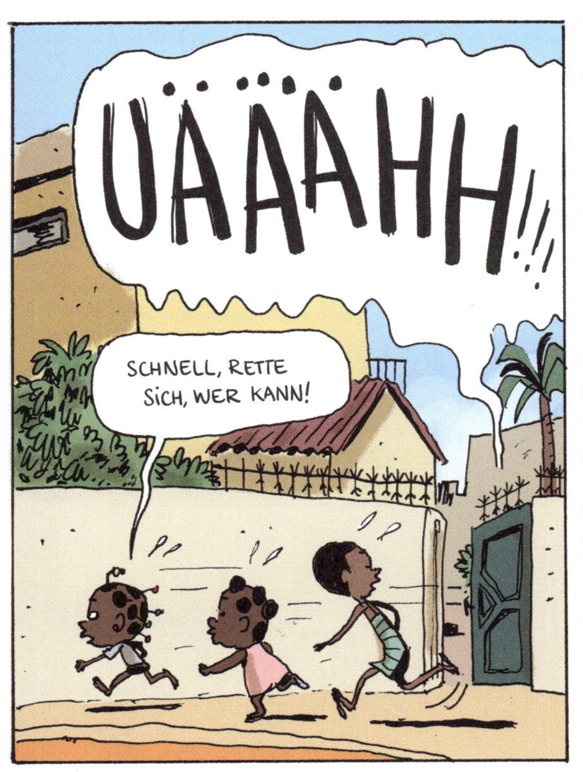
UÄÄÄHH!!!
SCHNELL, RETTE SICH, WER KANN!

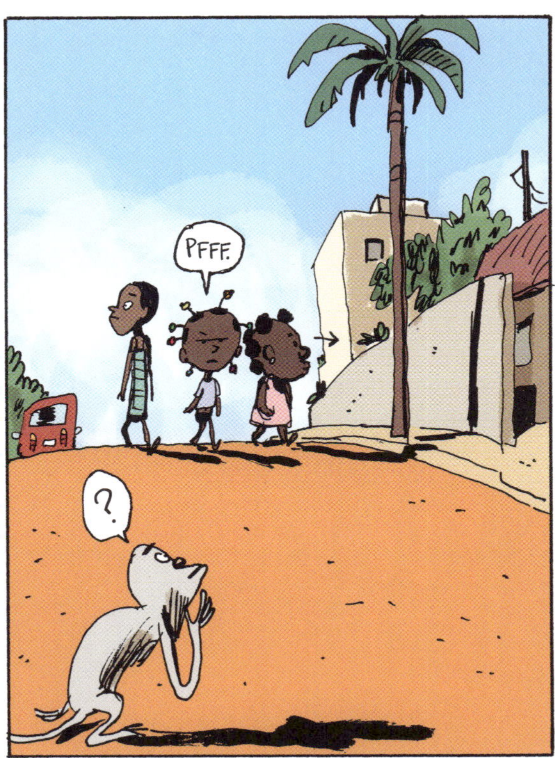
PFFF.
?

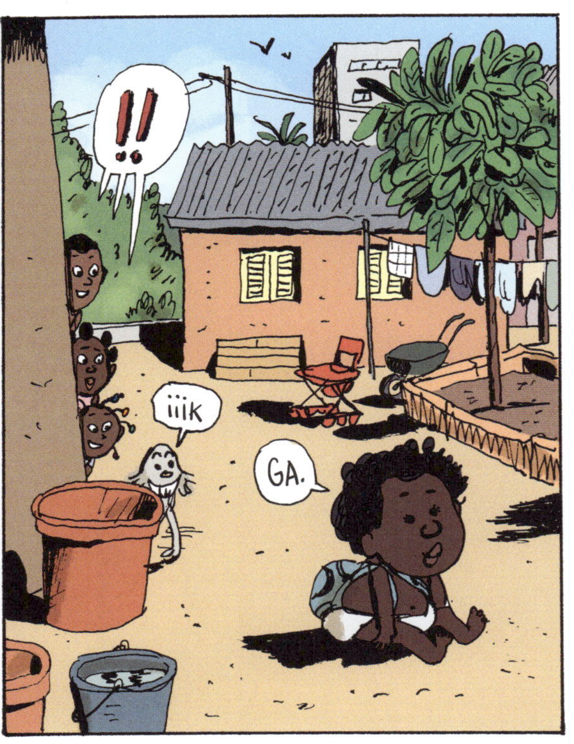
!!
iiik
GA.

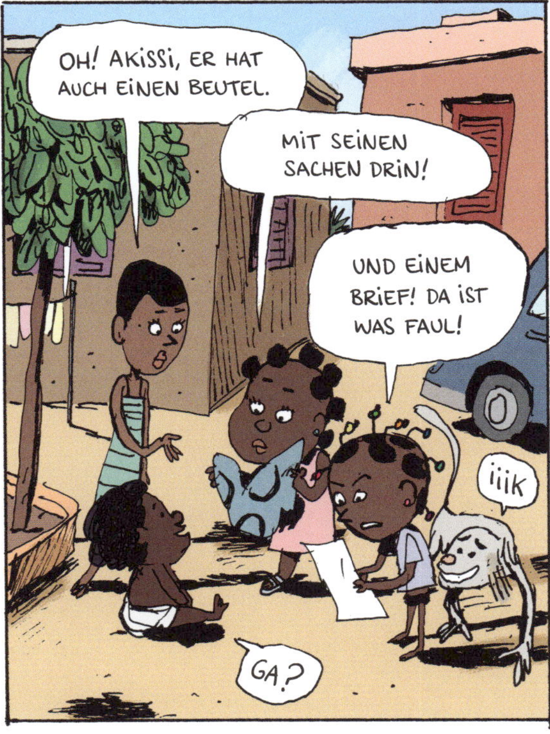
OH! AKISSI, ER HAT AUCH EINEN BEUTEL.
MIT SEINEN SACHEN DRIN!
UND EINEM BRIEF! DA IST WAS FAUL!
iiik
GA?

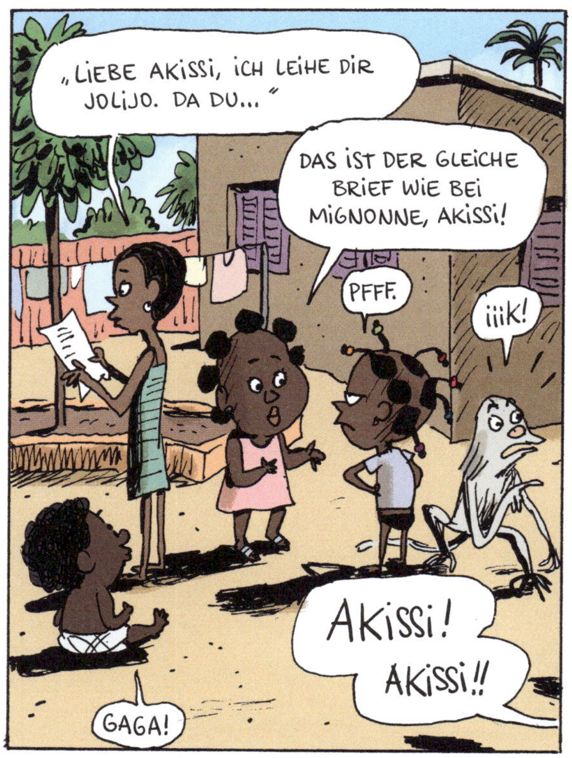
„LIEBE AKISSI, ICH LEIHE DIR JOLIJO. DA DU…"
DAS IST DER GLEICHE BRIEF WIE BEI MIGNONNE, AKISSI!
PFFF.
iiiK!
AKISSI! AKISSI!!
GAGA!

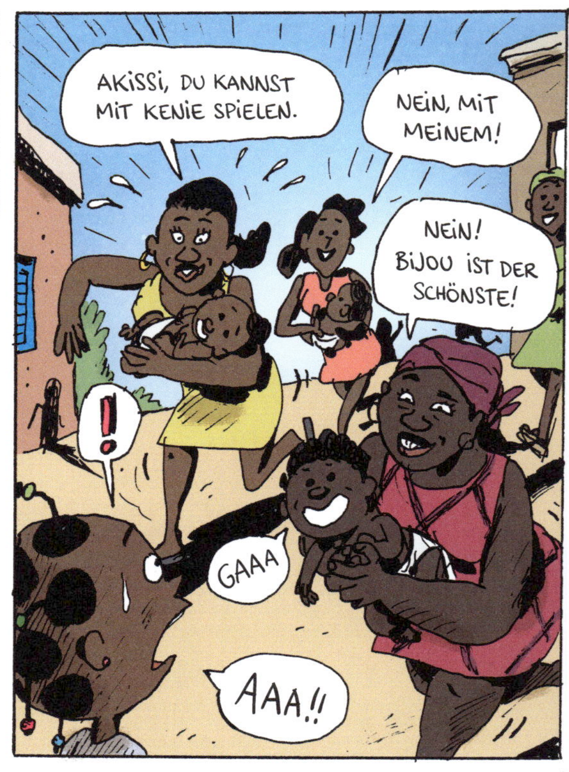
AKISSI, DU KANNST MIT KENIE SPIELEN.
NEIN, MIT MEINEM!
NEIN! BIJOU IST DER SCHÖNSTE!
!
GAAA
AAA!!

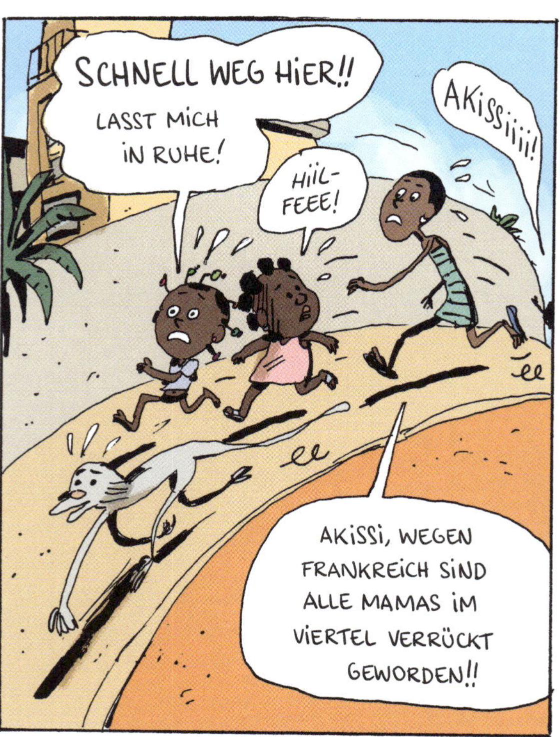
SCHNELL WEG HIER!!
LASST MICH IN RUHE!
HIIL-FEEE!
AKISSiiiii!
AKISSI, WEGEN FRANKREICH SIND ALLE MAMAS IM VIERTEL VERRÜCKT GEWORDEN!!

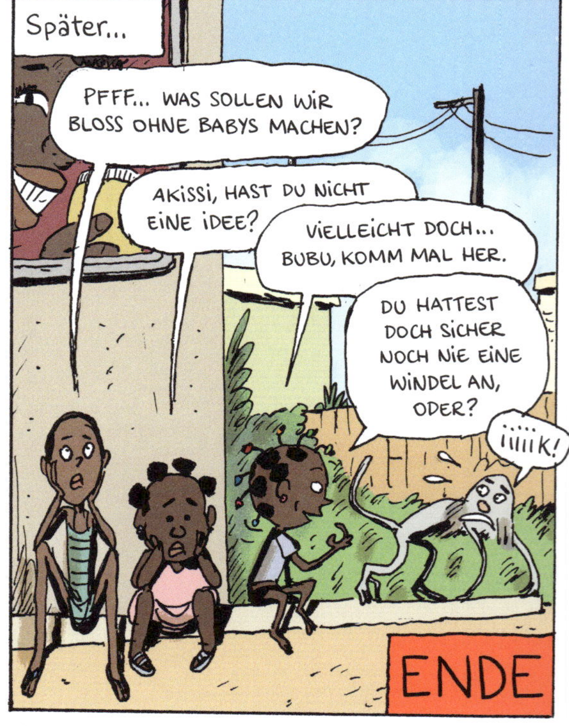
Später…
PFFF… WAS SOLLEN WIR BLOSS OHNE BABYS MACHEN?
AKISSI, HAST DU NICHT EINE IDEE?
VIELLEICHT DOCH… BUBU, KOMM MAL HER.
DU HATTEST DOCH SICHER NOCH NIE EINE WINDEL AN, ODER?
iiiiiK!
ENDE

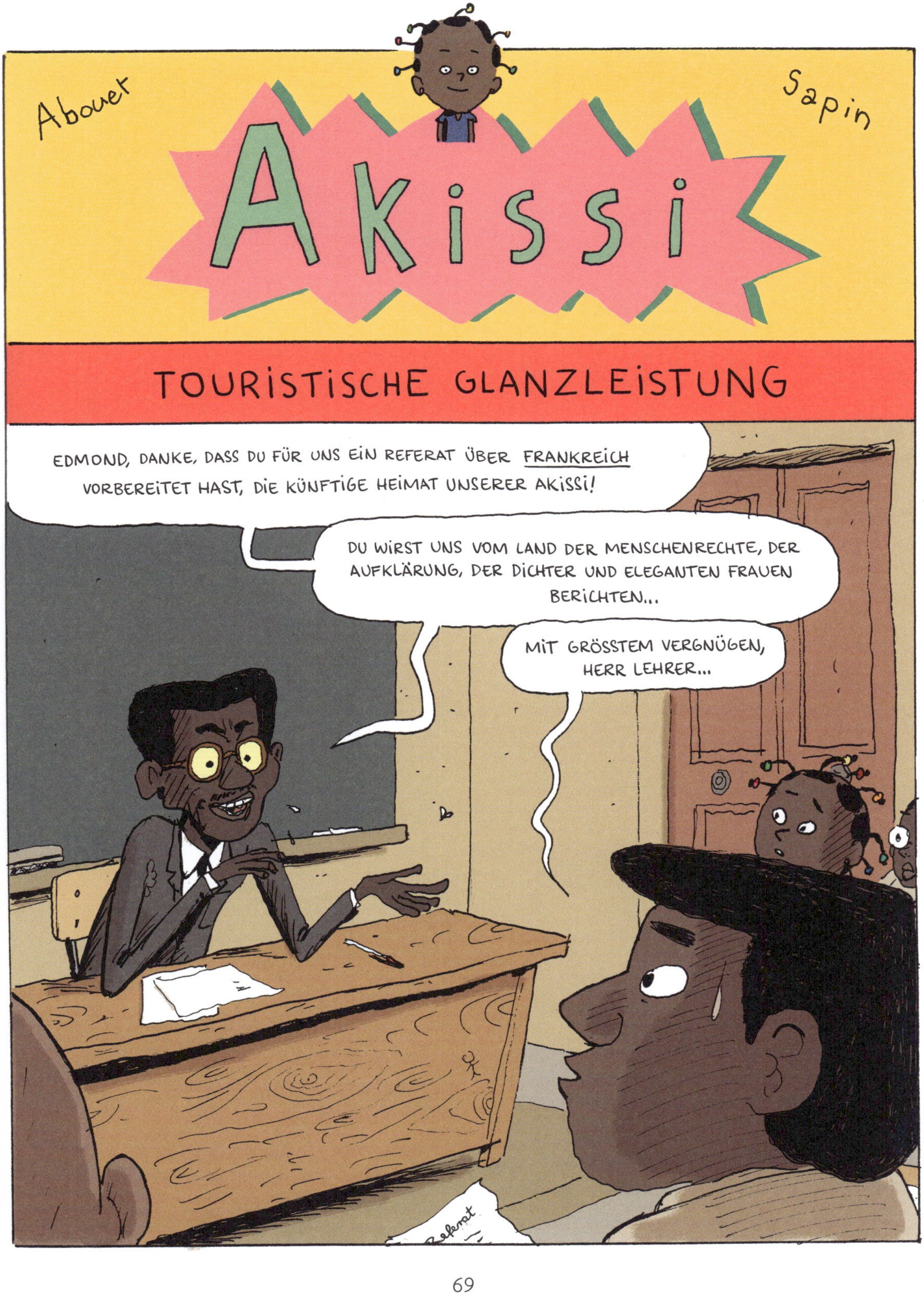

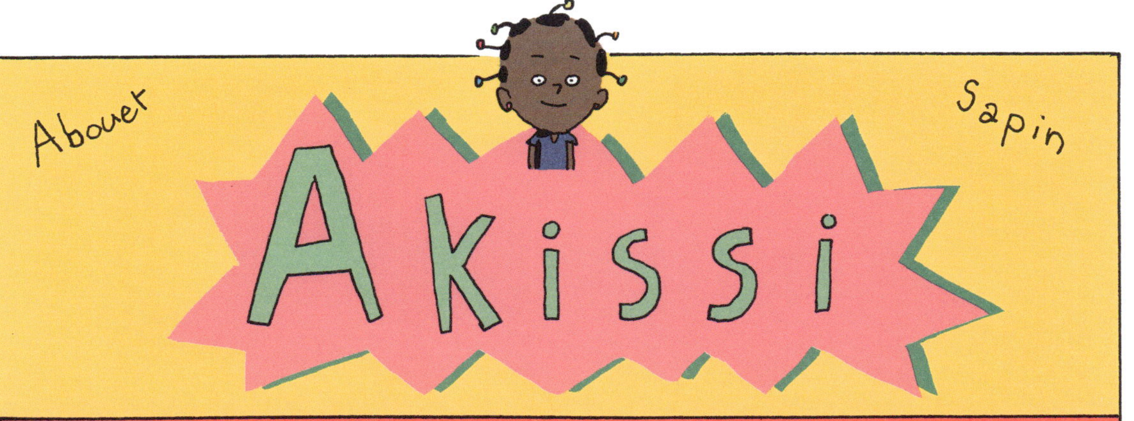

TOURISTISCHE GLANZLEISTUNG

EDMOND, DANKE, DASS DU FÜR UNS EIN REFERAT ÜBER FRANKREICH VORBEREITET HAST, DIE KÜNFTIGE HEIMAT UNSERER AKISSI!

DU WIRST UNS VOM LAND DER MENSCHENRECHTE, DER AUFKLÄRUNG, DER DICHTER UND ELEGANTEN FRAUEN BERICHTEN...

MIT GRÖSSTEM VERGNÜGEN, HERR LEHRER...

Referat

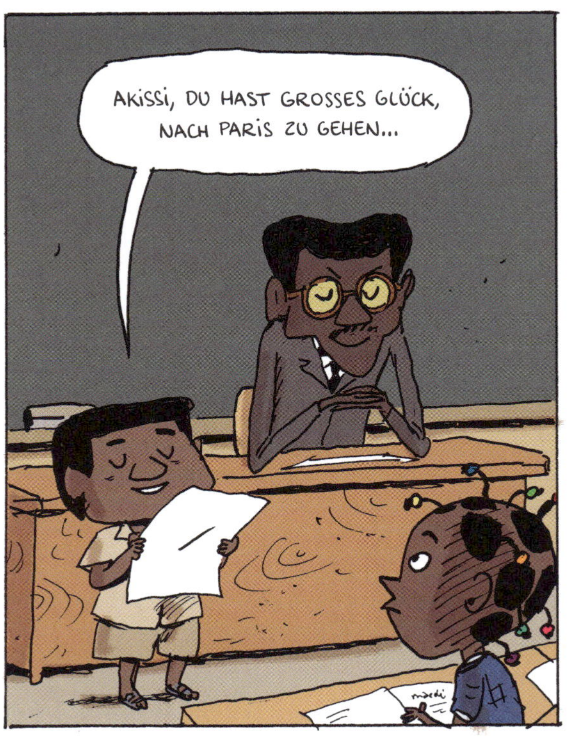
AKISSI, DU HAST GROSSES GLÜCK, NACH PARIS ZU GEHEN...

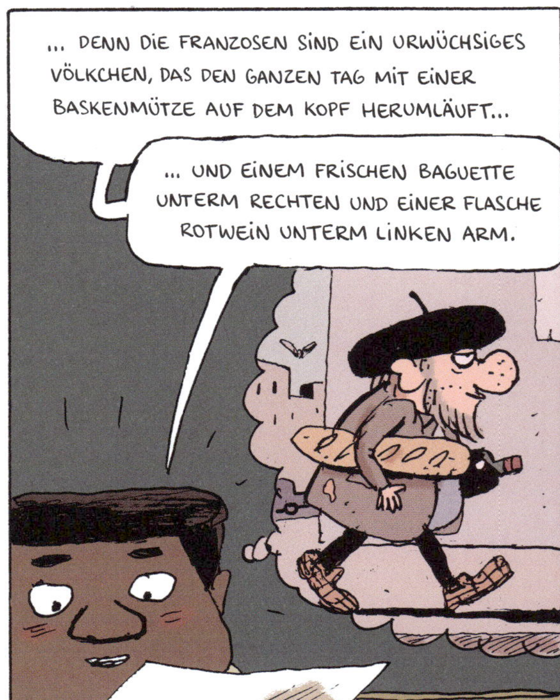
... DENN DIE FRANZOSEN SIND EIN URWÜCHSIGES VÖLKCHEN, DAS DEN GANZEN TAG MIT EINER BASKENMÜTZE AUF DEM KOPF HERUMLÄUFT...
... UND EINEM FRISCHEN BAGUETTE UNTERM RECHTEN UND EINER FLASCHE ROTWEIN UNTERM LINKEN ARM.

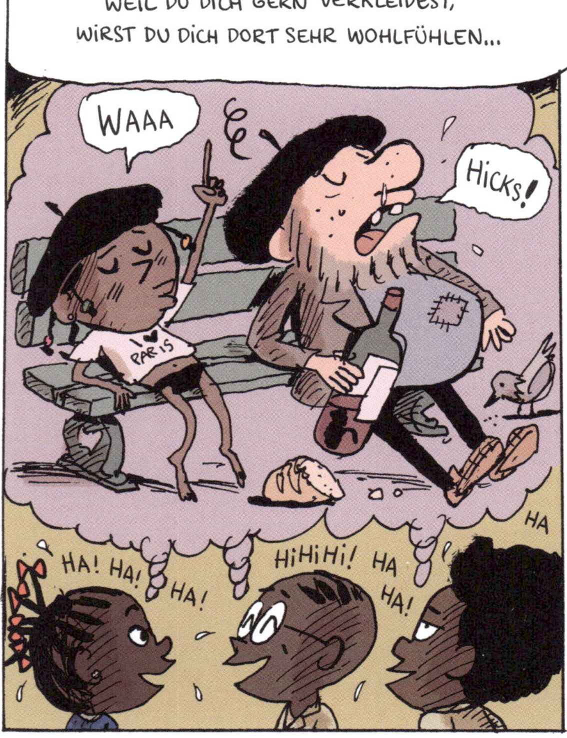
WEIL DU DICH GERN VERKLEIDEST, WIRST DU DICH DORT SEHR WOHLFÜHLEN...
WAAA
HICKS!
PARIS
HA! HA! HA!
HIHIHI! HA HA!
HA

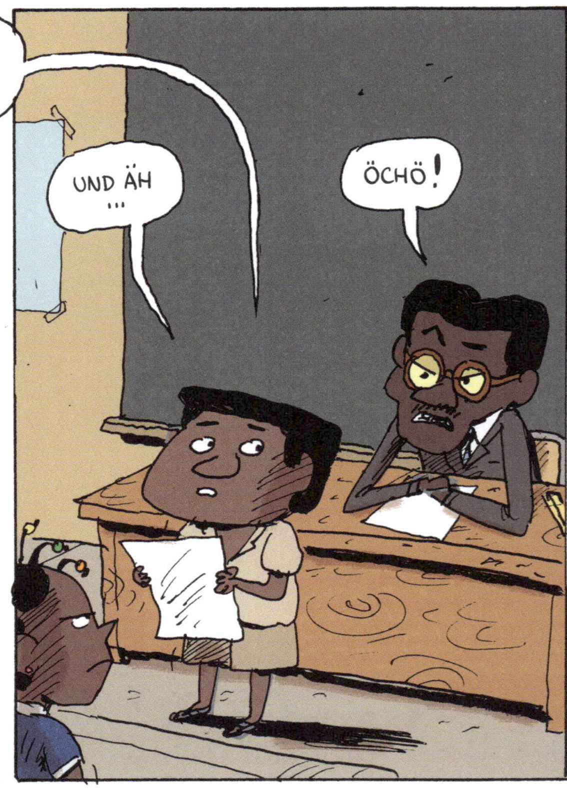
UND ÄH ...
ÖCHÖ!

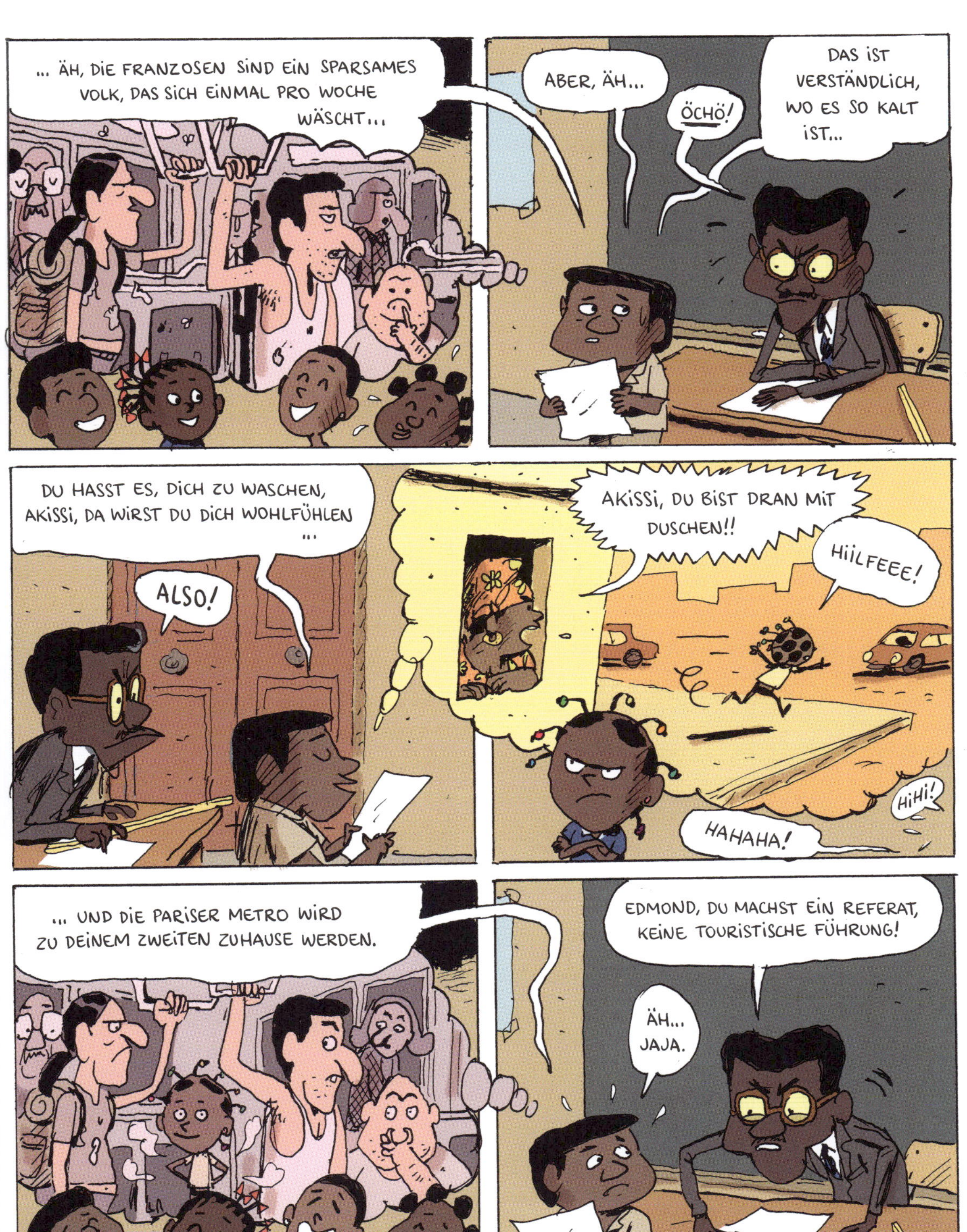
... ÄH, DIE FRANZOSEN SIND EIN SPARSAMES VOLK, DAS SICH EINMAL PRO WOCHE WÄSCHT...
ABER, ÄH...
ÖCHÖ!
DAS IST VERSTÄNDLICH, WO ES SO KALT IST...
DU HASST ES, DICH ZU WASCHEN, AKISSI, DA WIRST DU DICH WOHLFÜHLEN ...
ALSO!
AKISSI, DU BIST DRAN MIT DUSCHEN!!
HIILFEEE!
HAHAHA!
HIHI!
... UND DIE PARISER METRO WIRD ZU DEINEM ZWEITEN ZUHAUSE WERDEN.
EDMOND, DU MACHST EIN REFERAT, KEINE TOURISTISCHE FÜHRUNG!
ÄH... JAJA.
HÖ HÖ!
HA HA!

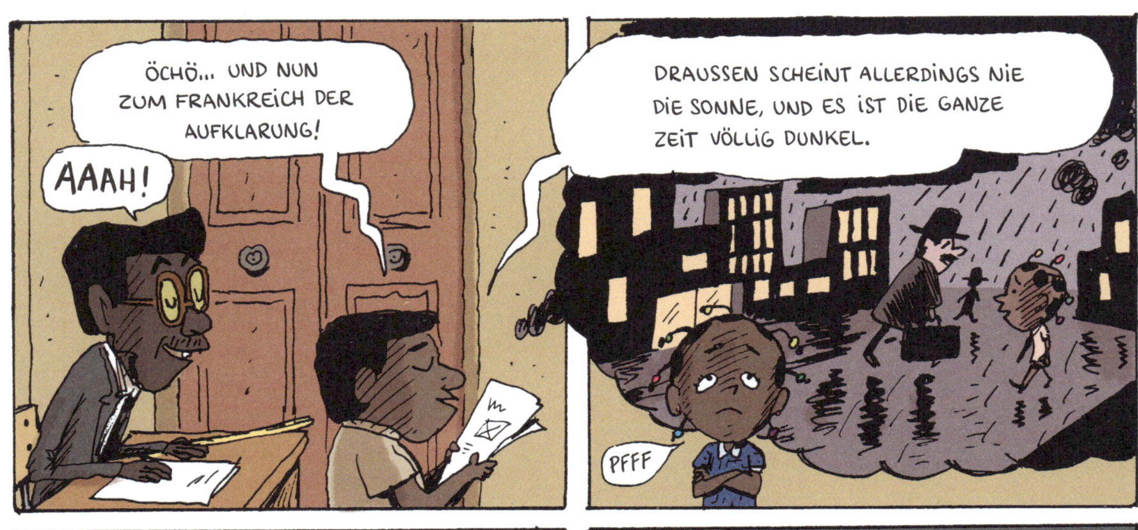

ÖCHÖ... UND NUN ZUM FRANKREICH DER AUFKLARUNG!
AAAH!
DRAUSSEN SCHEINT ALLERDINGS NIE DIE SONNE, UND ES IST DIE GANZE ZEIT VÖLLIG DUNKEL.
PFFF

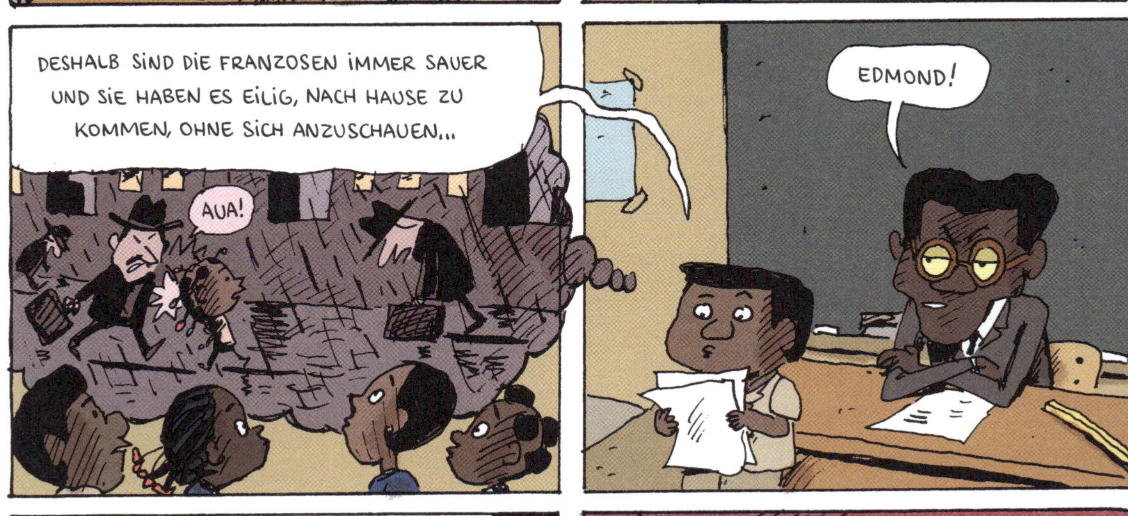

DESHALB SIND DIE FRANZOSEN IMMER SAUER UND SIE HABEN ES EILIG, NACH HAUSE ZU KOMMEN, OHNE SICH ANZUSCHAUEN...
AUA!
EDMOND!

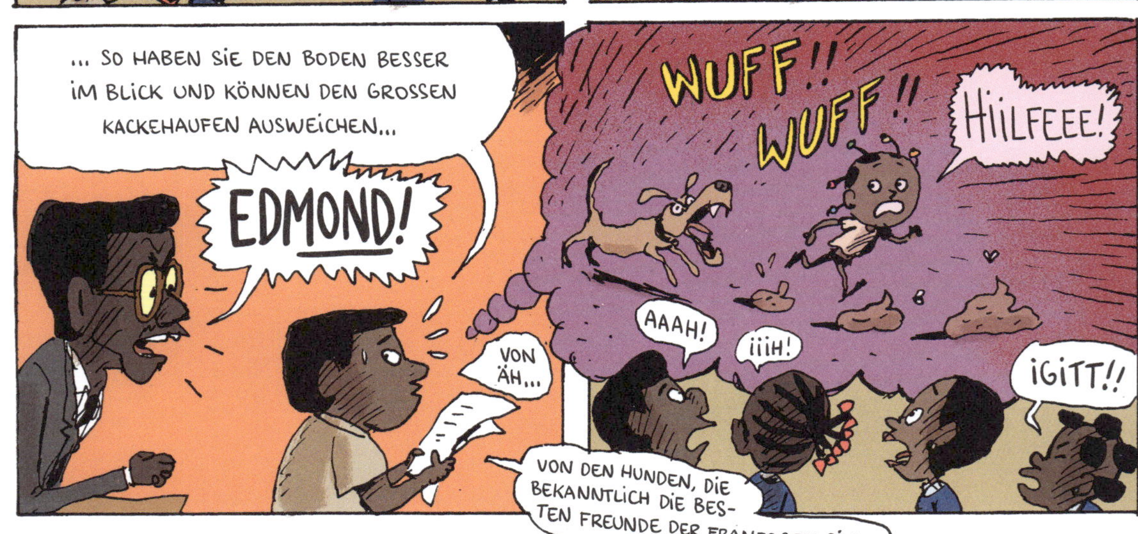

... SO HABEN SIE DEN BODEN BESSER IM BLICK UND KÖNNEN DEN GROSSEN KACKEHAUFEN AUSWEICHEN...
EDMOND!
VON ÄH...
WUFF!! WUFF!!
HIILFEEE!
AAAH!
¡IIH!
¡GITT!!
VON DEN HUNDEN, DIE BEKANNTLICH DIE BESTEN FREUNDE DER FRANZOSEN SIND...

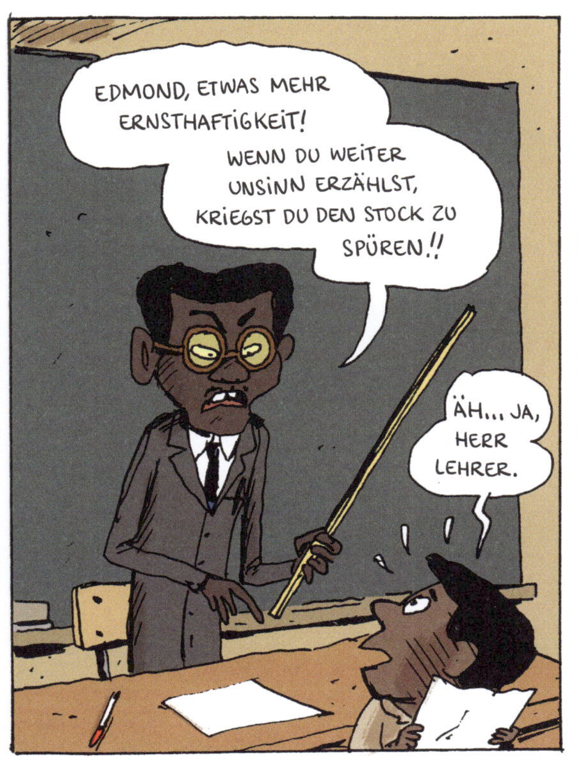
EDMOND, ETWAS MEHR ERNSTHAFTIGKEIT!
WENN DU WEITER UNSINN ERZÄHLST, KRIEGST DU DEN STOCK ZU SPÜREN!!
ÄH... JA, HERR LEHRER.

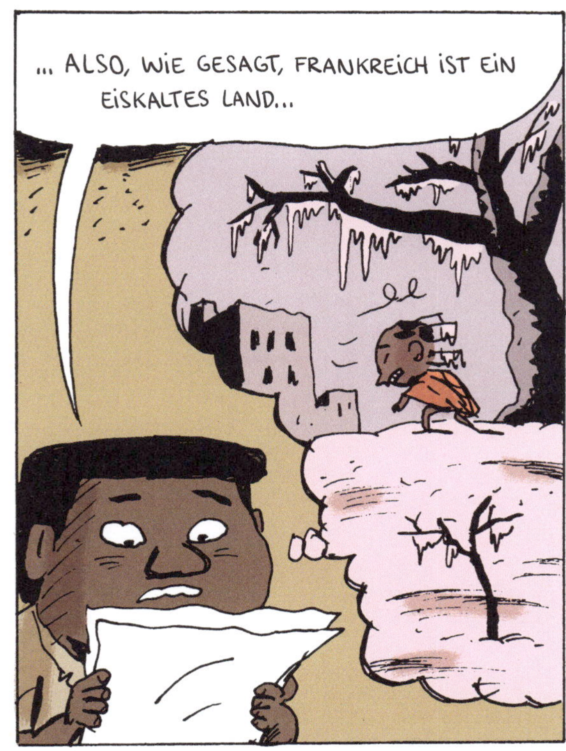
... ALSO, WIE GESAGT, FRANKREICH IST EIN EISKALTES LAND...

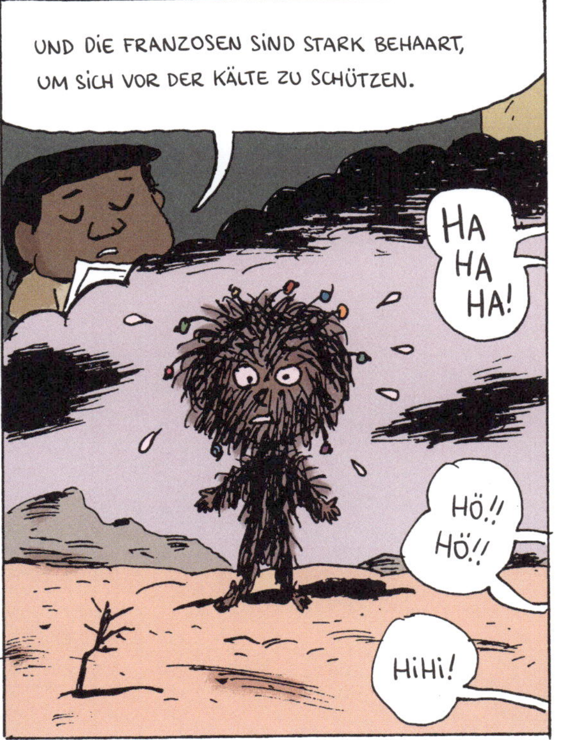
UND DIE FRANZOSEN SIND STARK BEHAART, UM SICH VOR DER KÄLTE ZU SCHÜTZEN.
HA HA HA!
HÖ!! HÖ!!
HiHi!

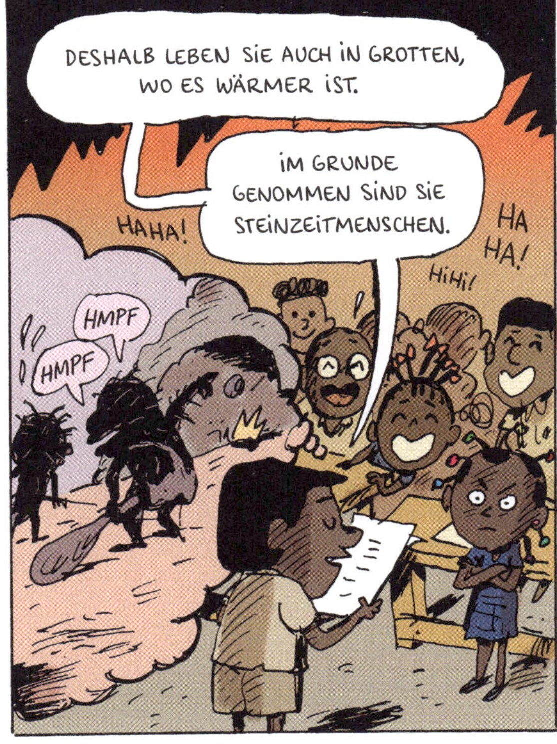
DESHALB LEBEN SIE AUCH IN GROTTEN, WO ES WÄRMER IST.
IM GRUNDE GENOMMEN SIND SIE STEINZEITMENSCHEN.
HAHA!
HA HA!
HiHi!
HMPF
HMPF

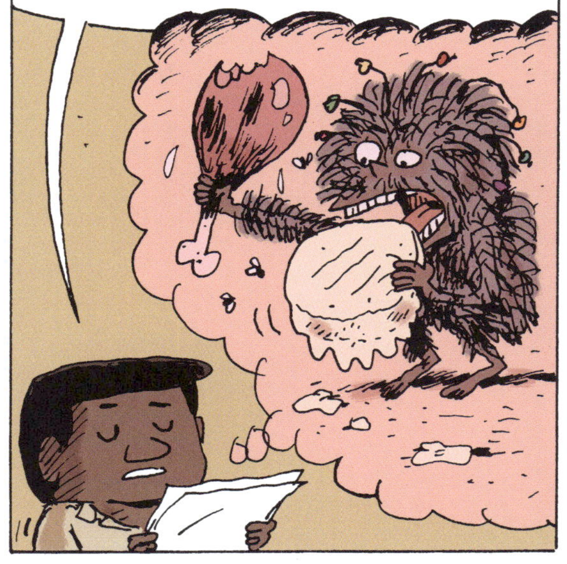
ALSO: SIE ESSEN ROHES FLEISCH, WEGEN DER VITAMINE, UND PUTZEN SICH DIE ZÄHNE MIT VERGAMMELTEM KÄSE: MIT CAMEMBERT!

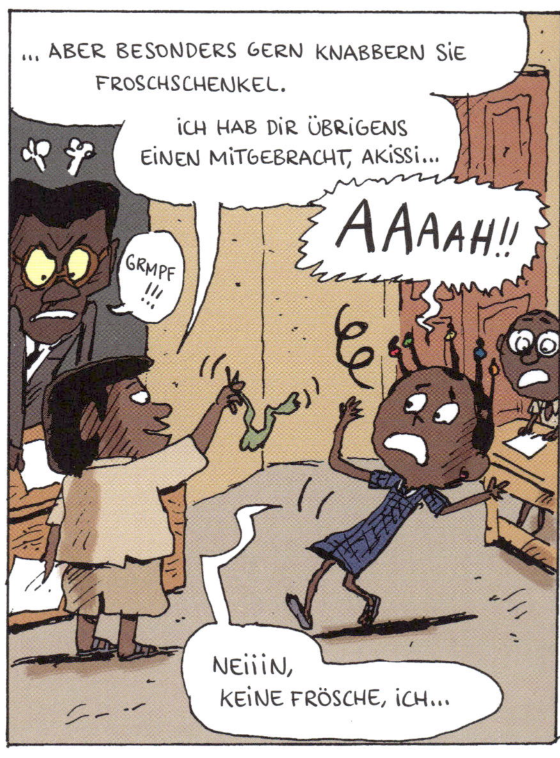
... ABER BESONDERS GERN KNABBERN SIE FROSCHSCHENKEL.
ICH HAB DIR ÜBRIGENS EINEN MITGEBRACHT, AKISSI...
GRMPF !!!
AAAAH!!
NEIIIN, KEINE FRÖSCHE, ICH...

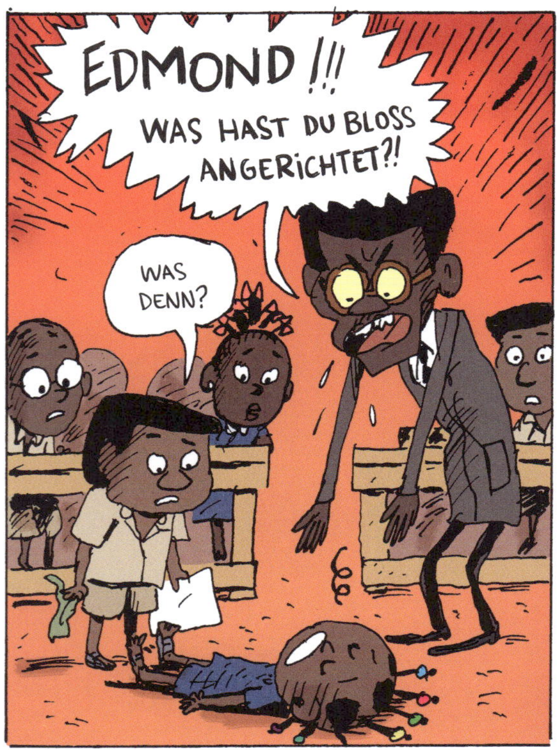
EDMOND!!! WAS HAST DU BLOSS ANGERICHTET?!
WAS DENN?

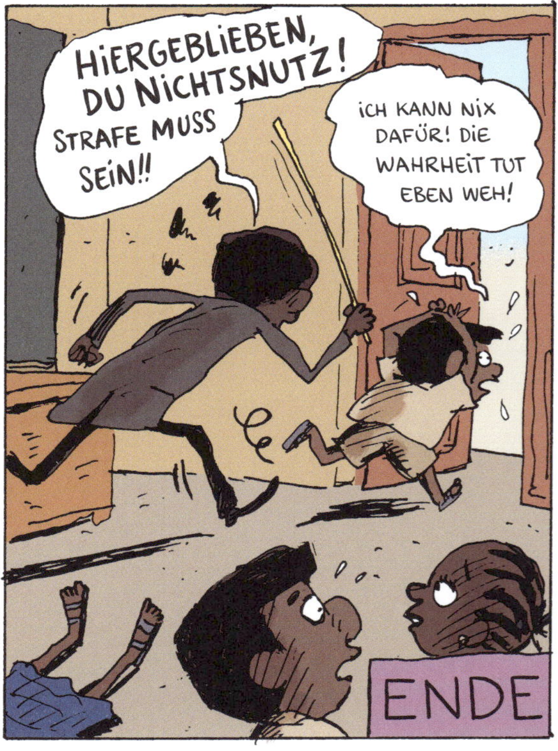
HIERGEBLIEBEN, DU NICHTSNUTZ! STRAFE MUSS SEIN!!
ICH KANN NIX DAFÜR! DIE WAHRHEIT TUT EBEN WEH!
ENDE

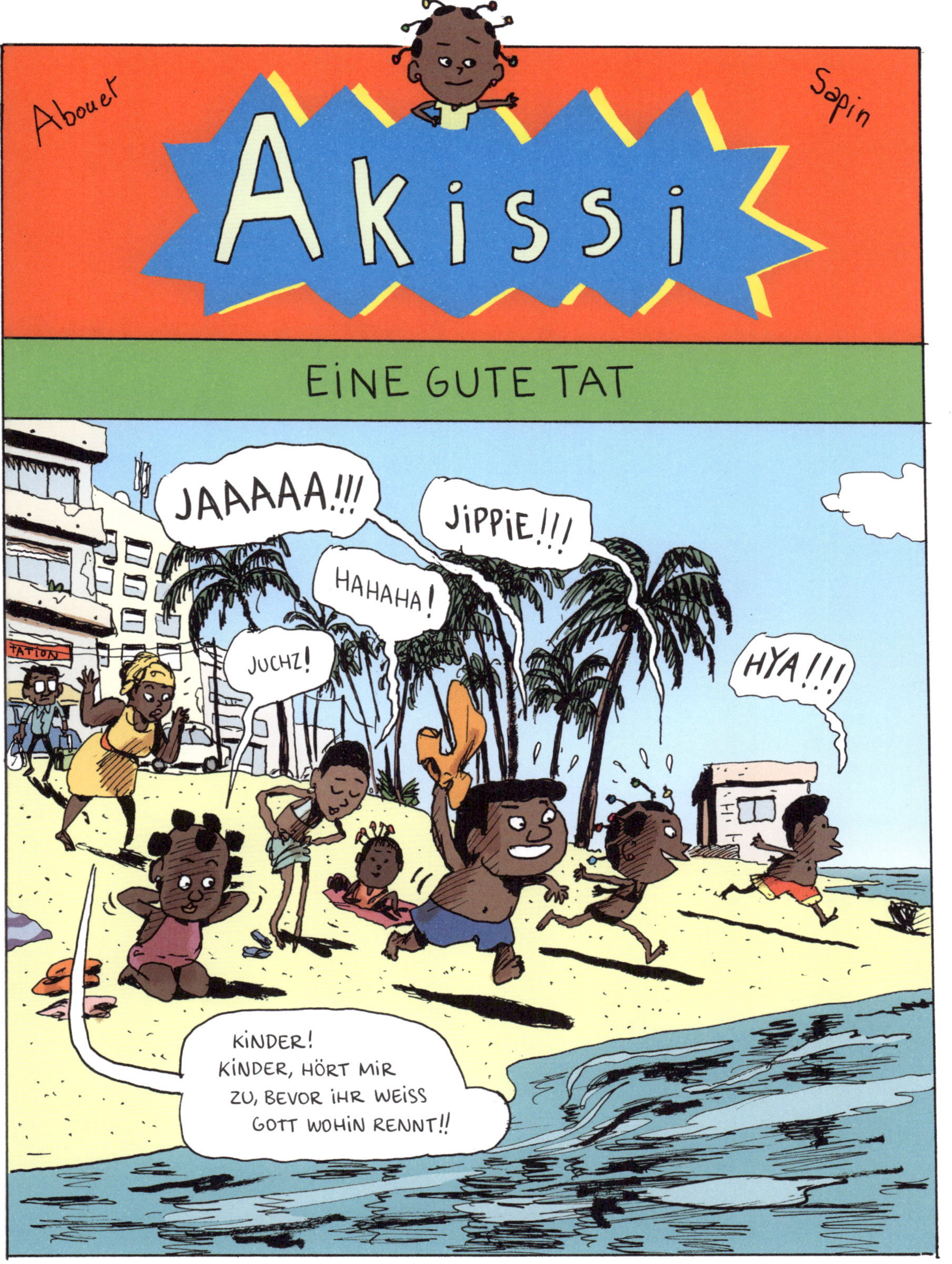
Abouet
Sapin
Akissi
EINE GUTE TAT
JAAAAA!!!
JIPPIE!!!
HAHAHA!
JUCHZ!
HYA!!!
TATION
KINDER!
KINDER, HÖRT MIR ZU, BEVOR IHR WEISS GOTT WOHIN RENNT!!

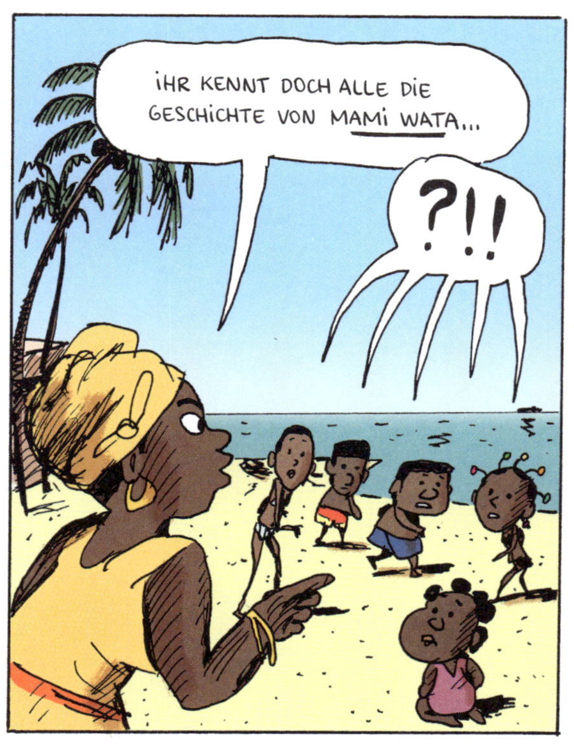
IHR KENNT DOCH ALLE DIE GESCHICHTE VON MAMI WATA...
?!!
... DER GÖTTIN, DIE HALB FRAU, HALB FISCH IST. SIE HAT LANGE SCHWARZE HAARE, GRÜNE AUGEN UND WEISSE HAUT...

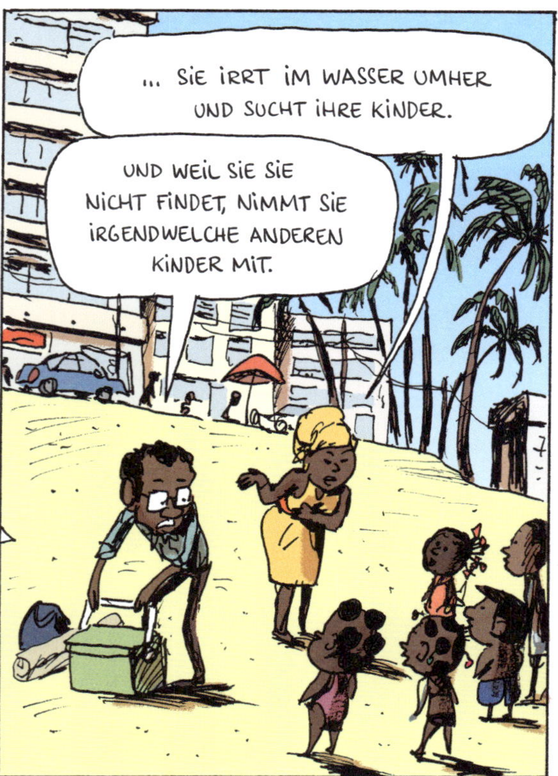
... SIE IRRT IM WASSER UMHER UND SUCHT IHRE KINDER.
UND WEIL SIE SIE NICHT FINDET, NIMMT SIE IRGENDWELCHE ANDEREN KINDER MIT.

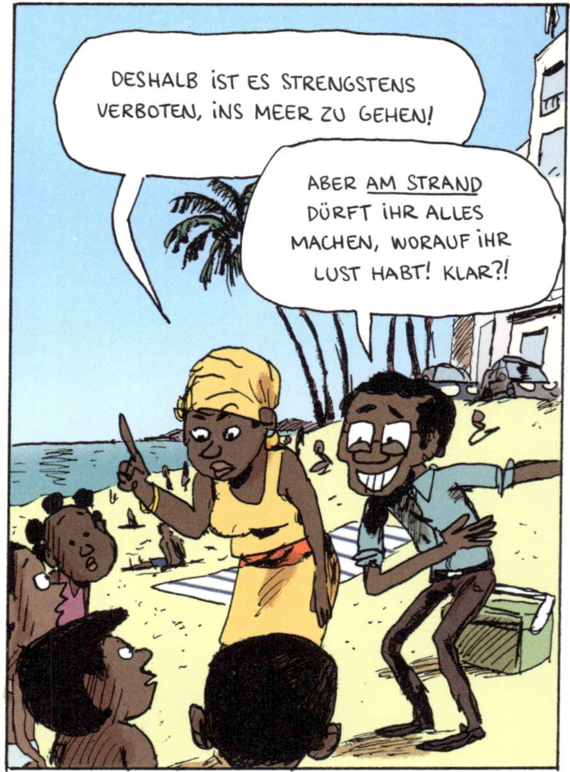
DESHALB IST ES STRENGSTENS VERBOTEN, INS MEER ZU GEHEN!
ABER AM STRAND DÜRFT IHR ALLES MACHEN, WORAUF IHR LUST HABT! KLAR?!

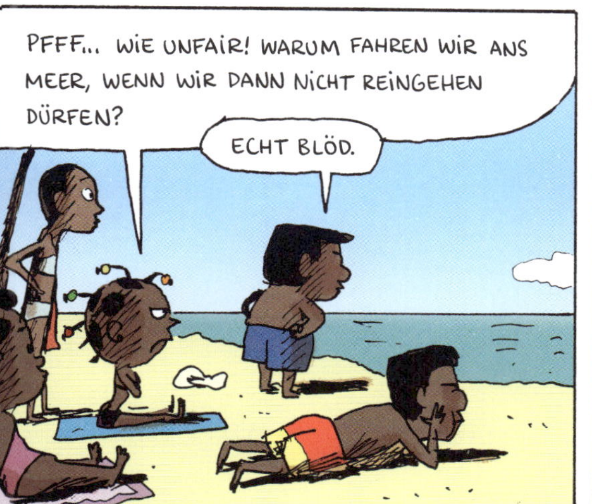

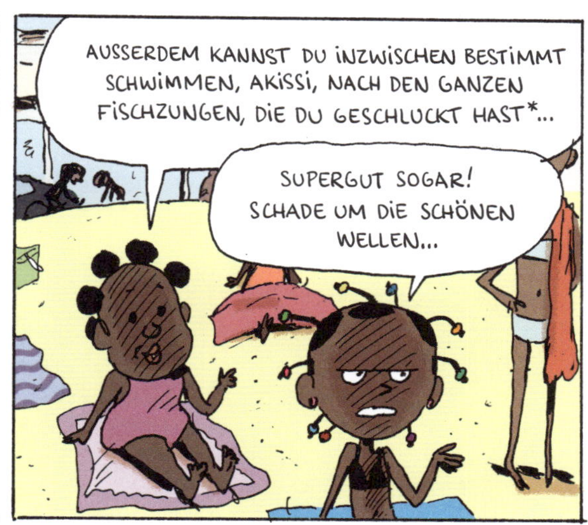

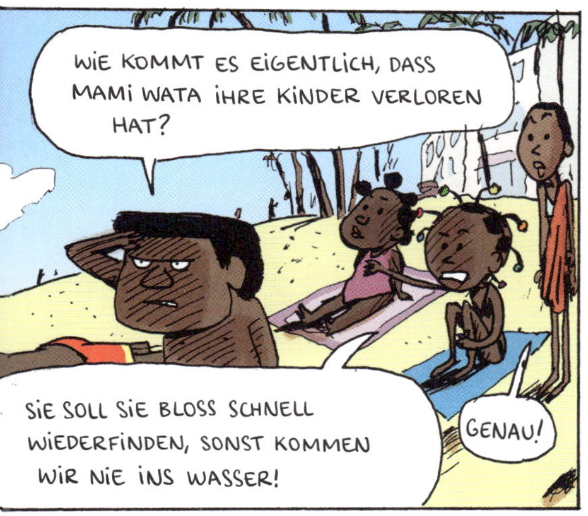

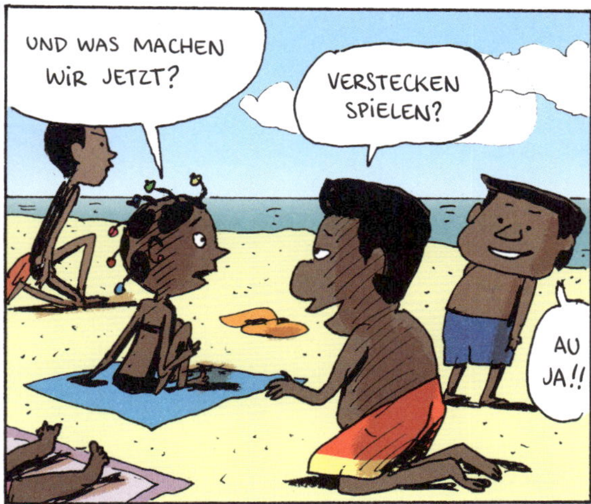

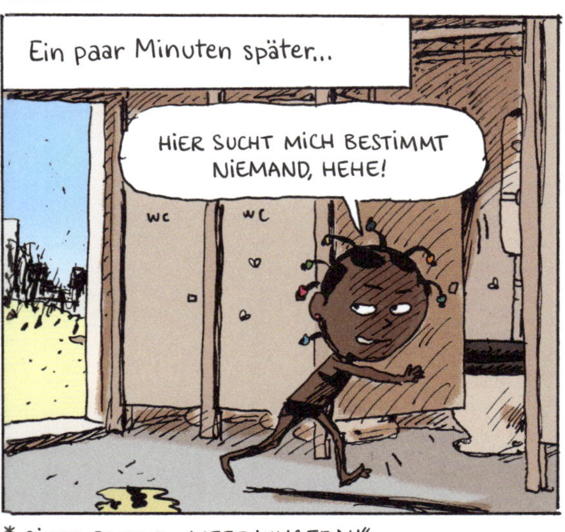

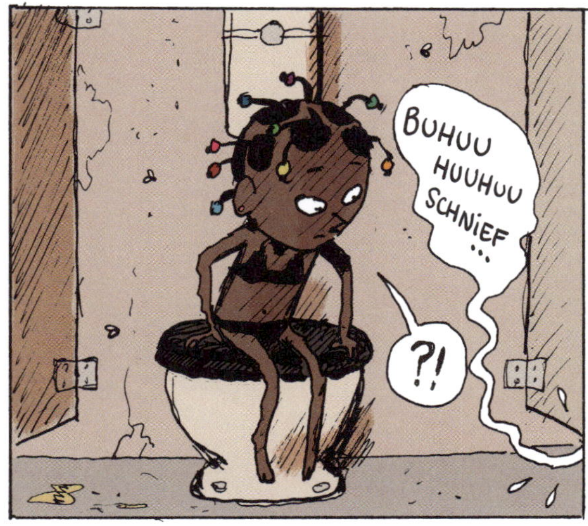

* SIEHE BAND 2, „MEERJUNGFRAU"

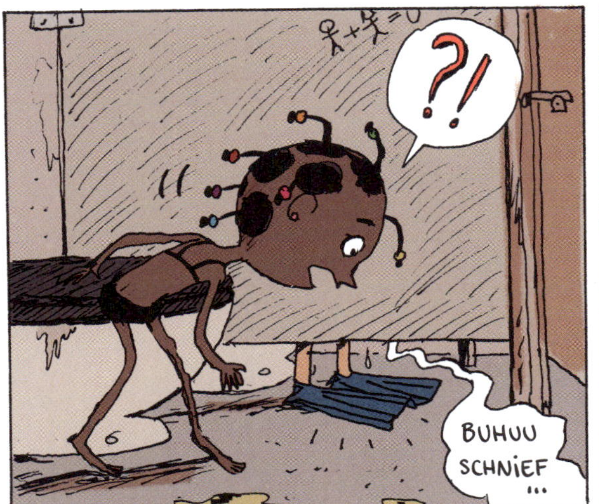
?!
BUHUU SCHNIEF ...

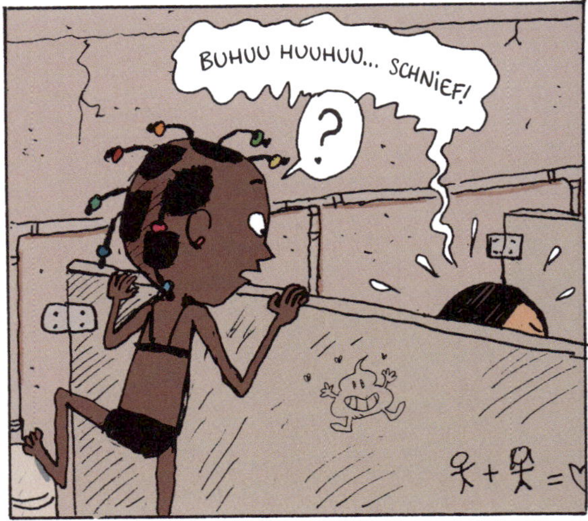
BUHUU HUUHUU... SCHNIEF!
?

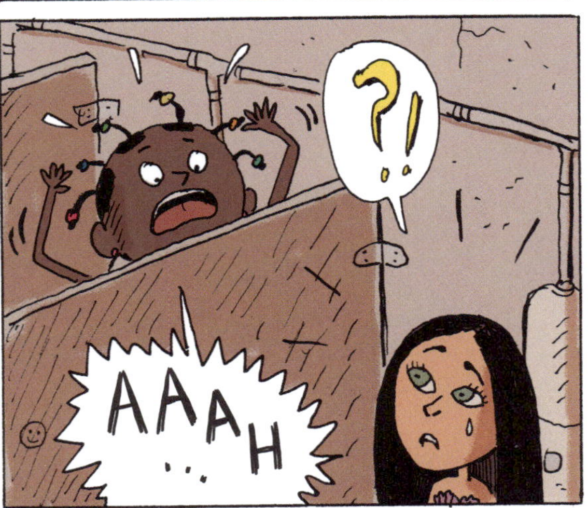
?!
AAAH ...

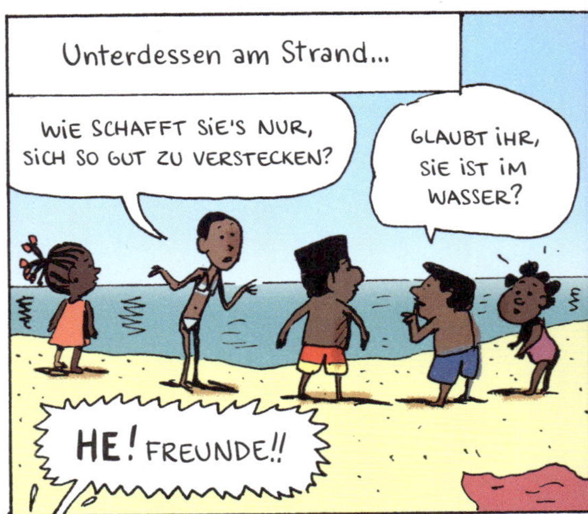
Unterdessen am Strand...
WIE SCHAFFT SIE'S NUR, SICH SO GUT ZU VERSTECKEN?
GLAUBT IHR, SIE IST IM WASSER?
HE! FREUNDE!!

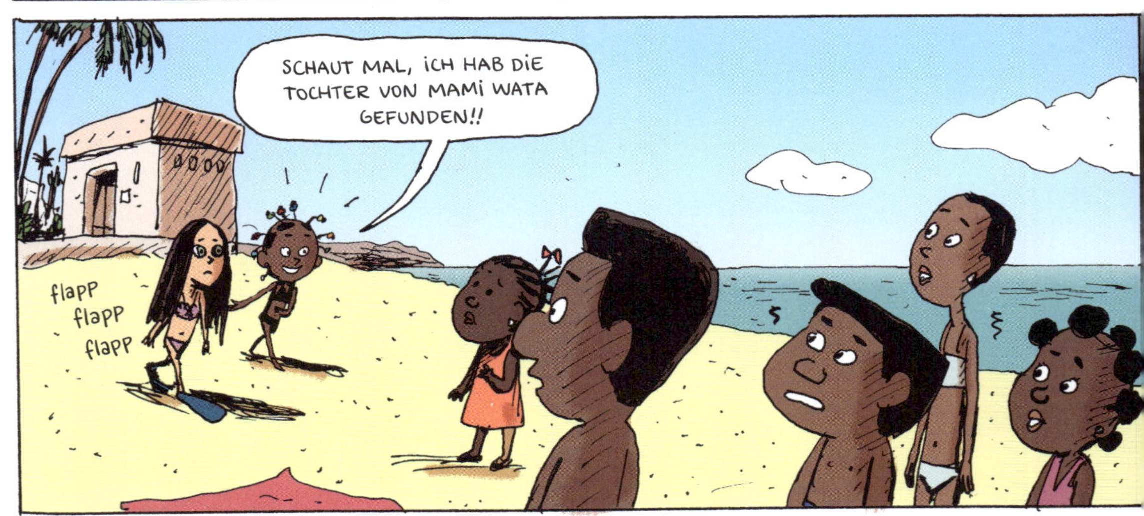
SCHAUT MAL, ICH HAB DIE TOCHTER VON MAMI WATA GEFUNDEN!!
flapp
flapp
flapp

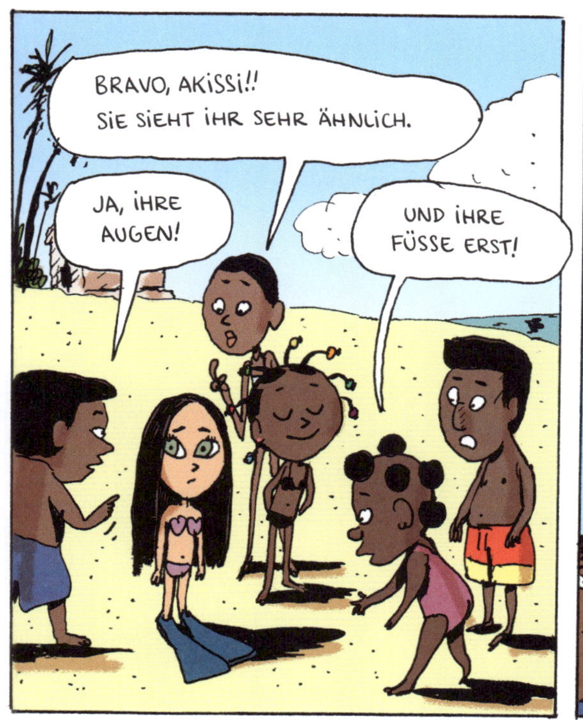

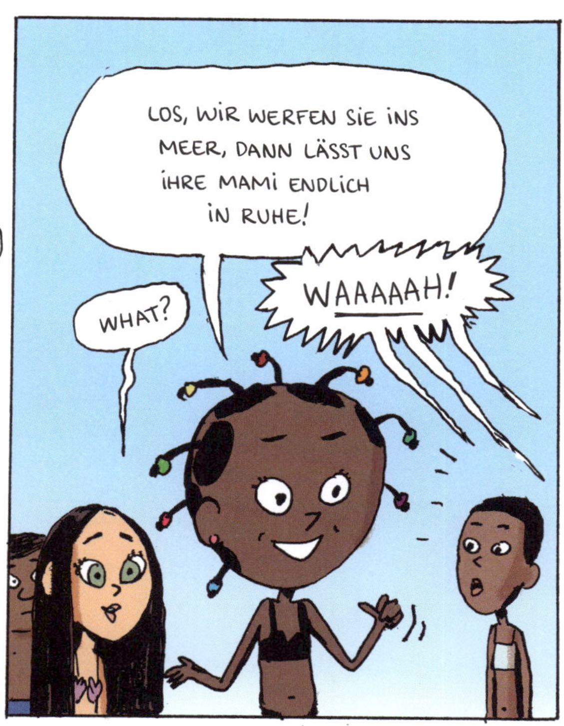

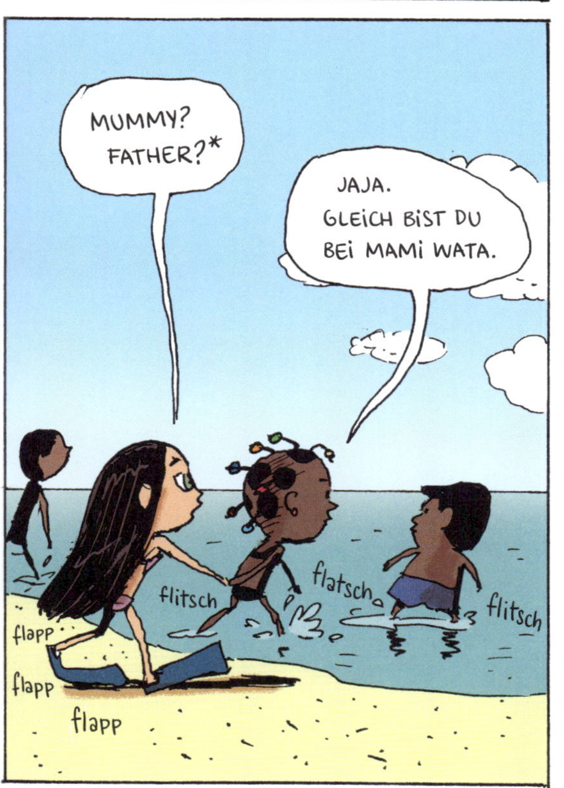

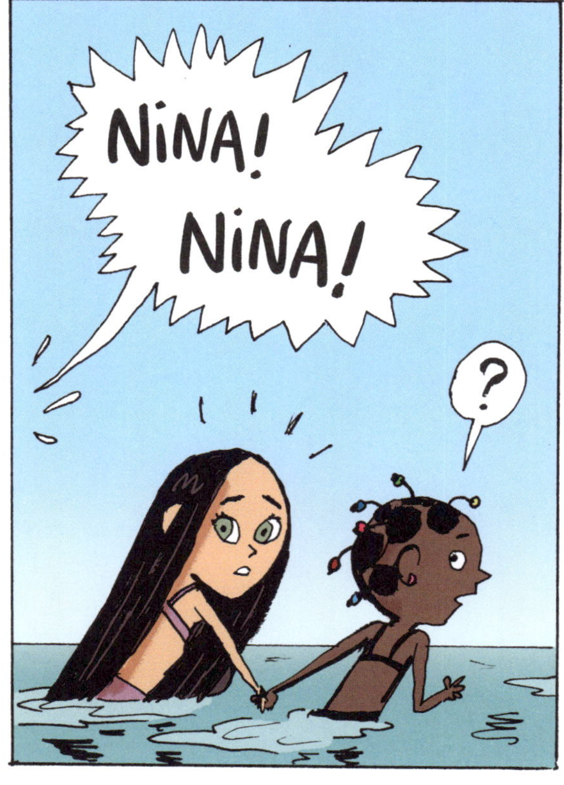

* MUMMY = MAMI, FATHER = VATER auf Englisch

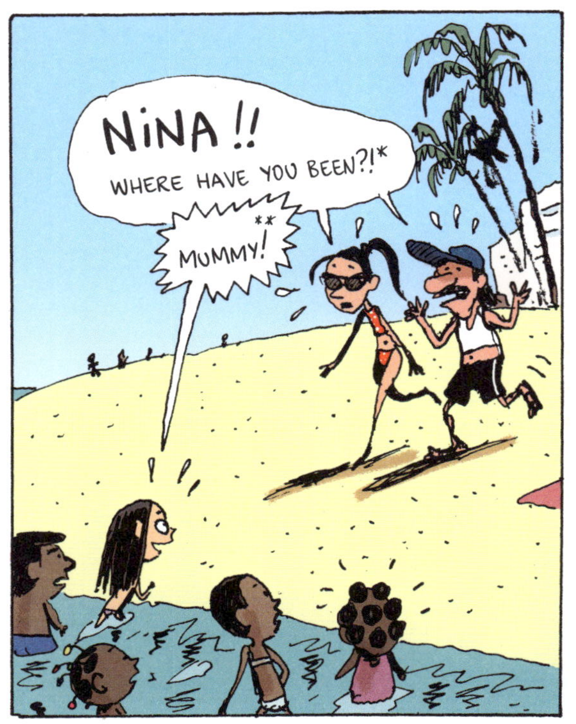

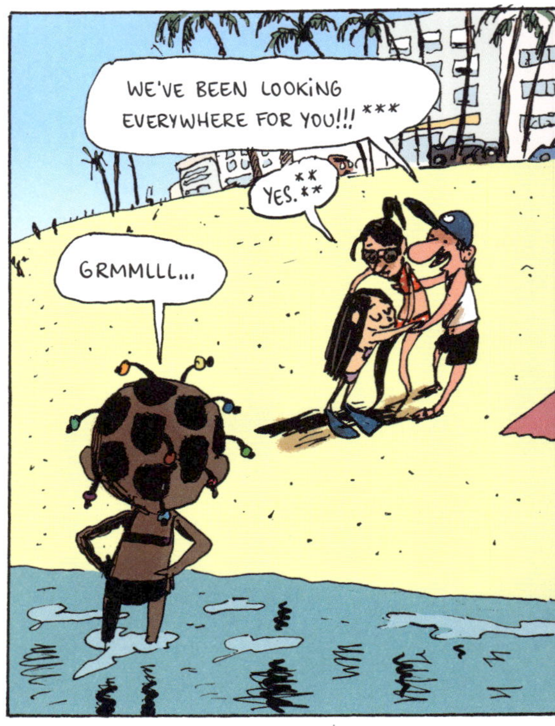

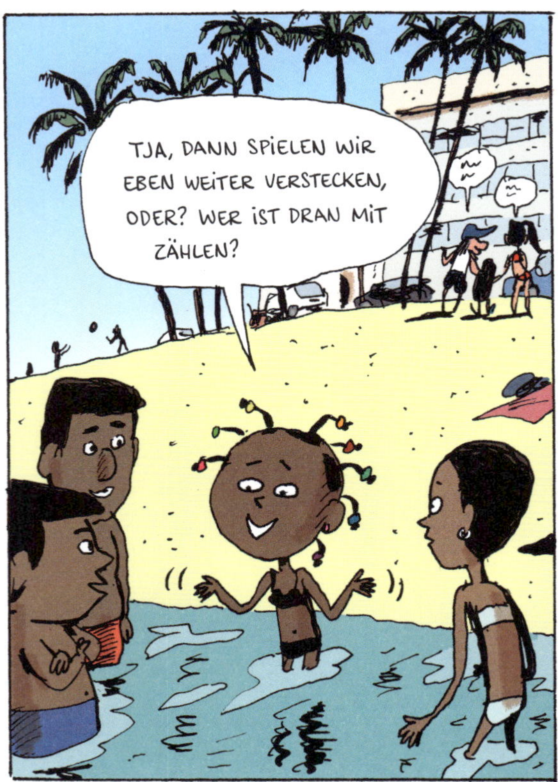

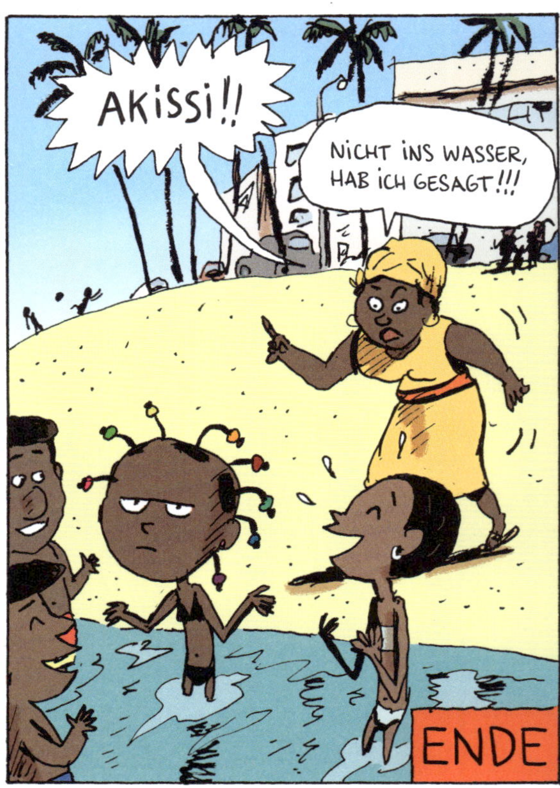

* NINA!! WO WARST DU?! ** MAMI! *** WIR HABEN DICH ÜBERALL GESUCHT!!! **** JA.

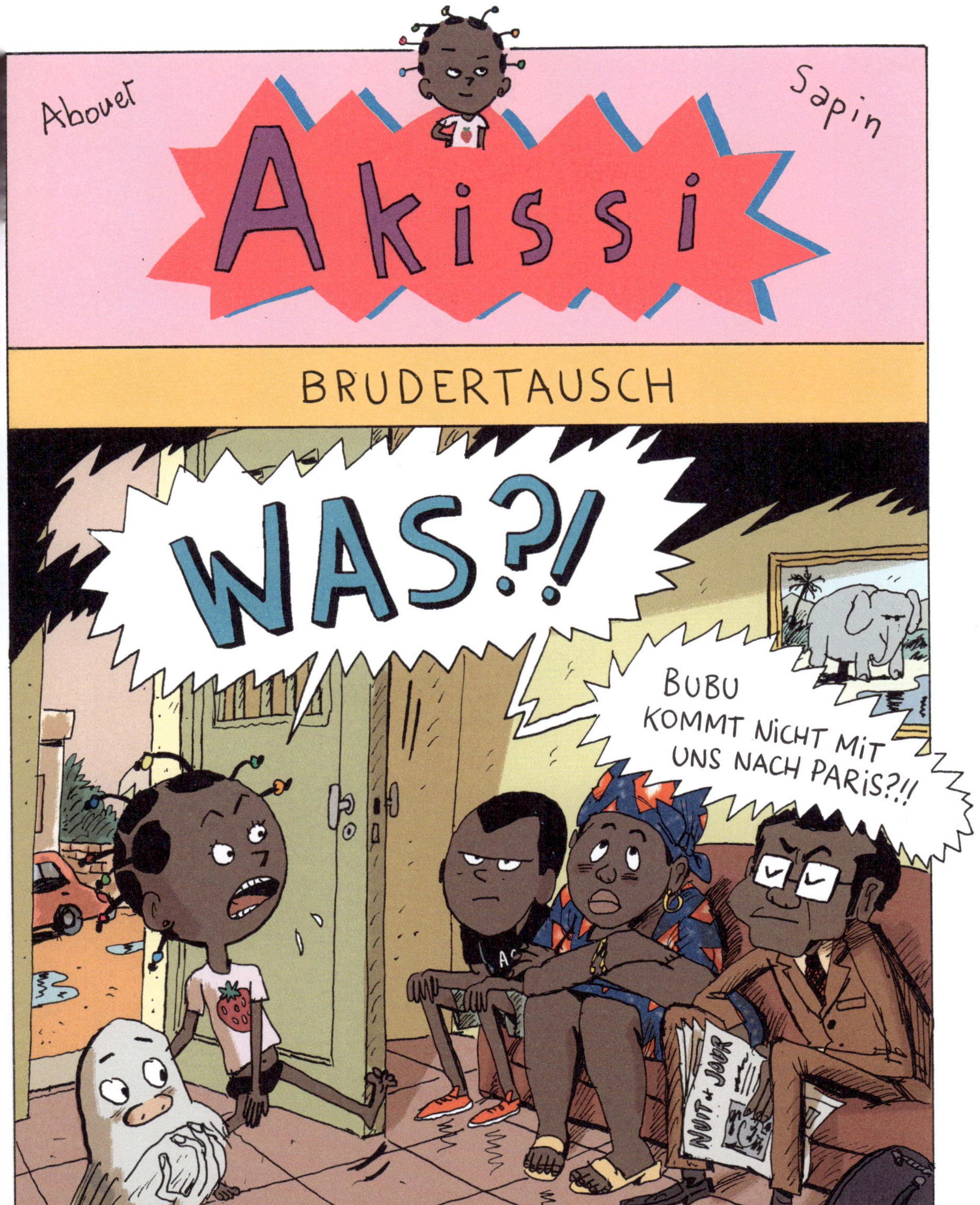
Abouet
Sapin
Akissi
BRUDERTAUSCH
WAS?!
BUBU KOMMT NICHT MIT UNS NACH PARIS?!!
NUIT et JOUR

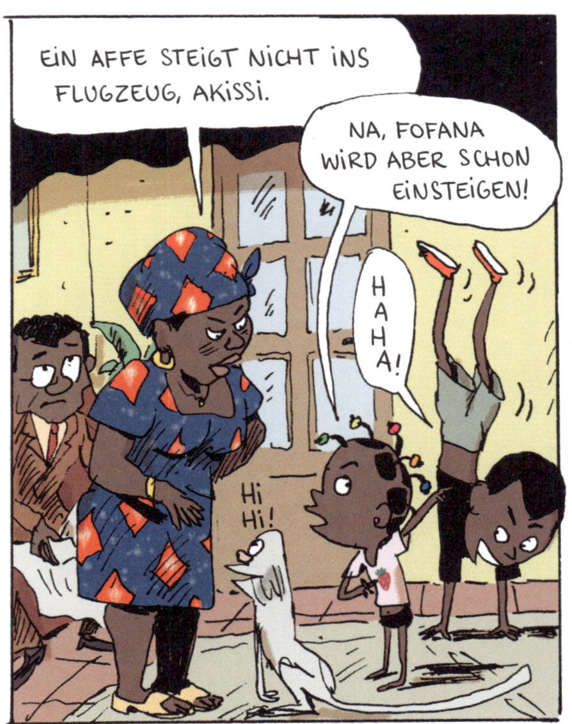
EIN AFFE STEIGT NICHT INS FLUGZEUG, AKISSI.
NA, FOFANA WIRD ABER SCHON EINSTEIGEN!
HAHA!
HI HI!

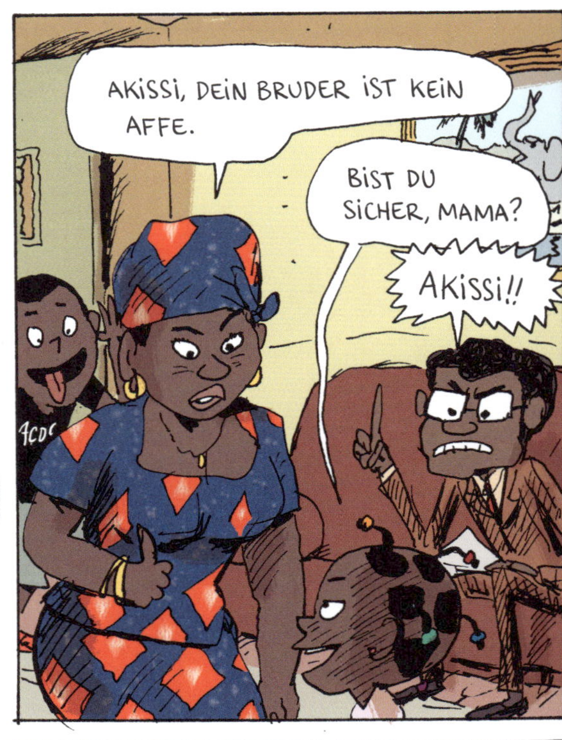
AKISSI, DEIN BRUDER IST KEIN AFFE.
BIST DU SICHER, MAMA?
AKISSI!!

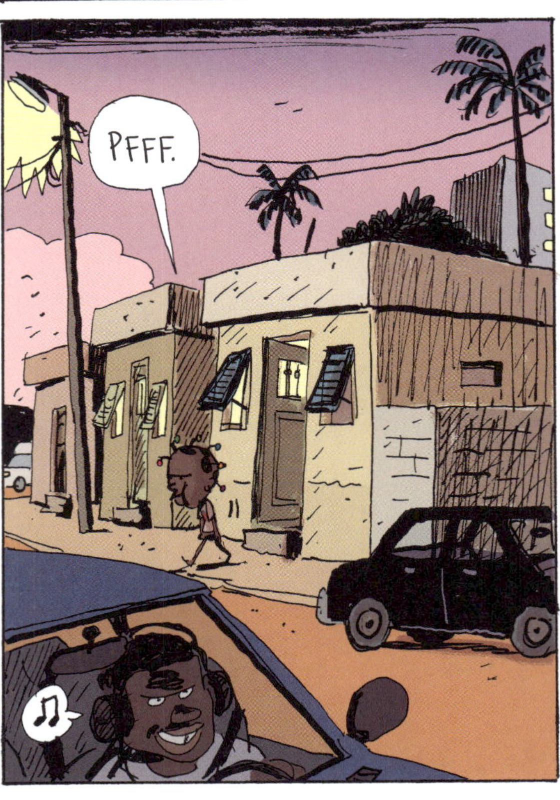
PFFF.

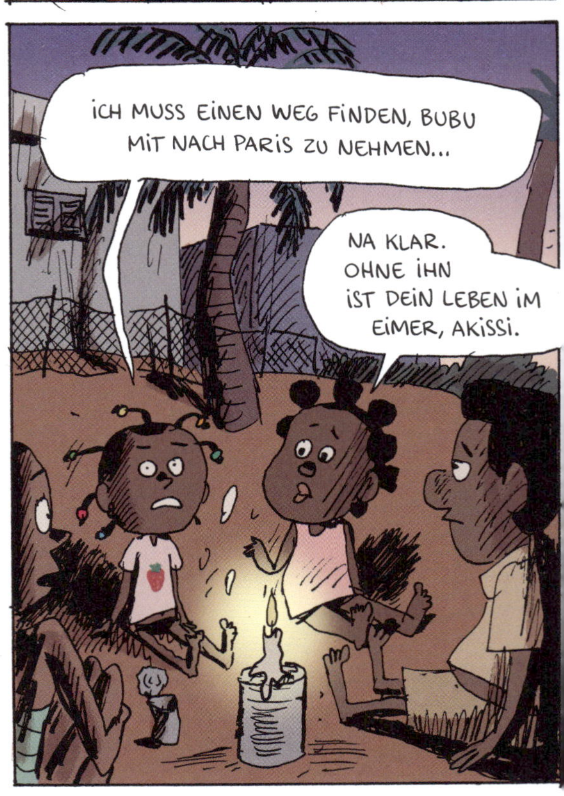
ICH MUSS EINEN WEG FINDEN, BUBU MIT NACH PARIS ZU NEHMEN...
NA KLAR. OHNE IHN IST DEIN LEBEN IM EIMER, AKISSI.

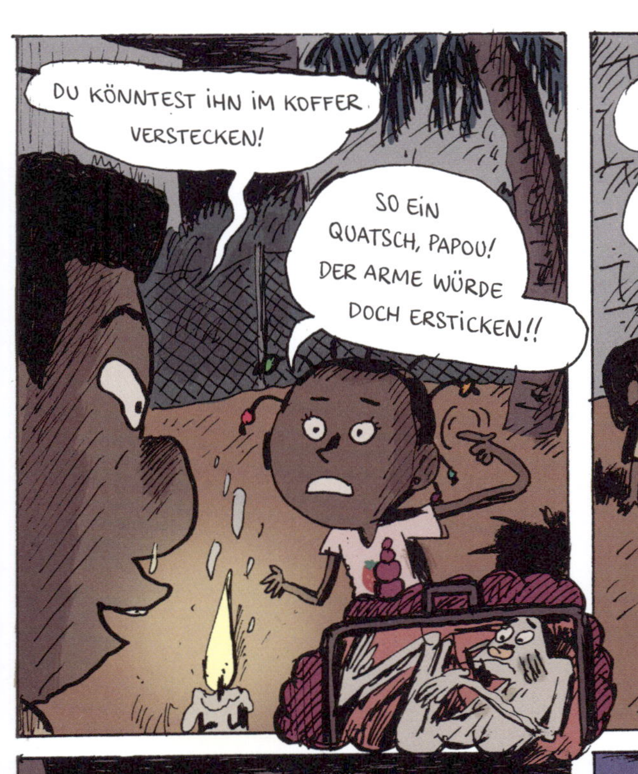
DU KÖNNTEST IHN IM KOFFER VERSTECKEN!
SO EIN QUATSCH, PAPOU! DER ARME WÜRDE DOCH ERSTICKEN!!

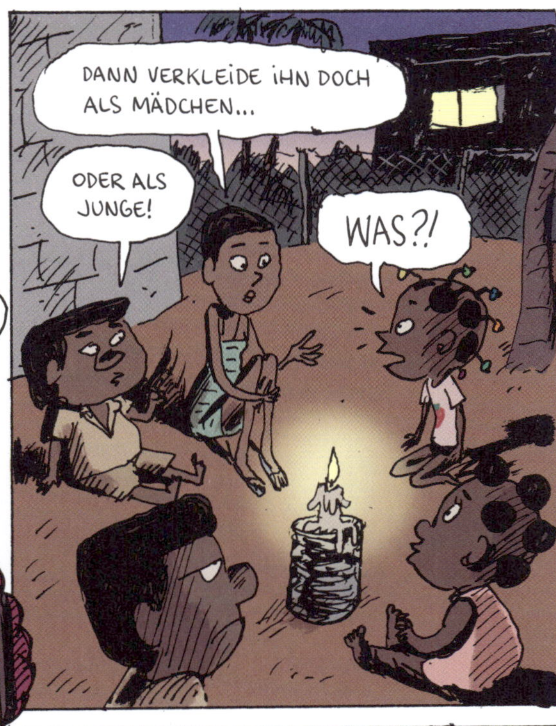
DANN VERKLEIDE IHN DOCH ALS MÄDCHEN...
ODER ALS JUNGE!
WAS?!

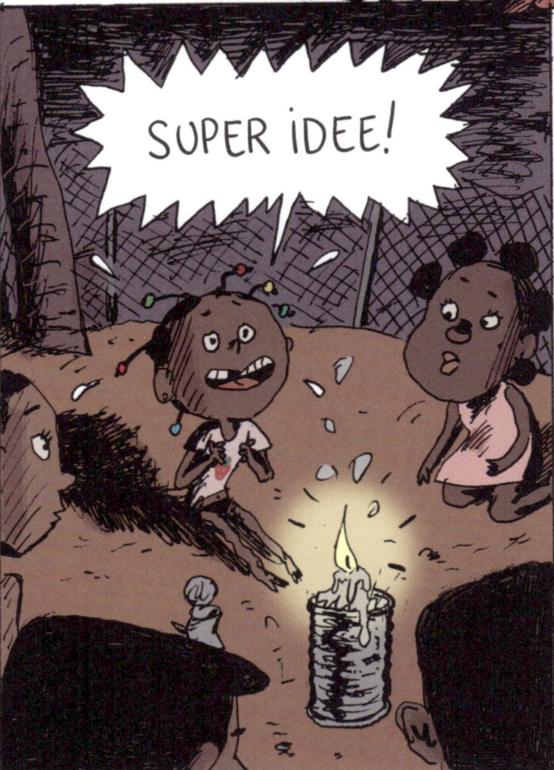
SUPER IDEE!

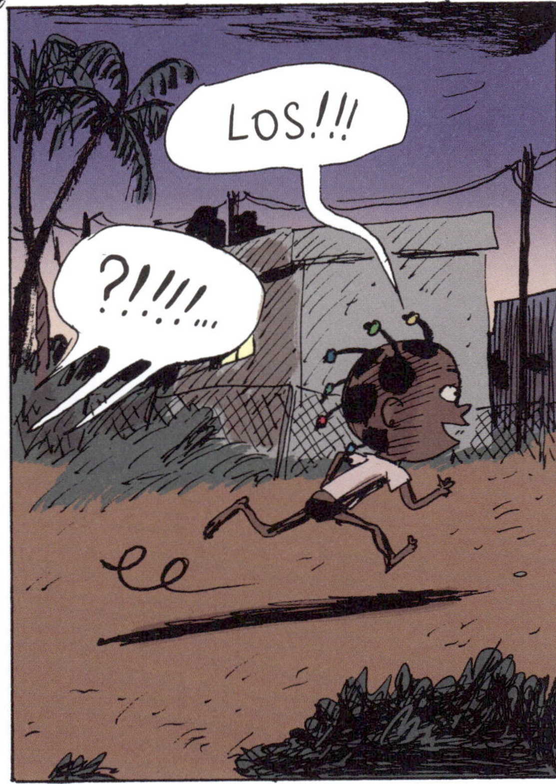
LOS!!!
?!!!!...

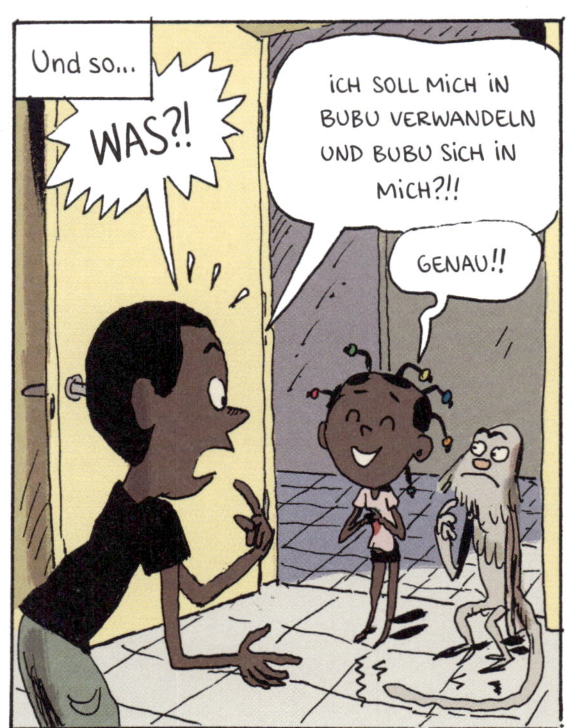
Und so...
WAS?!
ICH SOLL MICH IN BUBU VERWANDELN UND BUBU SICH IN MICH?!!
GENAU!!

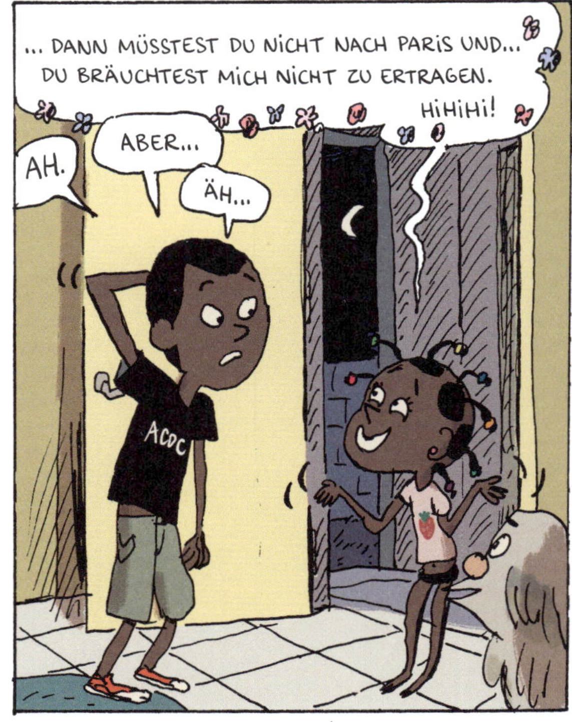
... DANN MÜSSTEST DU NICHT NACH PARIS UND... DU BRÄUCHTEST MICH NICHT ZU ERTRAGEN.
HIHIHI!
AH.
ABER...
ÄH...
ACDC

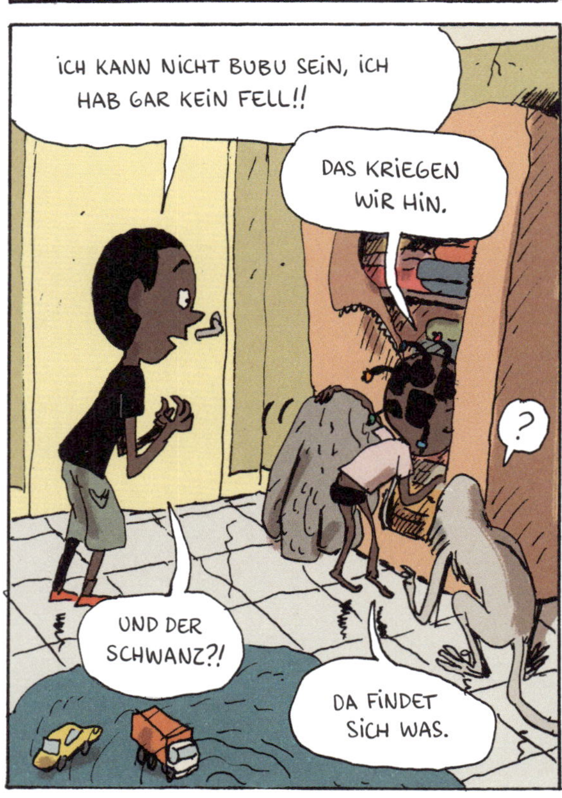
ICH KANN NICHT BUBU SEIN, ICH HAB GAR KEIN FELL!!
DAS KRIEGEN WIR HIN.
?
UND DER SCHWANZ?!
DA FINDET SICH WAS.

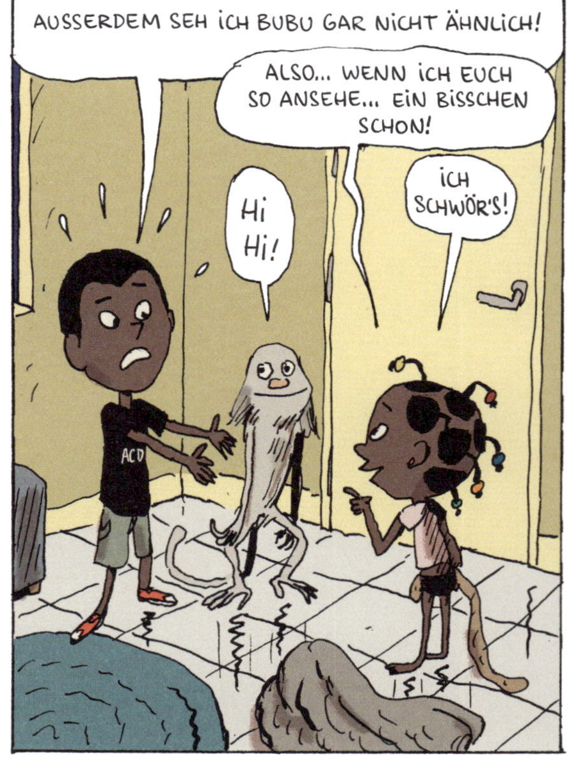
AUSSERDEM SEH ICH BUBU GAR NICHT ÄHNLICH!
ALSO... WENN ICH EUCH SO ANSEHE... EIN BISSCHEN SCHON!
Hi Hi!
ICH SCHWÖR'S!
ACD

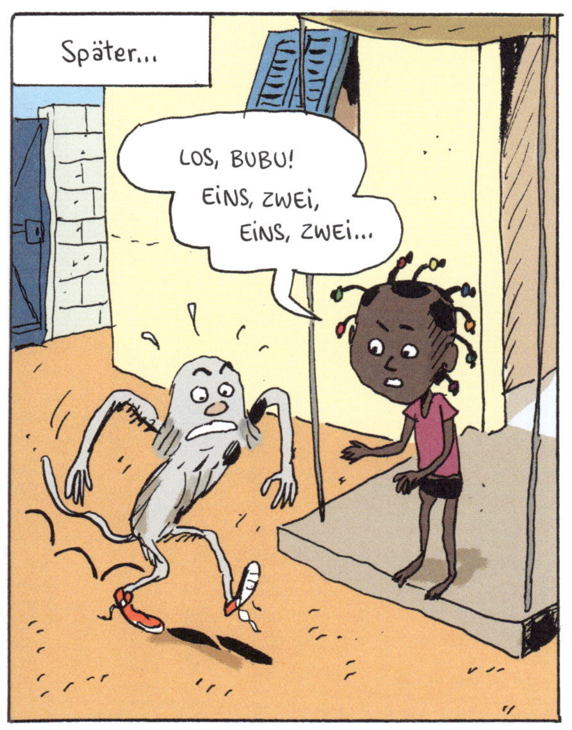
Später...
LOS, BUBU!
EINS, ZWEI,
EINS, ZWEI...

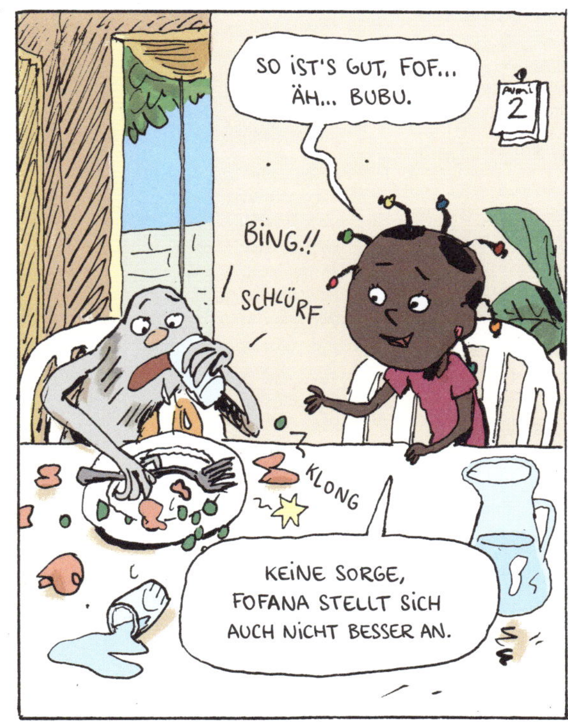
SO IST'S GUT, FOF...
ÄH... BUBU.
2
BING!!
SCHLÜRF
KLONG
KEINE SORGE,
FOFANA STELLT SICH
AUCH NICHT BESSER AN.

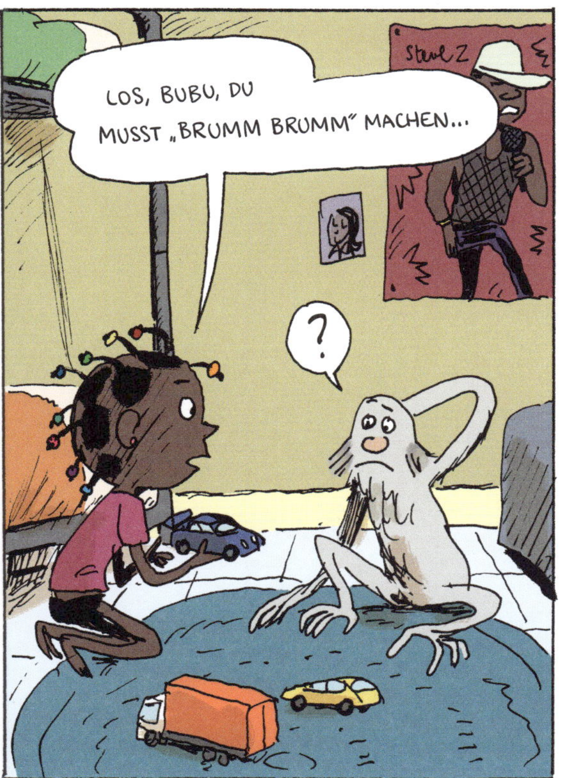
LOS, BUBU, DU
MUSST „BRUMM BRUMM" MACHEN...
?

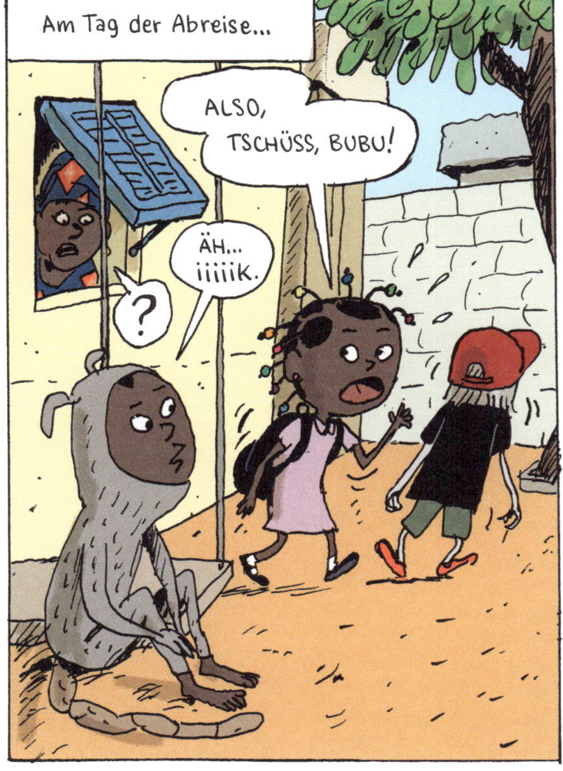
Am Tag der Abreise...
ALSO,
TSCHÜSS, BUBU!
ÄH...
iiiiik.
?

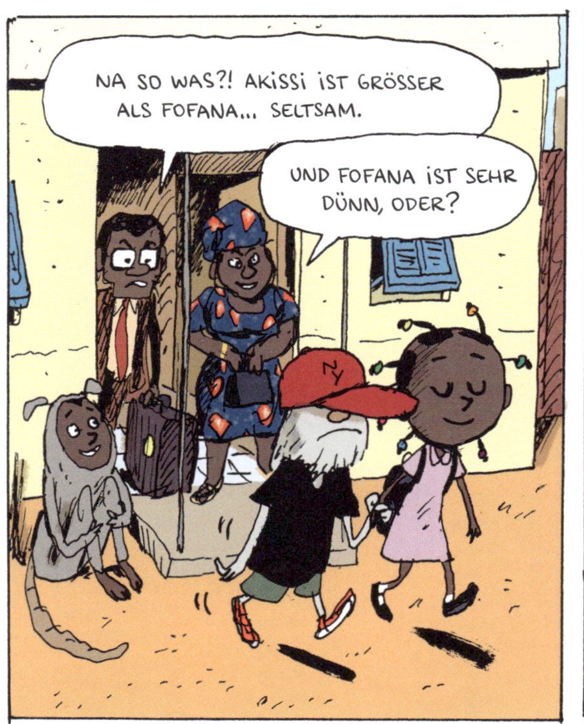
NA SO WAS?! AKiSSi iST GRÖSSER ALS FOFANA... SELTSAM.
UND FOFANA iST SEHR DÜNN, ODER?

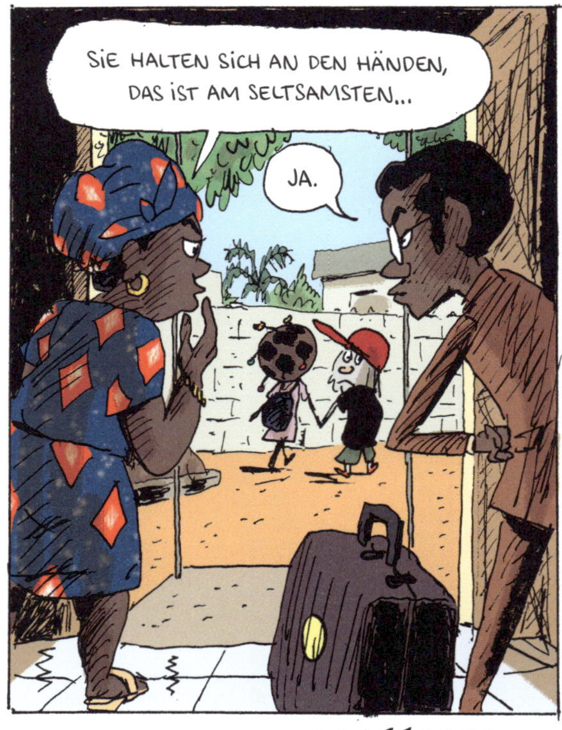
SiE HALTEN SiCH AN DEN HÄNDEN, DAS iST AM SELTSAMSTEN...
JA.

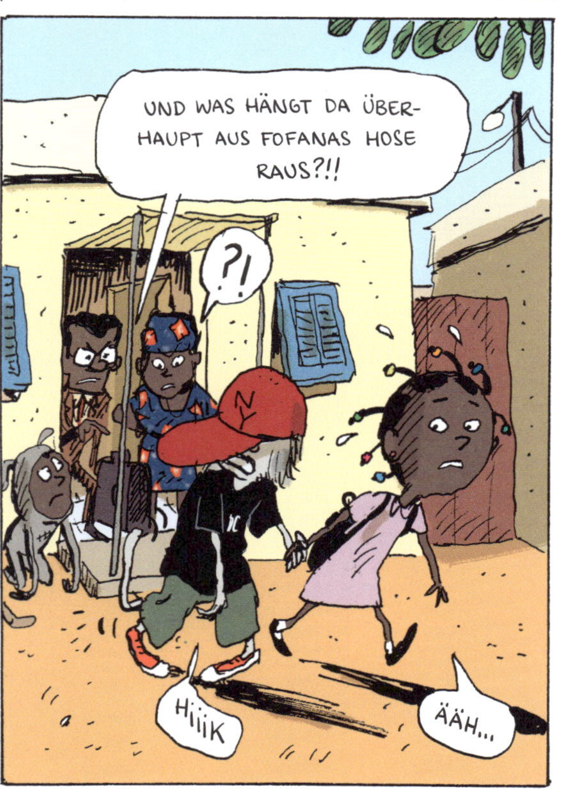
UND WAS HÄNGT DA ÜBERHAUPT AUS FOFANAS HOSE RAUS?!!
?!
HiiiK
ÄÄH...

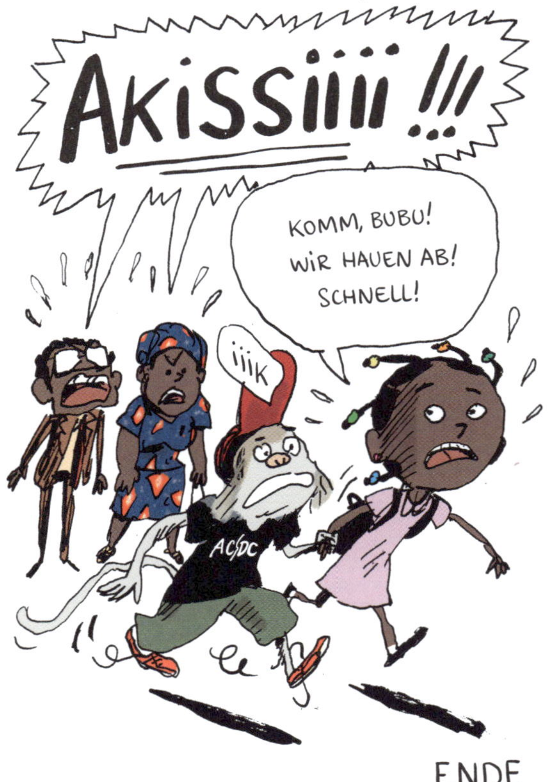
AKiSSiiii!!!
KOMM, BUBU! WiR HAUEN AB! SCHNELL!
iiiK

ENDE

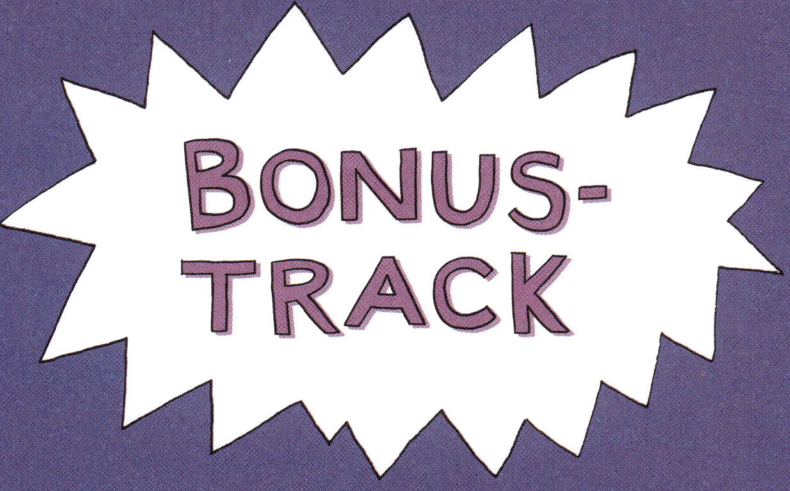
BONUS-
TRACK

Hier das Rezept für köstliche
für einen ganzen Haufen Freunde...

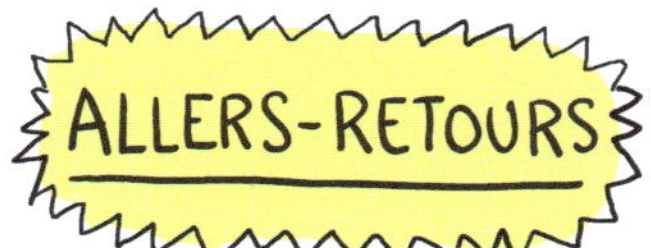

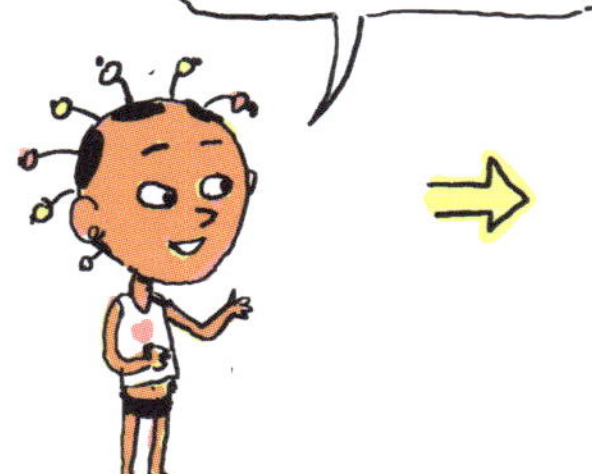

- 500 Gramm Mehl
- 400 Milliliter lauwarmes Wasser
- 1 Päckchen Hefe
- Öl zum Frittieren (Sonnenblumenöl, Erdnussöl oder so)

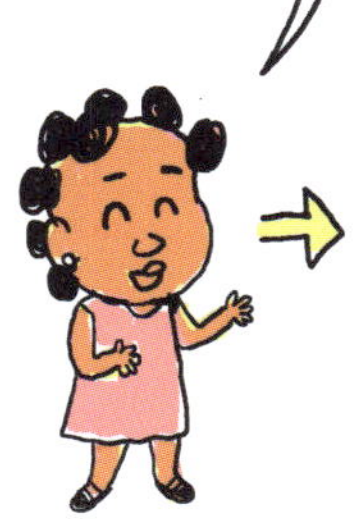

- Hackfleisch oder Fisch
- 2 Knoblauchzehen
- 1 Zwiebel
- 1 Tomate
- 2 Esslöffel Tomatenmark
- Salz und Pfeffer
- Thymian und Lorbeerblätter
- Petersilie
- gehackten Schnittlauch
- einen MAGGi-Würfel
- 4 Esslöffel Öl

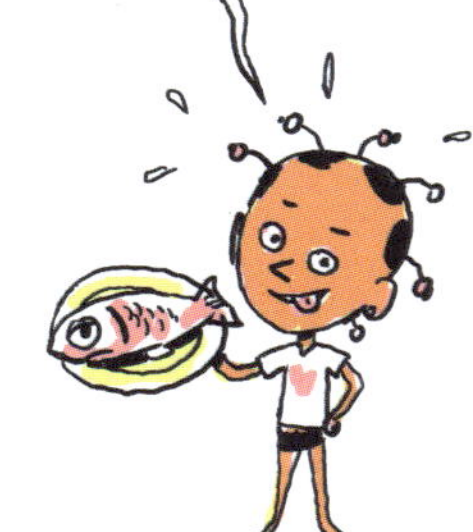

TEiG-ZUBEREiTUNG:

- Fülle das lauwarme Wasser in eine Schüssel.
- Gib das Salz und die Hefe dazu und verrühre alles. Füge dann das Mehl dazu.
- Rühre den Teig, bis eine gleichmäßige, geschmeidige Masse entsteht.
- Decke den Teig ab und lass ihn acht bis zehn Stunden bei Raumtemperatur ruhen (ja, das ist lang!).

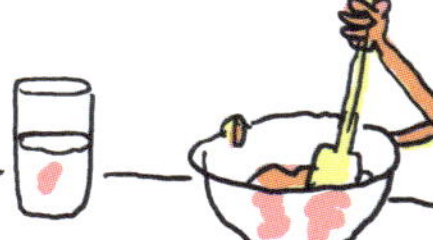

VORBEREITUNG DER FÜLLUNG:

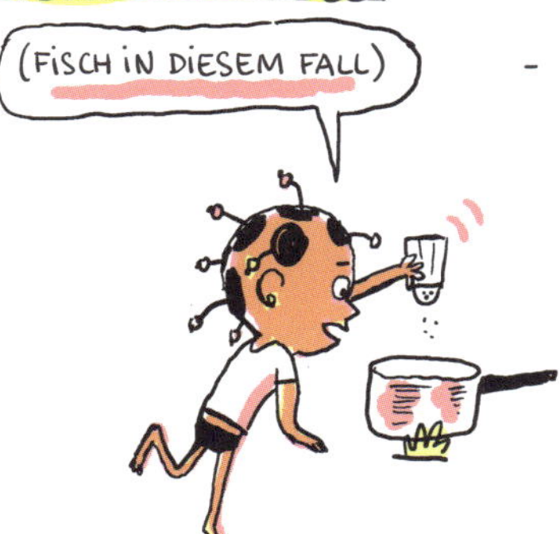

- Lege den Fisch in einen Topf.
- Bedecke ihn mit Wasser und füge Petersilie, Thymian, Lorbeerblätter, eine viertel Zwiebel, eine Knoblauchzehe, Salz und Pfeffer hinzu.
- 15 Minuten kochen (MIT DER HILFE EINES ERWACHSENEN!).
- Wenn der Fisch gar ist, Haut und Gräten entfernen. Den Fisch in kleine Stücke teilen und zur Seite stellen.

ZUBEREITUNG:

- Den Knoblauch und die Zwiebel zerdrücken und die frische Tomate klein schneiden.
  - Petersilie und Schnittlauch fein hacken.
  - Ein Viertel der klein gehackten Zwiebel mit der Hilfe eines Erwachsenen in einem Topf andünsten.
- Das Tomatenmark hinzufügen und zwei Minuten köcheln lassen.
- Die Hälfte der zerkleinerten Zwiebel sowie Knoblauch, Petersilie, Schnittlauch, den MAGGI-Würfel und den Fisch hineingeben, mit Salz und Pfeffer abschmecken.

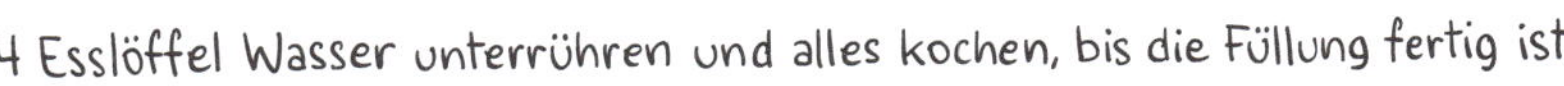

- 4 Esslöffel Wasser unterrühren und alles kochen, bis die Füllung fertig ist.

ACHTUNG, JETZT WIRD'S TECHNISCH.

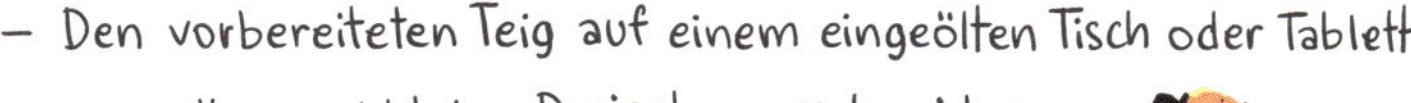

- Den vorbereiteten Teig auf einem eingeölten Tisch oder Tablett ausrollen und kleine Dreiecke ausschneiden.
- In jedes Dreieck etwas von der Füllung geben, die Seiten hochklappen und andrücken (wie bei einem Schoko-Croissant).

UND DANN ESSEN, WARM ODER KALT!

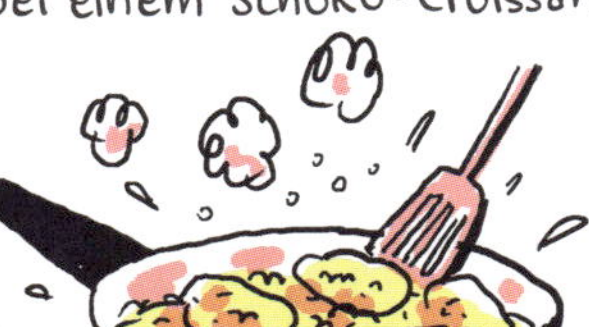

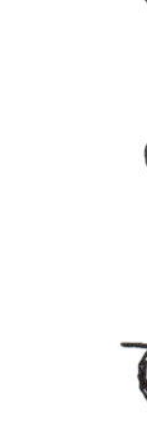

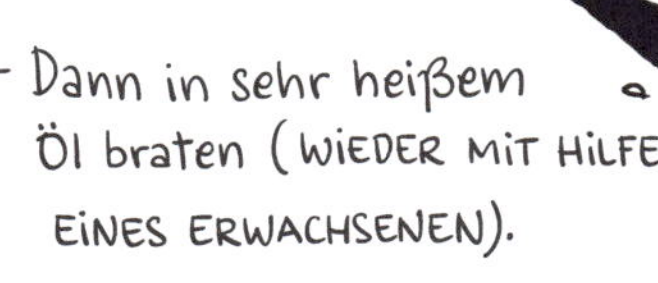

- Dann in sehr heißem Öl braten (WIEDER MIT HILFE EINES ERWACHSENEN).

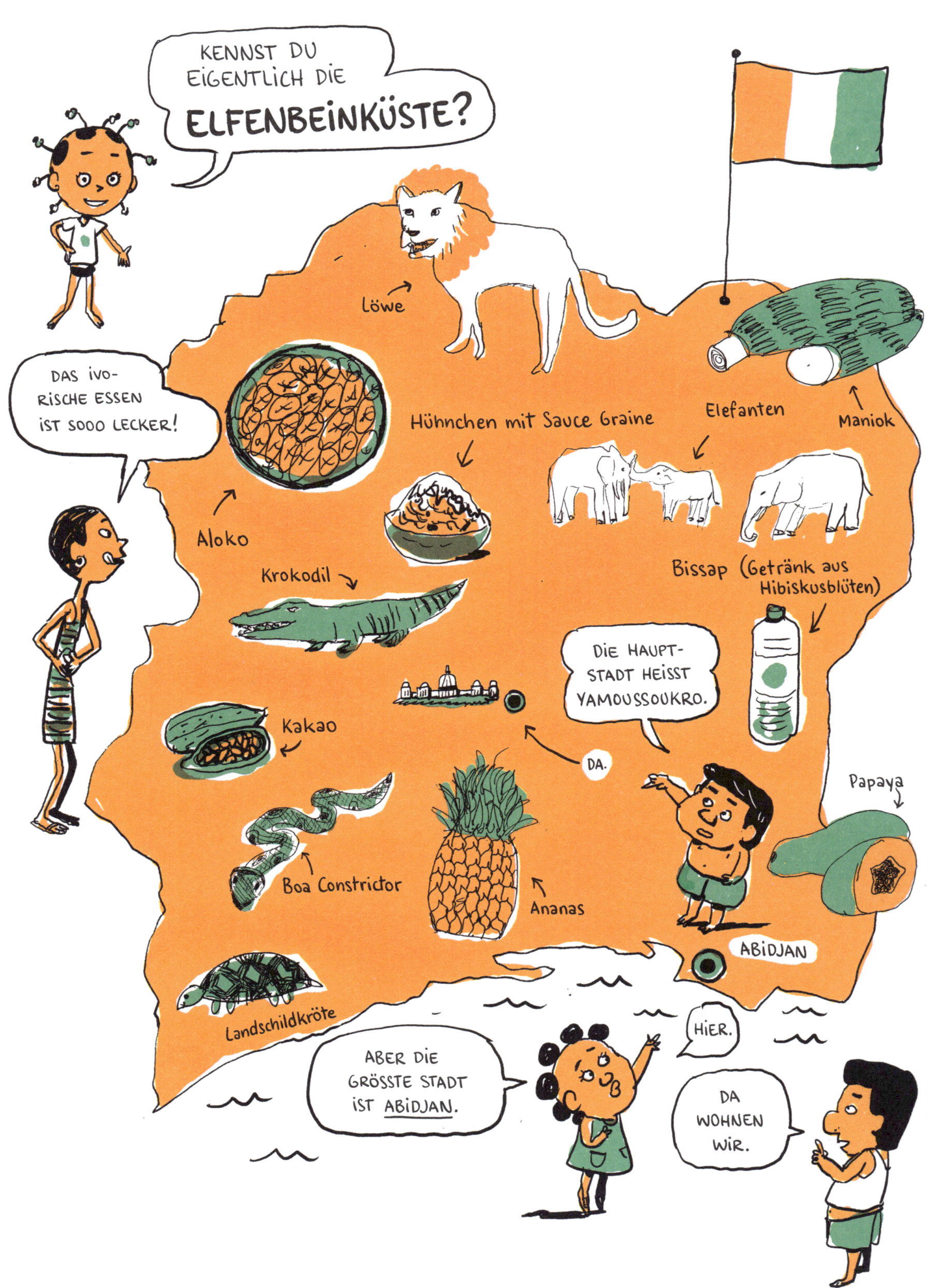
KENNST DU EIGENTLICH DIE ELFENBEINKÜSTE?
DAS IVORISCHE ESSEN IST SOOO LECKER!
Löwe
Aloko
Hühnchen mit Sauce Graine
Elefanten
Maniok
Krokodil
Bissap (Getränk aus Hibiskusblüten)
DIE HAUPTSTADT HEISST YAMOUSSOUKRO.
Kakao
DA.
Papaya
Boa Constrictor
Ananas
ABIDJAN
Landschildkröte
HIER.
ABER DIE GRÖSSTE STADT IST ABIDJAN.
DA WOHNEN WIR.

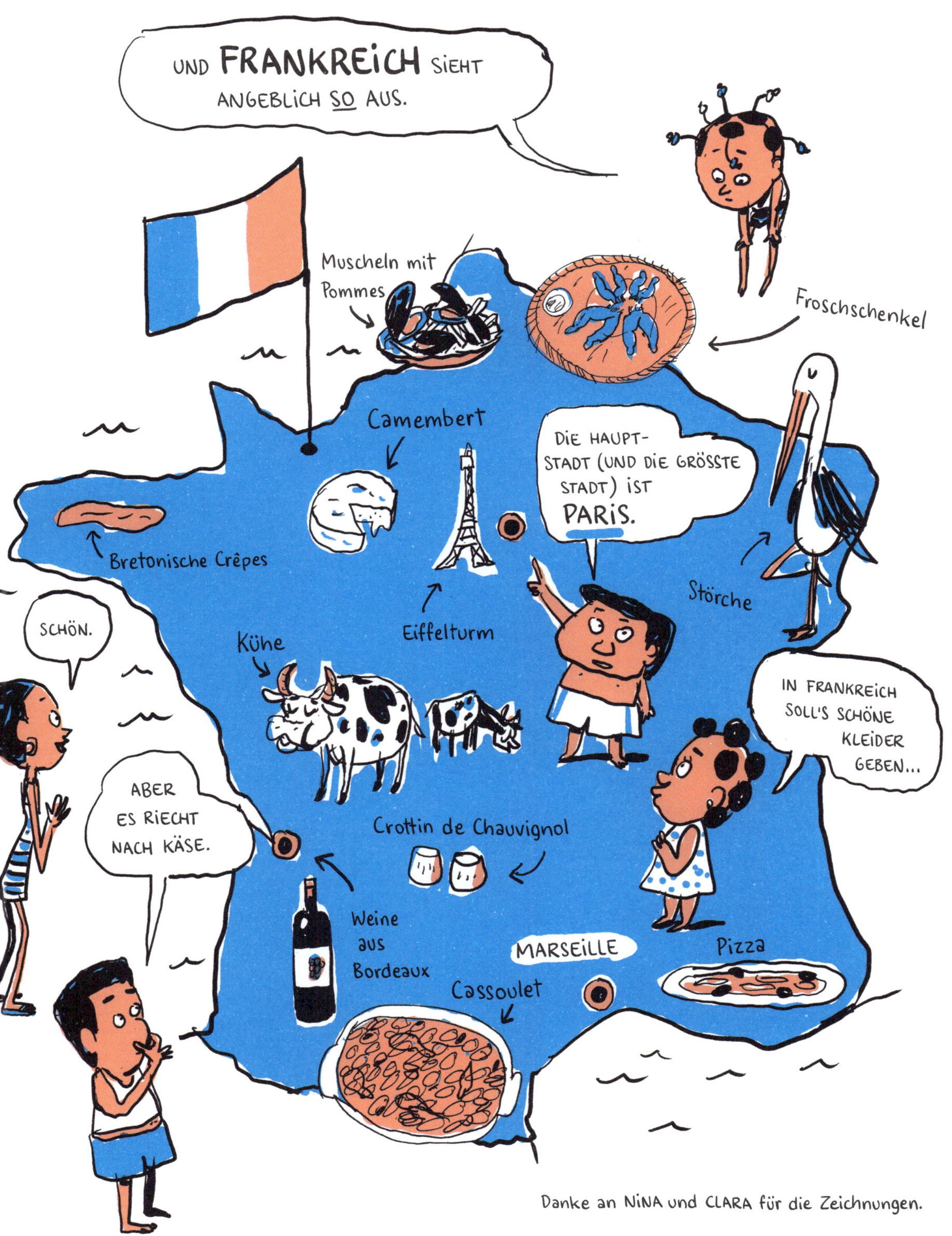

Danke an NINA und CLARA für die Zeichnungen.

INHALT

MARGUERITE ABOUET ist die Autorin von *Akissi*. Sie wurde 1971 in Abidjan, der größten Stadt der Elfenbeinküste, geboren. Als sie zwölf Jahre alt war, schickten ihre Eltern sie und ihren älteren Bruder zu einem Großonkel nach Paris, damit die beiden eine gute Schule besuchen konnten. Marguerite machte eine Ausbildung zur Rechtsanwaltsgehilfin, bevor sie sich dazu entschloss, Szenaristin und Drehbuchautorin zu werden. Sie hat außerdem eine Organisation zur Förderung von Bibliotheken in Afrika gegründet. Mit ihrem Sohn lebt Marguerite in der Nähe von Paris.

MARGUERITE ABOUET & CLÉMENT OUBRERIE BEI REPRODUKT

Aya aus Youpougon 1

Aya aus Youpougon 2

Aya aus Youpougon 3

Aya aus Youpougon 7

MARGUERITE ABOUET & MATHIEU SAPIN BEI REPRODUKT

Akissi – Auf die Katzen, fertig, los!

Akissi – Vorsicht, fliegende Schafe!

Akissi – Magische Mixtur

Akissi – Die Königin der Nervensägen

Akissi – Rette sich wer kann

Akissi aus Paris 1

MATHIEU SAPIN hat *Akissi* gezeichnet. Er kam 1974 in der französischen Stadt Dijon zur Welt, aus der auch der weltberühmte Senf kommt. In Straßburg hat er Illustration studiert und danach einige Comics über bekannte Männer gezeichnet, zum Beispiel über den ehemaligen französischen Präsidenten François Hollande oder über den bekannten Schauspieler Gérard Depardieu. Mathieu Sapin lebt mit seiner Familie in Paris.

MATHIEU SAPIN BEI REPRODUKT

Gérard – Fünf Jahre am Rockzipfel von Depardieu

Comédie française

Aus dem Französischen von Silv Bannenberg
Redaktion: Heike Drescher
Korrektur: Nele Heitmeyer
Lettering: Olav Korth
Bildbearbeitung und Herstellung:
Alexandra Rügler und Anna Weißmann

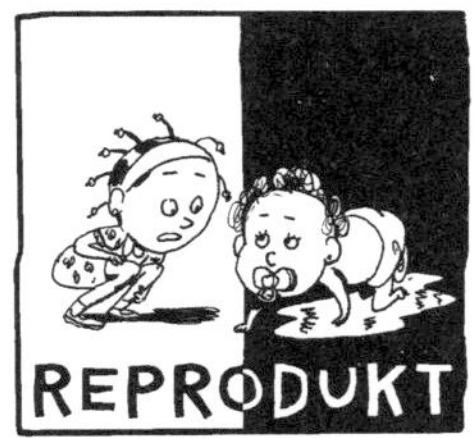

Reprodukt GmbH
Gottschedstr. 4 / Aufgang 1
13357 Berlin

Originally published in France by Gallimard Jeunesse,
5 rue Gaston Gallimard, 75007 Paris, France
Published by arrangement with Sylvain Coissard Agency,
111 Route de Genas, 69100 Villeurbanne, France
Herausgeber: Dirk Rehm
ISBN 978-3-95640-351-4
Druck: Edica, Poznań, Polen

Zweite Auflage: April 2026

www.reprodukt.com
info@reprodukt.com

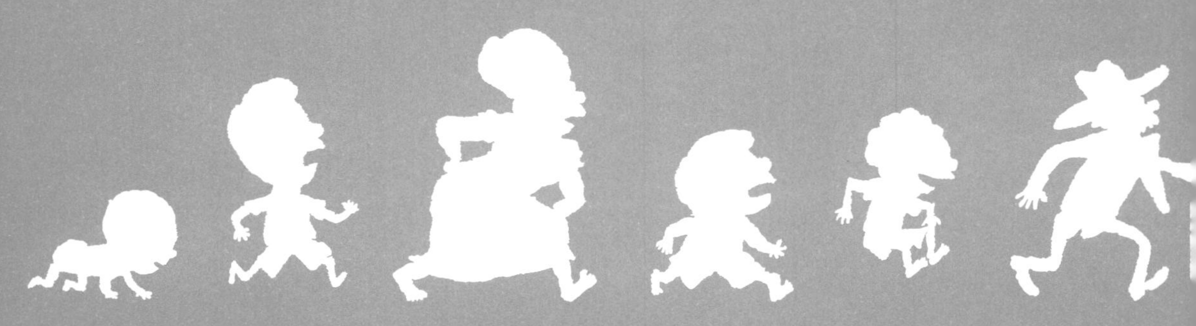